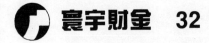

寰宇財金　32

金融煉金術

The Alchemy of Finance

Reading the Mind of the Market

Georges　Soros　著

俞濟群・黃嘉斌　譯

JOHN WILEY & SONS, INC.

New York • Chichester • Weinheim • Brisbane • Singapore • Toronto

THE ALCHEMY OF FINANCE
by George Soros

謝　辭

在本書的發展階段，有許多人閱讀過全部或部份文稿。名單無法逐一詳列，但是我要感謝他們所提供的一切幫助和批評。Byron Wien 尤其盡力，在本書發展的三階段閱讀文稿並提出批評。我也特別感激 Antonio Foglia 爲臨場實驗篇編製的圖表。Larry Chiarello 則提供了數字。

我也要對在實驗期間爲量子基金績效做出貢獻的小組成員致敬，他們包括：Bill Ehrman, Gary Goldstein, Tom Larkin, Robert Miller, Steven Okin, Joe Orofino, Stephen Plant, Allan Raphael, and Ann Stires.

目　錄

序

473,000,000:1。這是喬治‧梭羅斯身為量子基金（Quantum Fund）基金經理人，從1968年到1993年其投資紀錄的勝算。他的投資紀錄是對「隨機漫步假設」所提出一項無懈可擊的反駁。

在1970年代與1980年代末期的狂熱期間，以交易員身份而言，《金融煉金術》是一部革命性的作品。記住，這是指標與順勢操作的全盛時期。這是技術分析（研究價格走勢的預測工具）達到巔峰狀態的時期。我們這一代的交易員，配備著各種價格圖形與電腦圖表，用它們預測未來的價格。在資訊嚴重超載的環境下，我們每天坐在螢幕前，讓閃爍的亮光與不斷變化的數據迷惑了。艾略特波浪理論可能是唯一的例外，其它有助於人們瞭解社會、政治與經濟事件的智性作品顯然被淡忘了，反而認為任何事物都是迅速變遷過程中的一部份而已。

對我而言，《金融煉金術》是黑暗中的一道曙光。它讓我向後退一小步，然後向前邁進一大步，複雜而繁瑣的現象從此豁然開朗。在這個時代，龐大的資金不斷換手，從1979年韓特（Hunt）兄弟軋空白銀市場，到1989年KKR併吞RJR Nabisco，梭羅斯的反射理論是第一個現代非技術性的嘗試，它描述並預測在過程中參與者之間的互動。這是本書傑出之處。它描述極端點與市場均衡點之間的動態軌跡。這對一般投資人尤其重

要。在大行情發生前，我們曾經幾次正確地在底部附近做多，而在頭部附近放空？但是，因為我們對大行情的軌跡缺乏瞭解，使我們不能堅持這些部位（以及報酬率）。梭羅斯使我們領悟這個重要的軌跡，使我們對於投資更具有信心。任何成功的投資便可因此而完成70％。

當我像每一位投資人一樣，陷入不可避免的連續虧損，我會拿起《金融煉金術》，再度拜訪梭羅斯先生。研究他如何處理不利的走勢，對於投資人如何突破偶而遭遇連續虧損的困境，它具備絕佳的教導功能。勝利有傳染性。本書充滿交易行為的各種例子，而這是每位投資人所希望模倣的對象。非常重要地，梭羅斯的知識使他對自己的判斷具有信心與力量，即使在最艱困的時期，也能堅持其部位。在此層面上，《金融煉金術》與李費佛（Edwin Lefèvre）的《股票作手回憶錄》（Reminiscences of a Stock Operator）一樣，都是有關市場的經典作品。正因為如此，梭羅斯應該要留意了！在有關第二次世界大戰的電影「巴頓將軍」（Patton）中，我最喜愛的一幕是當美國的喬治·巴頓將軍（George S. Patton）花費數週的時間，研讀其德國對手隆美爾元帥（Erwin Rommel）的著作後，而在突尼西亞的坦克大會戰中擊敗隆美爾。巴頓從指揮所觀察戰場而發覺他會勝利時，他大叫：「隆美爾，你這個聰明的混蛋。我讀了你的書！」說得好。

《金融煉金術》也是討論近期政治與經濟史的絕佳作品。在事件發生的六年前，他便提出如何整治美國儲貸銀行業大災難的藍圖；而在1987年股市大崩盤發生的前兩年，他便預測了該事件。梭羅斯是當代偉大的市場預測者。

　　歷史可能把梭羅斯先生形容為投機客，他在1992年扳倒英格蘭銀行（而將英國人從衰退中拯救出來）。其數十億美元的戰果是一般人不能錯過的故事。梭羅斯先生本人可能希望以偉大的經濟學家、甚至是科學家的身份名留青史。但是，他將以更重要的理由留在我的記憶中，在此他並未得到應有的評價。他真正關懷人類的生存情況，並且嘗試去改善。他無數而重要的博愛行為將使他成為歷史上的偉大布施者。目前，他即使已經62歲，仍從事六個基金會的活動，充滿年青人的精力與工作倫理，為其宗旨而在全球各地每天工作18小時。他不僅僅開支票，這是任何富人都能夠辦到的。他更是親自動手的工作狂，實際影響那些比他更不幸的人的生活品質。目前，他是偉大的象徵。

Paul Tudor Jones II

前言

　　《金融煉金術》初版發行已歷經多事的七年。我的投資基金量子基金繼續維持卓越的績效。雖然受到1987年大崩盤的影響，但過去七年來，股東每年的平均獲利率仍有35.8％。量子基金已經孕育出一批子嗣，有些基金的表現甚至比生金蛋母鵝的表現更傑出。1989年開始，我們決定分派部份盈餘給股東，有些是以現金方式派發，有些則是以新成立基金的股份分派。結果，我們目前管理了七個基金，總淨值超過100億美元。

　　我已經逐步減少基金的管理工作。我非常幸運地能夠透過《金融煉金術》而認識史坦利‧朱肯米勒（Stanley Druckenmiller）。當時他正在管理另一個基金，他因為閱讀本書而希望見我。我們開始討論，最後他加入了我的公司。開始的時候，他發覺很難與我共事。我雖然對他充分授權，但因為我的存在而使他受到牽絆，他發現在加入我的公司之後，工作績效降低。非常幸運地，我逐漸被捲入導致共產主義瓦解的革命過程。在整個共產主義陣營中，我設立了基金會的網路，而且這涉及許多的旅行，而且有些地方的通訊十分簡陋。1989年夏天，我告訴史坦利，他必須全權負責基金的管理工作。此後，我們之間便不存在任何的困難了。

　　我成為教練，而他成為參賽者。我們的績效提升了，而且展開一段持續成長的期間。在過去三年的每一年，我們的獲利

都超過50％。雖然我們曾經有過兩段類似的輝煌時期，但根據龐大的基金模規而言，這次的表現稱得上是絕佳的。朱肯米勒不僅是一名優秀的基金經理人，也是一位好夥伴。在他的領導下，我們因而能夠擴大並改善我們的管理團隊，呈現前所未有的深度。結果，我發現我慈善活動的報酬也反應在基金業務的榮景上。這片榮景使我能夠極速地拓展基金會的網路。

我曾經參與促使共產主義瓦解的各種活動，但這是另一則故事，而必須在他處描述。事實上，有關這項主題，我已經撰寫了兩本書：1990 年的《解放蘇維埃體制》（Opening the Soviet System），以及《承銷民主》（Underwriting Democracy）。我需要在此處說明一點，我在東歐所從事的慈善活動，其指導哲學與我在金融市場的活動是相同的。讀者稍後即可瞭解，我將金融市場的發展視爲歷史過程。這使得我的理論極適用於類似共產主義瓦解的歷史過程。我確實運用了我的理論，而且──整體而言──它使我比大多數人更能正確地預期事件的發展。猶如我所發現，金融市場的繁榮─崩解過程與蘇維埃體制的興衰，兩者之間存在著極度的相似性。

極爲諷刺地，我成爲知名人物，並不是因爲我在東歐所從事的種種活動。而是因爲英國在1992 年9 月16 日退出「歐洲匯率機制」（Exchange Rate Mechanism），我曾經因此而獲得的豐厚利潤。我立刻成爲風雲人物，最初是在英國，隨後是在世界各地。當人們得知量子基金集團取得紐蒙特礦場（Newmont Mines）的大部份股權之後，黃金價格隨之飆漲。雖然我未就黃金表達任何看法，各種看法卻加諸於我。我曾經嘗試澄清誤會，但毫無用處。雖然我不曾追求巨匠的地位，但是當一切強

加於我，我便不能漠視它了。事實上，我欣然接受，因為這可以使我在政治議題上有更重的發言份量。但是，情形並不如表面那般簡單。當我表示，德國中央銀行的高利率政策將變成反效果時，市場立即迫使德國馬克走低。但是，當我批評歐洲對波斯尼亞的政策，人們不是忽略我的看法，便是告訴我不要多管閒事。我在法國的事件中尤其感到窩囊，我刻意避免投機法國法郎，因為我不希望為那苟延殘喘「歐洲外匯機能」之崩潰負責。但是我還是承受了罵名。法國政府憎恨我的建議，其程度更甚於對我的投機行為的憎恨。這意味投機客應該從事投機行為，而不要發表任何意見。

我身為金融巨匠的惡名使《金融煉金術》大為暢銷，因此而產生了新的版本。我必須承認，自從撰寫本書之後，我的思想出現了很大的演化，但我所關注的主題仍是歷史過程、而非金融。在本文中，我無法摘要說明我的觀點，我需要另外寫一本書。只要時間允許，我會這麼做，但我要提出一個重要的論點，以便本書的內容能夠符合我目前的思想。

在《金融煉金術》之中，我把反射理論描述成始終有效的理論。在某一種層面它是正確的，因為反射之中最重要的雙向回饋機能可以隨時運作；但在另一種層面卻是錯誤的，因為它並非隨時運作。事實上，在大多數情況，它十分微弱，所以我們可以安然地忽略它。我們可以將情況區分為接近均衡的條件與遠離均衡的條件，就前者來說，某種修正的機能可以防止認知與實體（perceptions and reality）之間出現過度的背離，以後者而言，反射的雙重回饋機能處在運作中，除非既存的條件或制度出現顯著的變化，否則認知與實體便不會趨於一致。在

第一種情形下，古典經濟理論是適用的，而認知與實體之間的分歧可以視爲雜訊而加以忽略。在第二種情形下，均衡理論便無關連了，而我們面對了單向的歷史過程，其認知與實體的變化都是無法反轉的。我們必須區分這兩種事物的狀態，因爲一種狀態是正常的，另一種則是反常的。

接近均衡的條件與遠離均衡的條件間的區別，將在《金融煉金術》中闡述。在第一章結尾，我將變化區分爲平凡的（humdrum）與歷史的（historical），但我低估了這項區分的重要性。我稱其爲「重覆定義的」（tautological）。我現在認爲這是一項錯誤。所以會有重覆定義的問題只是我沒有更深一層地探討，而以重覆定義掩飾事件結構的基本差異。

在科學方法所檢視的多數現象中，一組條件會隨著另一組條件而出現，而不論任何人對它們的想法如何，情形都是如此。在社會科學所研究的現象中，包括金融市場在內，都存在著富有思考能力的參與者，而使問題變得更複雜。猶如我所要顯示的，「參與者」的觀點在本質上是偏頗的。一組條件並不會直接導致另一組條件，反而是在客觀而可觀察的條件與參與者的觀察之間，會不斷地交互影響：參與者的決策並非奠基於客觀的條件本身，而在於對條件的解釋。這是一個重要的觀點，而且影響深遠。這就引進了不可決定（indeterminacy）的因素，使得主體不能遵循通則（generalizations）──預測（predictions）、解釋（explanations）的方式加以處理，然而這卻是使得自然科學享有崇高名聲的方式。正因爲其破壞力如此嚴重，所以一般社會科學，尤其是經濟學理論，都儘力消除或忽略此不可決定性。我反對這種努力，試圖發展替代方法，

並以參與者的偏頗做爲起點。

回顧從前，我可能過份強調了我的觀點。在許多情況下，將參與者的偏頗視爲既定，而且忽略它可能產生的不可決定性，研究仍可以產生豐盛的結果。唯有在某些方面和在某些特殊的情況下，不可決定性才會變得重要。當對未來的預期會影響目前的行爲──金融市場即是如此──其重要性才會顯現。即使是在金融市場，某種機制也必須觸動，參與者的偏頗才會影響市場價格，甚至於影響所謂的基本面，而基本面卻被視爲市場價格的決定因素。我顯然沒有把這一個觀點說得足夠清楚。本書的內容經常被概括地描述爲：參與者的價值判斷總是偏頗的，而目前的偏頗會影響市場價格。如果這是我想要說的一切，則不值得用一本書的篇幅來討論。我的觀點是：在某些情形下，偏頗不僅影響市場價格，而且影響所謂的基本面。這才是反射變得重要的時刻。它並非無時無刻存在著，可是一旦出現，市場價格會遵循不同的模式。它們也扮演不同的角色：它們不僅反應所謂的基本面；它們本身也會成爲基本面之一而塑造價格的演化。這種遞迴（recursive）關係使得價格的演化變得不可決定，也使得所謂的均衡價格變得不相干。

沒有人會否認個人參與者會持有偏頗的觀點行事；但是時下的見解主張參與者的偏頗可以忽略，而將其視爲是暫時的脫軌，或所謂的隨機漫步。這是我不同意之處。在《金融煉金術》一書中，我利用認知與實體間的不斷交互影響，提出了歷史的一般理論（general theory of history），但我現在認爲，區分接近均衡的條件與遠離均衡的條件，則能夠更有效地表達我的觀點。這並不意味一般理論有任何錯誤；它只意味反射的概

念如果保留給雙重回饋機制實際運作的情況，則此概念更具有
意義。

　　《金融煉金術》致力於這方面的研究。最明顯的範例便是
淨值的融資效果，股票價格暫時的高估會透過以高價發行股票
的方式轉化爲每股盈餘。在我所討論的大多數案例中，參與者
的偏頗涉及其思想上的實際錯誤。舉例來說，1970 年代末期，
國際銀行家貸款給開發中國家過多的資金，理由是他們無法認
清其用以衡量債務國信用等級的所謂負債比率具有反射性，即
負債比率會受到其貸款行爲的影響。但是，偏頗未必就會牽連
到實際的錯誤。如同我在第三章所做的說明，自由浮動匯率制
度在本質上是不穩定的，因爲它會受到順勢操作投機行爲的影
響，而投機客卻能夠順勢採取正確的策略。

　　根據大眾的反應下判斷——主要是指那些僅稍微瀏覽或完
全未閱讀本書的新聞記者——我對反射意義的解釋並不成功。
在我的論證中，似乎只有第一部份——即目前的偏頗會影響價
格——算是有目共睹的。第二部份——在某種情形下，目前的
偏頗會影響基本面，而且市場價格的變化會導致市場價格的變
化——則似乎未受到注意。

　　這項錯誤至少有一部份應該歸咎於我。既然反射會改變事
件的結構，我則試圖提出反射結構作爲描述市場價格演化之普
遍而有效的方式——如同凱恩斯的《一般理論》，其中沒有反
射是一項特例。將反射視爲特例可能更恰當，因爲促使反射具
有意義的條件，其實是間歇存在的。一旦反射的意義充分地被
瞭解，並且體會到現有智慧的不足，則提出反射一般理論的時

機便告成熟。

我有我的理由。我並不是在金融市場觀察到反射現象的，而是在進入金融市場之前，以抽象的哲學概念來發展它。換言之，在我成爲一名成功的金融投機客之前，我曾是一位失敗的哲學投機客。顯然地，我成爲哲學家的敗筆又被帶到本書，因爲我未曾清晰地陳述反射的概念──它能夠被觀察、而且能轉化成利潤。當人有了新發現，他便會誇張其重要性，這是可以理解的傾向。這也是我在處理反射時所犯的錯誤。在提倡反射的一般理論時，我的步調可能過快，所訂的目標可能過高。我宣稱經濟學理論是錯誤的，而且社會科學是錯誤的譬喻。這些主張稍嫌誇張。既然遠離均衡的條件僅會間歇地出現，經濟學理論也僅是間歇地錯誤。自然科學與社會科學之間的分野未必像本書中所描述地那般明確。這些修正無損於反射的概念，反而更凸顯其意義。

反射概念形成之後，其適用範圍似乎也擴大了。所有金融市場的價格演化皆可視爲反射的歷史過程。在《金融煉金術》一書中，我便是以這種方式分析雷根（Reagan）的「大循環」（Imperial Circle）。本書出版之後，我又發現其它的範例，例如：柏林圍牆倒塌後的「德國大循環」（German Imperial Circle）（參閱附錄：《歐洲解體之展望》）。但是過度延伸反射的概念也可能具有危險性，我也曾經爲此付出代價。金融市場的走勢可能會出現長期的休眠狀態，行情似乎不呈現反射的韻律，反而更像遵循「效率市場理論」（efficient market theory）所主張的隨機漫步。在這種情形下，除了探索反射的假說，最好什麼也不做。

　　將反射視爲是間歇性的現象，而非普遍有效的條件，開拓了豐腴的領域。舉例來說，其本身會凸顯一個問題：接近均衡的條件與遠離均衡的條件，此兩者如何區分？劃分的準則是什麼？我已經就此問題做過許多思考，我也開始有了答案。我是否能夠適當地將它表達出來，這必需等到下一本書才能見分曉。它是有關價值的問題，並非只與金融市場有關，它關連到一般的社會。我的下一本書──如果能夠完成──將會討論歷史的理論，而非金融的理論。在附錄中，我提供了一個範例解釋如何將金融市場的繁榮－崩解（boom-bust）過程，運用在更廣泛的歷史過程上，該附錄是我在1993年9月29日的一篇演講稿，其標題爲《歐洲解體之展望》（Prospect for European Dis-integration）。

導論

就實質面來說，本書是我一生之作。它涵蓋了許多我最關切的課題，並將我智識發展的兩股主流———一為抽象的，一為務實的———融合為一。

首先出現抽象的層面。自從我意識到自己的存在，我便熱切地想要瞭解它，而且我認為，自我的瞭解是我所知的核心問題。瞭解自我———gnote aucton；nosce te ipsum———是一件不可能的事。為了得到任何程度的知識，我們必須能夠判別主體與客體的分野；但在此，兩者卻相同。人之所思乃其所思考的一部份；因此，人的思考缺乏其所能用以判斷的獨立參考點———它缺乏客觀性。

在大學時代，我主修經濟學，但我發現經濟學理論非常不令我滿意，因為它無法掌握這項問題；事實上，經濟理論極力逃避此一問題。經濟學企圖成為一門科學。科學應該是客觀的，但是當客體———經濟過程的參與者———缺乏客觀性，它便很難成為一門科學。

當時，我深深受到卡爾‧波普（Karl Popper）科學方法觀念的影響。我接受他大部份的論點，卻有一項例外。他的觀點傾向於他所謂的「方法的統一」（unity of method）（註1）。———亦即，適用於自然現象研究的方法與準則也適用於社會事

件的研究。我認為兩者之間有一項基本差異：社會科學所研究
的事件中，存在著具有思考能力的參與者；自然現象則無。參
與者的思考會產生自然科學所不會產生的問題。在自然科學
內，最類似的現象可能存在於量子物理學，其中科學的觀察會
產生海森堡的不確定原理（Heisenberg's uncertainty principle）
；但是在社會事件中，不確定性是由參與者的思考所造成，而
非由外部觀察者所造成。

　　自然科學所研究的事件是由一系列的事實所構成。當事件
存在著具有思考能力的參與者，主題便不再侷限於事實，同時
包含了參與者的認知。因果關係不再從某件事實直接導致另一
件事實，而是由事實到認知，再由認知到事實。如果事實與認
知之間存在著某種對應或對等，則上述現象不會造成無法克服
的障礙。不幸地，這是不可能的事，因為參與者的認知並不直
接關連到事實，而是關連到他們自己所認知的某種情況，因
此，後者不能視為事實（譯按：在這種情況下，事實並非是客
觀的事實，而是包含參與者思考被認知的事實）。

　　經濟學理論為了迴避這個論點，引進了理性行為（rational
behavior）的假設。它假定人們會依據現有最佳的方案而行
為，但是被認知的方案與事實之間的區別卻被不列入假設。這
造成了理論結構的完美，使其類似於自然科學，卻不類似於事
實。它是有關理想化的世界，在該世界中，參與者依據完整的
知識（perfect knowledge）而行為，而且會產生理論的均衡
點，使資源的分配達到最佳情況。它與現實世界沒有太大的關
連，在現實世界，人是依據不完整的知識而行為，均衡點也是
咫尺天涯。

離開大學後很長的一段日子裡，我繼續思索著參與者的認知和他們所參與事件之間的關係。我的首要工作是討生活，但在空閒時，我就此主題寫了一篇哲學論文，其標題為《意識的重擔》（The Burden of Consciousness）。不幸地，這個標題成了論文的最佳部份。完成它時，我並不贊成自己的表現方式。我花了三年的時間修飾。有一天，我重覆閱讀自己前一天所寫的內容，卻搞不清楚它在說些什麼。這使我發現自己已經進入了死胡同，於是我決定放棄。這是我內心務實開始超越我智性發展的時刻。

如果我必須就我的實務技巧做個總評，我會選擇一個字：存活（survival）。在我的少年時代，第二次世界大戰給我永難忘懷的教訓。我非常幸運能有一位懂得生存藝術之高度技巧的父親，他以戰犯的身份渡過了蘇聯革命時期。在他的教導下，第二次世界大戰成為我少年時代的高等課程。如同各位讀者所瞭解的，我在四分之一個世紀之後所創立的投資工具，十分倚賴我年青時代所學習的技巧。

離開大學之後，我從事過許多錯誤的嘗試，最後成為股票的國際套利交易員，最初是在倫敦，隨後轉到紐約。歐洲共同市場（European Common Market）在1957年成立之後，美國投資人對歐洲股票存有相當濃厚的興趣。於是，我成為一名證券分析師，建議美國企業在歐洲從事投資，在這段短短的期間，我以獨眼國王的身份指揮這群盲人。在甘迺迪總統引進所謂的「利益公平稅」（interest equalization tax）之後，我的榮耀遽告終止，因為稅法有效地阻止了人們購買國外證券。於是，我決定暫時撇開生計問題，而在1963年到1966年之間，花費了三

年時間修改《意識的重擔》。

我最後決定重返現實生活,開始建立典型的投資組合,隨後在1969年演變成避險基金(它是一種共同基金,運用融資並採用各種避險技巧)。從此之後,我便負責該基金,然而在1981年9月到1984年9月之間,我曾經將許多責任授權給別人。該基金由最初的400萬美元成長到目前將近20億美元的規模,其成長大部份來自於內部的增值。原始投資人的憑證總值增加了300倍。沒有任何投資基金能有類似的績效。

在事業生涯的最初十年,我並沒有運用到我在大學裡所學習的任何知識,在我的實務行為與理論興趣之間,似乎存在著完全隔離的鴻溝。在證券買賣的交易遊戲中,我並未將真正自我投入其中。

但是,在成為基金經理人之後,一切都改觀了。這是我的生計所在,我不准許再將自己擺在我的投資決策範圍之外。我必須運用我的一切智性資源,令我非常訝異且非常高興地,我發現我的抽象觀念很自然地發揮了功能。如果說它們是促成我成功的理由,可能稍嫌誇張;但毫無疑問地它們讓我佔到優勢。

我發展出我本身所特有的投資方式,它與時下的看法大相逕庭。一般所接受的看法是:市場通常能夠精確地去化未來的發展,即使該發展目前尚未明朗。我所持的看法則恰好相反。我認為市場價格永遠是錯誤的,它們代表一種對未來偏頗的(biased)觀點。但是扭曲有雙向的影響:不僅市場參與者以偏頗的觀點行事,而他們的偏頗也會影響事件的發展。這會造

成一種印象，使人認爲市場能夠精確地預期未來，但實際情況並非目前的預期會對應未來的事件，而是未來的事件是由目前的預期所造成。參與者的認知本質上便是錯誤的，而在錯誤的認知與事件的實際發展過程，兩者之間存在著雙向關係，該關係也導致兩者之間缺乏對應（correspondence）。我稱這種雙向關連爲反射（reflexivity）（譯按：作者所謂的對應關係是指數學函數上的明確關係。）

在我的投資活動中，我發現金融市場的運作原則上類似於科學方法。做成投資決策如同擬定科學假設，再以實際狀況加以測試。主要的差異在於：投資決策之假設其目的是賺錢，而非建立一項普遍有效的結論。這兩種活動都牽涉重大的風險，成功則能帶來相對的報酬──即金錢的報酬和科學的報酬。採取這種觀點，則可以將金融市場視爲測試假設的實驗室，儘管它並非嚴格的科學假設。事實是，成功的投資即是煉金術。

大多數的市場參與者對市場的看法並非如此。這意味他們並不知道受測試的假設內容爲何；這也意味大多數交付市場測試的假設都是些陳腔濫調。一般而言，它們只不過是一項斷言，認爲某隻股票的績效會超過指數。

相對於其他投資人，我擁有某些優勢，因爲我至少對金融市場的運作有某種程度地瞭解。然而，如果我宣稱我總是可以根據我的理論架構擬定有價值的假設，則我是在說謊。有時候並無反射過程存在；有時候則是我無力發現它們；而最令人痛楚不堪者，則是有時候我弄擰它們了。不論情況爲何，我經常是在沒有適當的假設下從事投資，而我的行爲與隨機漫步無甚

差別。但是，我會配合金融市場中的反射過程，而我最重大的成功來自於善用這些機會。

　　我處理市場的方法並不如表面那般抽象。它是以非常個人化與情緒化的方式呈現：測試緊伴著痛苦，成功則帶來寬懷。當我宣稱「市場總是偏頗的」，我是在表達深切體會之後的態度：我並不尊重專業投資人的睿智，他們的職位愈具有影響力，我愈認為他們沒有能力做出正確的判斷。我的搭擋和我在放空法人機構所偏愛的股票而賺錢時，我們充滿了惡意的愉悅。但是，我們對於自己行為的態度卻有所不同。他只認為其它參與者的觀點是錯誤的，而我認為我們和任何人一樣都很可能犯錯。認知在本質上是錯誤的，這項假定也適合我個人自我批判的態度。

　　操作避險基金使我充分運用了我在存活上所受的訓練。一切順利時，融資效果可以產生卓越的績效，但當事情不依照你的預期發展，它可以將你一筆勾銷。最困難的事情之一就是判斷何種風險水準是安全的。這沒有普遍適用的衡量標準：每一種情況都需要做個別的判斷。在最後的分析中，你必須訴諸於自己對存活的直覺。因此，經營避險基金時，它將我的抽象興趣與我的實務技巧融合為一。

　　在金融市場，我並不按照特定的法則運作；我始終更對瞭解遊戲規則的變化感興趣。最初，我的假設是以個別企業為對象；隨著時間的流逝，我的興趣逐漸移轉到總體經濟的主題。一方面是因為基金規模不斷成長，另一方面也是因為總體經濟環境逐漸變得不穩定。舉例來說，在1973年之前為固定匯率；

從此之後，它們便成為投機的富饒領域。

　　過去四、五年來，我覺得金融災難迫在眉稍的威脅漸趨強烈。我認為長期的擴張式循環愈來愈不穩健和無法支撐，我們已經瀕臨崩解的邊緣。這也就是我在1981年逐漸遠離積極的基金操作，並且降低其整體風險水準的理由之一。我所關切的課題從我個人的存活轉移到系統的存活。我從事國際債務的研究，並就該主題發表了幾篇論文。我採用了我在投資活動中的理論架構，而我的分析也並非沒有參考價值，很不幸地，系統愈趨複雜，犯錯的空間也愈大。我在分析中犯了若干錯誤，使我的預測不甚精確；它們同時對我的投資績效產生破壞的效果，直到我在撰寫本書的過程中，修正了我的觀點為止。

　　在金融市場中愈成功地運用我的觀念，我便愈能夠適切地將它們表達成為理論的形式。我心中一直懷抱著夢想，認為反射的概念會對瞭解我們所生存的世界做出重大貢獻。對於瞭解具有思考能力參與者所涉及的所有歷史過程，我認為參與者的偏頗是其中的關鍵，這和基因突變是生物演化的關鍵一樣。但是，我仍然無法滿意地將反射理論表達出來。每當我嘗試界定我所謂參與者不完全的認知（imperfect understanding of the participants）時，我總會遭遇困擾。如果要精確地說明這種扭曲，則我們必須知道不受參與者認知所扭曲的情況為何。很不幸地，這看起來似乎不可能，因為參與者的思考是他們所必須思考情況之整體的一部份。反射的概念極難處理；如果它是容易處理的概念，則經濟學家與其它社會科學家便無需大費周章地將它由主題中刪除。

本書是探索反射涵意的最後嘗試。我企圖克服我過去所遭遇到的困難，而以反向的方法處理該主題。我將盡量運用我在實驗與實務上的發現，不再將自己陷於抽象理論的窘境中。我無法完全避免抽象的討論，但我僅用一章的篇幅來討論它。在探索實務上的涵意時，我從最單純的案例逐漸延伸到較複雜的案例。我在實務上所見之反射發展，其先後秩序恰巧與上述方法相同：先是股票市場，其次是外匯市場，接著是國際債務問題，最後則是所謂的信用循環（credit cycle）。

股票市場提供了若干繁榮－崩解型態（boom and bust pattern）的單純範例；自由浮動匯率讓我能夠探索波形良好的波浪型態。國際銀行放款的繁榮與崩解則是信用擴張與最終信用緊縮更複雜歷史過程之一部份。這造成了我所稱「雷根大循環」（Reagan's Imperial Circle）的結構。該結構存在於1982年之國際債務危機而延伸到1985年上半年，它在本質上非常不穩定。這種不穩定如何解決，則是本書所考慮的主題之一。

實驗方法產生了意外的結果。在寫作的過程中，我有兩項主要發現：一是信用與擔保品之間的反射關連；另一是管制者（regulators）與其所管制經濟體系之間的反射關係。

長久以來，經濟學均假定貨幣價值（monetary values）是實質世界事務狀態的被動反應（譯按：泛指名目變數為實質變數的被動反應；例如：名目工資與實質工資、名目所得與實質所得）。古典經濟學重視實質世界，而忽略了有關貨幣與信用的問題；即使是凱恩斯（Keynes）也在其一般理論中採用實質變數。貨幣學派人士（Monetarists）則強調這層關係：他們認

為，透過貨幣供給成長的控制，則可控制通貨膨脹。

根據我個人的看法，所有這些見解均奠基於基本的錯誤概念。貨幣價值不僅僅反應實質世界而已；價值是一種主動的行為，會對事件的發展產生影響。貨幣現象與實質現象之間存在著反射關係；亦即，它們會相互影響。這種反射關係清楚地呈現在信用的使用與濫用之中。

借款取決於放款者對借款者償債能力之評估。擔保品價值應該不受放款行為的影響；但是，放款行為實際上會影響擔保品的價值。這種現象普遍存在於個別案例或整體經濟之中。信用擴張會刺激經濟，並提高擔保品的價值；償債或信用緊縮會對經濟與擔保品價值構成壓抑效果。信用與經濟活動之間的關係並不固定——舉例來說，放款興建一家新工廠與融資購併一家工廠，其信用效果截然不同。因此，我們很難將信用與經濟活動之間的關係予以數量化。但是，忽略它則是一種錯誤。貨幣學派便是如此，造成了慘痛的結果。

放款行為與擔保品價值之間所存在的反射交互作用，促使我提出一種型態；在一段逐漸而緩步加速的信用擴張期，隨之而來的則是一段短暫的信用緊縮期——典型的繁榮－崩解排列。崩解在時間上會被壓縮，因為清償借款的企圖會使擔保品價值突然地破裂。

經濟史中充滿了繁榮與崩解的事例。雖然如此，信用循環的概念卻過於簡略而無法解釋事件的發展。一方面，信用與經濟活動之間的關係非常微妙而多變，所以無法構成規律的型態。另一方面，經濟政策的影響會使事件的發展變得十分複

雜。週期性的崩解極具殺傷力，於是人們會盡力防止它們。這種努力導致了中央銀行以及其它控制信用與管制經濟活動機能的演化。

為了瞭解管制者所扮演的角色，則必須瞭解他們也是參與者：他們的認知具有本質上的不完整，而且他們的行為會造成意外的結果。管制者與經濟體系之間存在著反射關係，這層關係會呈現循環的特質，由一個極端擺動到另一個極端。

管制循環與信用循環之間的關係又如何？就這一點而言，我的觀點目前尚屬試探性質。我認為，這兩種循環在時間上大致是相互重疊的：最小的管制與最大的信用擴張通常會同時出現，反之亦然。但是，在時間配合之下，這兩種循環之間存在著持續的互動，影響了兩者的型態與期間。兩種循環之間的互動會形成獨特的軌跡，該軌跡並不符合任何規律或重覆的型態。

我曾經嘗試利用此一複雜而試探性的架構，解釋近期經濟與金融的發展。無庸置言，其中涉及的因素極多，但我的焦點擺在信用與管制這兩種循環上。我所討論的主題，銀行業從高度管制變為管制比較不嚴格的轉型過程、國際放款的繁榮與崩解、購併熱潮與國際資本移動。

截至1982年，情況只是相當單純的繁榮與崩解，但在1982年之後，情況變得非常複雜。如果任由事件自然發展，則1970年代放縱的信用擴張將導致悲慘的結果；正因為其結果極具災難性，所以金融主管單位全力搶救，並且成功地避免了崩解。此後，我們渡過了未知的領域。不久之前，大繁榮已成強弩之

末，但其生命期卻受到人爲手段的延伸，以避免大崩解。

我企圖追蹤事件的獨特軌跡：即透過我所謂的「集體式」（Collective）放款制度，以及將美國政府視爲「借款者的最後憑藉」，所造成國際壞帳重擔的居高不下。兩者都是前所未有的發展。它們導致了奇怪的結合，而我稱之爲「大循環」（Imperial Circle）：即中央爲良性循環，而邊緣爲惡性循環的全球體系，此乃根基於美元強勢、強勁的美國經濟、不斷成長的預算赤字和貿易赤字、以及高實質利率。「大循環」將國際經濟與金融制度結合在一起，但它在本質上卻十分不穩定，因爲強勢美元與高實質利率必然會超越預算赤字的刺激效果，而削弱美國經濟。「大循環」無法延續下去，接下來將如何發展？

爲了回答這個問題，我從1985年8月份起，便執行一項實驗。事實上，我依據實際時間的先後秩序，將我對投資決策的思考記載在日記本上。既然我認爲「大循環」的未來發展具有絕對的重要性，我以本書所擬定的架構從事實驗，並用它測試我對未來事件的預測能力。以金錢標準而言，這項實驗極爲成功──我的基金展現了絕佳的績效。它同時導致了意外的結果：在實驗之後，我對未來有了相當不同的預期。

我最初假定良性循環處於衰敗的危機之中：弱勢美元與孱弱的經濟的結合將使利率居於其應有水準之上，而財政與貨幣刺激手段失去了進一步的施展空間，致使經濟與美元的跌勢無法扼止。但是，貨幣當局的干預再度挽救了此一局面。當自由浮動的匯率制度改變爲「干預的浮動」（dirty float）之後，美元跌勢得以緩衝，而在低利率與金融市場榮景的協助下，經濟

免於陷入萎縮期。我們進入了新的階段，我稱之為──帶著些許的嘲諷──「資本主義的黃金時期」。

各位可以發現，本書企圖同時完成幾項目的。它不僅倡導一般理論──反射理論──也倡導特殊理論，即信用與管制的循環。後者的觀念尚屬試探性質，很難稱其為理論。但是，我不僅利用它來解釋當代的歷史，並且利用它來預測結果，在此過程中，我藉實例展現反射現象的解釋與預測之間，存在著基本差異。我也嘗試從分析中歸納出一些通則。最重要的幾點包括：第一，信用才是重點所在，而非貨幣（換言之，貨幣主義（monetarism）是錯誤的意識型態）；第二點，一般均衡（general equilibrium）的概念與實際世界並無關連（換言之，古典經濟學只是徒勞無功的理論）。金融市場在本質上是不穩定的，這導致第三項結論，它最好是以問句而非斷言的方式表示：為了重建經濟體系的穩定，需要採取何種政策呢？

如果我在一次只討論一個問題，則本書會比較容易閱讀。很不幸地，這是不可能的，因為不同的論點都有相互的關連。如果反射理論受到廣泛地瞭解，則我可以視其為理所當然，而專心探索信用與管制。同理，如果金融市場本質上的不穩定已經普遍受到認同，則我就無需花費大量的時間說明，經濟理論中的均衡概念是完全不切合實際的。由此緣故，我多少會同時處理幾個論點。

更糟糕地，本書不能視為已完成的作品。開始撰寫它時，我認為自己已經有了一套反射理論，唯一的難題只在於如何表達。當我嘗試將理論運用到各種不同情況，我發現實際上我並

未擁有一套完整的理論。參與者的偏頗在歷史事件中扮演著重要的因果角色，這個觀點不僅有效而且有趣，但是它過於一般化，而無法被視為一項理論，足以協助我們解釋並預測事件的發展。我所建立的繁榮╱崩解型態雖然適用於某些發展，卻不適用於它處。如果勉強將此型態套用在每一個最初自我強化與最後自我瓦解的發展中，會造成嚴重扭曲的結果。我覺得自己像古代的天文學家，企圖利用圓形與半圓形的概念描述行星的橢圓形軌道；唯一的差別是，反射事件的軌跡是不規則的。

我的夢想是提出反射的一般理論，能夠解釋1980年代的大崩解現象，如同凱恩斯的《貨幣、利率與就業的一般理論》（General Theory of Employment, Interest and Money），解釋了1930年代的「經濟大蕭條」。但是，事情的發展結果是：我們沒有大崩解，而我也沒有一般理論。我所擁有的是一套方法，可以協助我們瞭解金融體系目前的不穩定情況。它不能依照長久以來我們所習慣的自然科學思考方式，來解釋與預測事件的發展，其理由非常簡單，因為反射過程不能以此方式加以解釋與預測。我們需要不同的方法，而本書正嘗試發展這一套方法。它最好是被視為探索過程的一部份，而不是成品。

所有這些因素使得本書比較艱澀，涵蓋內容也比較廣泛，但我可以承諾各位讀者，本書的其它部份決不會像本文一樣討論了眾多的議題。我所探索的是一個複雜的主題。我需要複雜的心靈加以理解。我可以辯稱，我思想的複雜充分反應了金融市場中的複雜，這可以從實際實驗的財務結果加以印證。因此，這至少是一個能讓我發表意見的理由。我將儘量避免濫用這項特權。

如果我將本書的結構稍做描述，或許有所助益。第 I 篇闡述理論。在第一章，以普遍的方式討論反射的概念，並探索反射現象在瞭解上的難處。明確而言，它認為自然科學中解釋與預測的對稱性，並不適用於社會科學。接下來的三章，乃是將該理論運用到金融市場：第二章為股票市場，第三章為外匯市場，第四章則勾勒出信用與管制循環的輪廓。

第 II 篇將利用第四章所勾勒的假設，來解釋當代經濟與金融史。歷史有必要稍做選擇，所討論的發展過程乃有關信用與管制循環的概念。我的主要議題為銀行、國際放款與購併熱潮。

第 III 篇包括按實際時序所從事的實驗，它同時進行測試與預測。測試並非合乎自然科學標準的測試；但它可以做為範例，以顯示反射發展的理論如何能夠加以測試。

第 IV 篇評估上述實驗的結果。第15章探索的範圍則是我煽動式地稱為「煉金術」（alchemy）者。上述的實驗可以視為金融煉金術的實際運作。第16章則檢討社會科學的限制。

第 V 篇嘗試就經濟政策提出若干建議。第17章檢討自由市場與管制市場的相對優點，第18章則提出有關國際中央銀行的有利辯解。既然市場機能與管制該機能的嘗試在本質上均有瑕疵，則所有制度改革的企圖均註定要失敗。我在第19章中駁斥該論證。

在最後的跋文中，我探索反射概念在金融領域外的蘊涵意義，為了完成夢想，我企圖就一些古老的形上學疑問，提出個

人的解答。

既然我的思考在撰寫本書的過程中不斷演化，讀者如果知道各章節的撰寫時間，則可能有所助益。我在1985年8月份開始從事實際的實驗之前，完成了本書的第一篇。另外，第5章到第9章，撰寫的時間在第4章之前，前者討論近期的歷史，後者則勾勒信用與管制循環的概念。第4章包含我在撰寫過程中的種種發現；這也是其內容何以具有強烈試探性的緣故。

我希望強調，本書的目的並不在於提供股票市場致富的實務指導。我所知道的大部份事物都包含在本書，至少都存在於理論的形式內。我沒有故意要隱藏任何事。但是推理過程則採反方向：我不企圖解釋如何利用我的方法來賺錢；相反地，我是利用我在金融市場的經驗發展出一套方法，以研究一般的歷史過程與目前特殊的歷史課題。如果我不相信我的投資活動能夠達成此一宗旨，則我不會希望撰寫本書。只要我繼續積極地從事金融業，則我最好將它們視爲商業機密。但是，如果我能夠對我們所生存之世界的瞭解做出貢獻，更有甚者，如果我能夠有助於自己身爲參與者之政經制度繁榮昌盛，則我對我投資活動的評價將遠甚於在商業上的任何成就。

第 1 篇

理 論

第　一　章
反射理論

反均衡

　　經濟理論致力於均衡位置的研究。均衡的概念甚為有用。它能讓我們的注意力集中在最後的結果，而不會分心在通往均衡的過程。但這是極為荒謬的概念。它具有某種實證的意味：既然調整過程應該通往某個均衡點，均衡位置似乎也蘊涵在我們的觀察之中。事實並非如此。在現實生活中，均衡幾乎不曾出現——市場價格具有惡名昭彰的波動特性。我們所能夠觀察的過程應該是通往某個均衡點。但是，均衡為什麼永遠無法達成？沒有錯，市場參與者會針對市場價格做調整，但他們可能是針對不斷移動的目標做調整。在這種情況下，稱呼參與者的行為是調整的過程可能有誤，而均衡理論也變得與現實生活毫無關連。

　　均衡是公設系統（axiomatic system）的產物。經濟理論的建構方法類似於邏輯學或數學：它根據某些公理（postulates），透過邏輯的處理，由這些公理演繹出所有的結論。均衡可能永遠無法達成並不必然會使其邏輯結構失敗，但是當假設的均衡被描述為實體的模型，則會引進嚴重的扭曲。在我們所生存的世界，如果三角形的三個角的總和不是180度，則歐基里

德幾何學（Euclidean geometry）將成爲誤導的模型。

　　該公設法的最偉大成就就是完全競爭（perfect competition）的理論。雖然遠在二百年前，它便爲人所倡導，卻從來不曾被取代；只是分析方法更加洗練。該理論認爲，在特定的情況下，毫無節制地追求自我利益，將導致資源的最佳分配。當每一家廠商的生產，其邊際成本（marginal cost）等於市場價格，而每一消費者所購買的數量，其邊際「效用」（marginal utility）等於市場價格，均衡位置便告達成。根據分析，假定沒有個別買者或賣者能夠影響市場價格，則該均衡位置將使所有參與者的福利達到最大。這項理論便是十九世紀自由放任（laissez-faire）政策的基礎，也是目前「市場魔術」信念的基礎。

　　讓我們檢討完全競爭理論的主要假設。這些假設包括：完全的知識（perfect knowledge）；產品的分割性與一致性；參與者人數極多，任何個別參與者均無法影響市場價格。

　　完全知識的假設是值得懷疑的，因爲瞭解個人所參與的情況，並不能代表具有知識（譯按：知識唯有在「主體」與「客體」明確分離時才可能；但在本例中，主體卻爲客體的一部份）。當還是學生時，我就認爲該假設不可接受。我確定古典經濟學家使用該假設的方式正是我所反對的，因爲十九世紀的思想家對知識的極限並不如我們瞭解。知識論（epistemological）的問題開始浮現之後，該理論的倡導者認爲，他們可以利用更謙遜的字眼迴避：資訊（information）。在現代的形式上，該理論只假設完全的資訊（註1）。

　　不幸地，這項假設不足以支撐該理論的結構。爲了彌補缺失，現代經濟學家採用了巧妙的方法：他們認爲需求與供給曲線應該視爲既定的。他們並未將此主張設爲公理，而是將此主張以方法論的（methodological）理由加以合理化。他們認爲，經濟學的工作是研究需求與供給之間的關係，而非需求或供給本身。需求可能是更適合於心理分析家的研究主題，而供給可能是工程師或管理科學家的研究領域；兩者都超越了經濟學的範圍（註2）。因此，兩者均應視爲既定。

　　但是，如果我們不再追究需求與供給條件既定的意義，則該系統顯然又引進了另外的假設。否則，這些曲線是從那裡來的呢？我們是在處理一個隱藏在方法論藉口之下的假設。參與者應該根據其偏好程度，在替代物之間做選擇。該隱而未宣的假設是：參與者「知道」這些偏好與替代物。

　　如我將嘗試說明者，這項假設無法成立。需求與供給曲線的形狀不能夠視爲獨立而既定的，因爲兩者均包含了參與者對事件的預期，而事件又是由其本身的預期所造成的。

　　預期的功能在金融市場最清晰可見。買、賣決策奠基於對未來價格的預期，而未來的價格又過回頭來取決於目前的買、賣決策。將供給與需求視爲由獨立於市場參與者預期之外的因素所決定，這種見解是錯誤的。在商品的例子中，這種情況比較不明確，因爲其供給大致上取決於生產與消費需求。但是，決定生產量與消費量的價格未必是目前的價格。事實恰好相反，市場參與者更可能受到未來價格的影響，未來價格可能是期貨價格，或是參與者本身的預期價格。不論未來價格爲何，

均不宜將供給與需求視爲獨立而既定的，因爲兩條曲線都包含了參與者對於未來價格的預期。

市場中的事件可以影響供給與需求曲線的形狀，這一個觀點可能與古典經濟學格格不入。市場價格應該由需求與供給曲線來決定。如果這兩條曲線又受到市場波動影響，則價格無法被單一地決定。均衡價格將不存在，我們將面對不斷波動的價格。這會造成極大的破壞。經濟理論的一切結論將會喪失其與現實世界的關連。

爲了防止這種後果，因而引進方法論的設計，將供給與需求曲線視爲獨立而既定的。但是，利用方法論上的設計來規避顯然無法成立的假設，似乎有一點狡滑。爲了保持經濟學在公設系統下的理論完整性，則應該將其假設明顯地加以陳述。我們可能因此而做成結論：經濟理論如同非歐基里德幾何學，它與現實世界無甚關連。但情況並非如此，我們仍然受到方法論的藉口所欺瞞。教科書仍然呈現供給與需求曲線，彷彿它們立論在實證的證據之上。但是，事實上並沒有證據可以支持獨立存在的需求與供給曲線。任何人在價格不斷變化的市場中從事交易，都知道參與者會深受市場發展的影響。價格上漲通常會吸引買盤，反之亦然。如果供給與需求曲線不受市場價格影響，則自我強化的趨勢如何能持續？但是，只要稍微瀏覽商品、股票與外匯市場，則能確認：趨勢是通則，而非例外。

完全競爭理論仍然能加以辯護，認爲我們在商品與金融市場中所觀察的趨勢，只是暫時的脫軌現象，長期而言，供給與需求的「基本面」力量將會消除它。我們必須記住，完全競爭

理論並未界定調整的軌跡；它僅分析所有調整過程發生之後的情況。這項論證有一項疑點，它無法確保「基本面」力量可以修正過度「投機」。情況很可能是投機將改變供、需的基本面條件。

在事件的正常發展過程中，投機性的價格上漲會引發反制力量：供給增加，需求減少，於是短暫的過度現象會隨著時間的經過而被修正。但是，這也有例外。舉例來說，在外匯市場，持續的走勢能夠自我有效化（self-validating），是因為它會對國內的物價水準造成影響。在股票市場也有此現象，某一支股票的表現可以透過許多方式影響該公司的表現。在檢討近期的國際放款歷史時，我們將發現，超額放款最初會增加債務國的借款能力，這係以其負債比率衡量者，然後銀行要求其償還債務時，債務國的償債能力便消失了。一般而言，我們發現，信用的擴張與緊縮會影響債務國的償債能力與意願。

這些例外情況是確認了該法則，還是要藉以修正被接受的理論呢？答案取決於這些事件的嚴重程度與發生的頻率。如果處理的是獨立個案，則我們能將其視為矛盾現象（paradox）；如果例外不斷出現，則我們必須質疑理論。

我認為這種矛盾行為是所有金融市場的典型現象，它是未來發展的去化機能，在股票市場、外匯市場、銀行系統以及所有的信用形態均非常顯著。個體經濟理論或許會繼續忽略它，因為在經濟活動的大部份領域內，它只是偶爾發生或完全不發生；如果不將此現象考慮在內，則我們將無法瞭解總體經濟的發展。在惡性與良性循環中的匯率震盪與大規模的資本移動，

而為古典經濟學所界定的「正常」因果型態似乎已經顛倒了：
市場發展支配著供、需條件的演化，而非反向的。

如果調整過程並不會導致均衡，則經濟理論的結論又將如
何？以演繹法而言，它持續有效，但會喪失其與現實世界的關
連。如果我們想瞭解現實世界，則必須將注意力從假設式的最
後結果，轉移到變化的過程，而這正是發生在我們週遭而可以
觀察者。

我們的思考方式需要大幅修正。相對於靜態的均衡，變化
過程更難以理解。我們必須修正許多既有的觀念，而且我們要
理解，我們所擁有而感到圓滿的結論，會遠不如經濟理論所提
出地那般明確。

不完全理解的問題

相對於假設式的均衡，對於事件實際過程的理解仍存在著
若干問題，而尚未受到人們應有的重視。這些問題之所以產
生，是因為參與者的決策乃根據他對參與情況本質上不完整的
理解。我們必須考量兩組相關的問題：參與者的不完全理解，
以及社會科學家的不完全理解。我們必須謹慎以免混淆兩者。

在本章節，我將解釋參與者的理解為何在本質上是不完全
的。在下一節，我將檢討參與者的不完全理解為何會對社會科
學造成困難。

參與者的不完全理解是十分難以定義的概念，而討論這個
概念則更為困難。我的處理方法是將參與者的立場和自然科學

家的參與立場做比較（我必須特別指明自然科學家，因為社會科學家會由於參與者的不完全理解而遭遇一些特殊問題。我們將在下一個章節討論這些問題）。比較的目的是要建立一項標準，藉以說明何謂參與者的不完全理解。比較的棘手之處是，自然科學家也無法有完全的理解。再說得遠一點。如卡爾・波普所說的（註3），科學方法的主要原則是：無法達到完全的知識。科學家的工作在於不斷測試合理的假說，並且不斷地提出新假說。如果他們不把所有的結論視為暫時的而且是可以改善的，則自然科學不會發展到目前的程度，也不會再進一步的發展。它雖然不完全，但是自然科學家所得到的理解可以當做一項標準，利用這項標準，參與者的理解便可以稱為不完全。

相對於參與者，自然科學家占有強烈的**優勢**：他們所處理的現象不會受到任何人對它所發表的言論或思想而影響。該現象屬於一個宇宙，科學家的陳述則屬於另一個宇宙。該現象扮演著獨立而客觀的標準，科學家的陳述則可以藉著這項標準判斷其真實與有效。陳述對應於事實則是真實的，否則便是錯誤的。只要這種對應能夠建立起來，科學家的**理解**即可視為知識（knowledge）。我們無需介入建立對應關係過程中所遭遇的種種困難。重點是，科學家擁有客觀的標準可茲運用。

相對地，參與者思想所關連的情況並非獨立的：情況會視參與者的決策而改變。以建立參與者觀點的真實與有效做為客觀的標準，這並不充分。它確實可以提供某種形式的標準：某些預期會被後繼事件證實為有效，其它的預期則否。但是，證實有效的過程卻缺少某些我們所希求的：我們永遠無法確定，究竟是預期對應著後繼事件，還是後繼事件順著預期。在自然

科學中，思想與事件之間的隔離，在此完全消失了。

思想扮演著雙重角色。一方面，參與者希望理解其所參與的情況；另一方面，其理解將做為決策的基礎，並影響事件的發展。這兩種角色會相互干擾。任何角色的表現都遜於它在獨立情況下的表現。如果事件的發展能夠不受參與者決策的影響，則參與者的理解便與自然科學家的相同；如果參與者能以知識依據而下決策，則不論其決定何等短暫，其行為的結果都有更好的機會對應其意向。在目前的情況下，參與者是依據不完全的理解採取行動，而事件的發展也會帶有不完全的記號。

在自然科學中，主題與思考行為之間沒有隔離的情形也會發生，只是程度比較緩和。最顯著的例子存在於量子物理學，觀察行為會干擾被觀察的現象。它導致海森堡的不確定原則，該原則實際上樹立起科學家獲得知識的能力極限。但是，在自然科學，問題僅會出現於極限地帶；就參與者而言，問題則存在於參與者思想的核心部份。一方面，科學家會儘力避免干擾其主題，參與者的主要目的便是依據其滿意度來塑造其所參與之情況。更重要者，在量子物理學，只有觀察行為會干擾主題，而非不確定理論，但對於具有思考能力的參與者而言，其思想構成了相關主題的一部份。自然科學的實證成就侷限在一區域，在其中，思考與事件能夠被有效地隔離。當事件包含具有思考能力的參與者，該區域便告萎縮而消失。

社會科學的問題

目前，我們可以檢討社會科學的問題了。再一次地，這裡

也有兩個不同的議題必須考慮。一與主題有關,一與觀察者有關。

科學方法是設計用來處理事實(facts);但是,如同我們所瞭解的,事件一旦存在著具有思考能力的參與者,則事件便不只是由事實所構成。參與者的思考扮演著因果角色;它並不對應於事實,因為它與事實無關。參與者必須處理受到其決策所影響的情況;他們的思考成為該情況中不可或缺的構成要素。不論我們將它視為特殊的事實或是事實之外的事物,參與者的思考都會為主題引進不確定的要素。這種要素並不存在於自然科學之內。如我們所瞭解的,參與者思考所導致的不確定性與量子物理學的海森堡不確定理論,兩者之間具有某種相似性,我們隨後將說明這種對照是誤導的。

以科學觀察者所扮演的角色而言:當主題本身並不包含任何陳述、觀察或任何形態的思想,則非常容易在事實(facts)與陳述(statements)之間保持必要的隔離(segregation)。

大部份有關社會科學缺點的討論,向來都集中在第二個議題。「自滿的預言」(self-fulfilling prophecies)與「自敗的實驗」(self-defeating experiments)是經常被引述的批評,但它們通常是針對科學家。但是,如我先前所提及的,參與者思考所具有的自我影響(self-influencing)特質,才是導致先前所討論之不確定性(或不可決定性)的因素。與主題的不可決定性相比較,科學觀察的困難便顯得微不足道了。縱使有關觀察者的一切問題得以解決,該不可決定性仍然存在;事實上,觀察者的問題可以直接歸因於主題的不可決定性。因此,社會科

學的問題不僅僅存在於方法論的（methodological）層面上，而是蘊涵在客體。

過份強調科學觀察者的角色，可以歸咎於對海森堡不確定原理的錯誤類比（false analogy）。我雖然不是量子物理學的專家，但是根據我的瞭解，該原理認為：量子的質量與速度無法同時被測量，因為測量行為會干擾被測量之粒子。在這個例子中，不確定因素是由外部觀察者所引入的（量子的行為本質上是否是隨機的，這是不同的問題）。它與社會科學之間的類比是錯誤的，因為後者之不可決定性（不確定性）是由參與者所造成的。唯有量子是以具有思考能力參與者的方式行為，這項類比才能成立。

我嘗試以適當的順序從事這項討論：首先是主題的不確定性，其次是科學家的角色。

自然科學與社會科學的主題間具有基本上的差異，這個觀念並沒有得到廣泛的認識。相反地，卡爾・波普提出了他所謂「科學統一性的學說」（doctrine of the unity of science）（註4），而這正是我對其學說唯一無法認同者。該學說認為，自然科學與社會科學均適用相同的方法與標準。這個觀點雖然沒有受到普遍的認同，也未受到結論式的駁斥。我在此將嘗試這麼做。

為了充分納入具有思考能力參與者所構成的問題，我們將進一步觀察科學方法的運作。為了達成目的，我將引用卡爾・波普的科學方法結構，亦即術語所謂的「演繹形式的」（deductive-nomological）模式，或簡稱「D-N」模式，如同所有的

模式，它代表了**複雜實體**之簡化及理想化的形式，正因爲其簡單精巧，所以它非常適合我的目的。

該模型建立在三種陳述上：特定的起始條件（specific initial conditions），特定的最終條件（specific final conditions）以及普遍有效的通則（generalizations of universal validity）。結合一組通則與已知的起始條件，便會產生預測（predictions）；結合一組通則與已知的最終條件便構成解釋（explanations）；結合已知的起始條件與已知的最終條件，即可測試（testing）相關的通則。預測與解釋之間存在著對稱性（symmetry）；它們在邏輯上是可以逆轉的（reversible）。測試則不然，因爲沒有任何測試能夠證明通則爲普遍有效。科學理論只能被證明錯誤，而不能被證明爲真實。證明爲錯誤的與證明爲真實的，其間的不對稱性，以及預測與解釋之間的對稱性，是波普結構中的兩項關鍵特色。

唯有特定條件滿足時，此模式才能有效運作。一項基本的條件是：陳述的內容與針對該內容所指之陳述，兩者必須完全獨立；唯有如此，該內容才能成爲獨立的標準，藉以判斷內容所指之陳述的真實或有效。其他重要條件包括：起始與最終條件所包含之事實可以接受科學觀察，而其通則應該普遍地有效。亦即，如果一組既定的條件重現，則該組條件之前與之後所發生的條件和先前所發生者皆相同（譯按：這是指可以重覆實驗）。我們可以發現，普遍有效的條件不僅界定了自然科學法則，也界定了起始與最終條件的性質：它們所包含可以觀察事實必須符合普遍法則。當情況包含具有思考能力的參與者，這項要求便難以滿足。

科學觀察的組成頗具爭議性，我們無需在此介入這項爭論。當然，由單一科學家所從事的單一觀察是不可被接受的。正因為事實與陳述之間的對應極難建立，所以科學是一項集體性質的工作，每位科學家的工作都必須接受別人的監督與批評。

科學家之間的互動會遵循某些傳統規範。這些規範既無明確的定義，也非永久不變的。它們的權威來自於它們能夠產生所預期的結果。單一科學家經常認為這些規範頗為累贅，而嘗試以各種捷徑達成所希望的結果。正因為這些捷徑無法有效運作，所以科學方法的傳統規範才會繼續存在。

觀察者企圖以其個人意願強行影響其主題之最傑出範例，要算是嘗試將基本金屬變成黃金。煉金師經過長期而辛苦的奮鬥，最後因為無法成功而放棄了努力。失敗是無法避免的，因為基本金屬的行為受制於普遍有效的法則，該法則不會因為任何陳述、符咒或儀式而改變。

現在，讓我們考慮人類的行為。他們是否遵循普遍有效的法則，而該法則能夠根據D-N模型來擬定呢？毫無疑問地，人類行為的許多層面——從出生到死亡以及兩者之間——都可以視為一般自然現象。但是，人類行為中有一個層面，它所呈現的特質有別於自然科學之主題所呈現的現象：決策過程。決策乃奠基於對情況的不完全理解。這個情況是否能夠提供起始與最終的條件，而這些條件又必須符合普遍有效的法則？這些條件是否將參與者的思考包含在內或排除在外？如果思考包含在內。則該條件便無法接受科學觀察，因為唯有參與者思考的結

果才能被觀察，而非過程本身。如果思考過程被排除在外，而只有結果才能視為現象，則科學通則的普遍有效性便蕩然無存，因為在一組既定條件之前與之後所出現的條件，並不必然每次都相同：事件的結果會受到參與者的思考所影響，而且參與者的思考與事件的發展之間缺乏對應。不論在那一種情況，D-N 模型均將解體。

這並不是世界末日，卻嚴重地傷害了科學方法。該方法曾經如此成功，使我們無法相信竟然有這麼大而又重要的領域處於其範圍之外。自然科學也曾經遭遇海森堡不確定原理的限制，但該限制是在眾多可觀的成就之後才出現的——而不確定原理本身也屬於自然科學的重大發現之一。就社會科學來說，我們甚至在開始之前便遭遇困境：參與者的不完全理解無法與D-N 模型並存。

這項結論非常具有破壞力，人們也嘗試各種方式規避它。光討論這些嘗試就可能需要一整本書的篇幅——這必然會是一本很有趣的書籍。我只集中注意力在經濟理論，就規避不完全理解所造成之問題的嘗試而言，它算是最傑出而且最有效的嘗試之一。它假設一切沒有問題，而建立了一套假說系統，在該系統內，參與者的決策完全由既定的資訊來決定。該方法所產生的結論確實符合D-N 模型的若干條件。舉例來說，完全競爭理論可以視為普遍有效，而且——至少在原則上如此——它可以有效用來解釋與預測各種條件。但是，就測試而言，該理論失敗了，並且令人懷疑假說條件與實際條件之間的關連。

社會科學家費盡苦心希望維護「方法的統一」，但成果十

分有限。他們努力的結果僅淪落為自然科學的拙劣複製品。就某個層面而言，將自然科學方法運用在社會現象的種種嘗試，就像煉金師將魔術運用在自然科學的種種努力。雖然煉金師遭到幾乎徹底的失敗，社會科學家卻能夠對其主題產生了重大的影響。存在著具有思考能力參與者的情況，可能無視於自然科學方法，卻容易受到煉金術方法的影響。參與者的思考由於不受到實體的規範，所以它很容易受到理論的影響。在自然現象的領域內，科學方法唯有在理論有效時，才具有影響力；但是在社會、政治與經濟事務上，理論即使無效，也能夠具有影響力。以自然科學的標準而言，煉金術是失敗了；但以煉金術的標準而言，社會科學卻成功了。

上述分析促使我們檢討科學家與其主題之間的關係。如同我們所瞭解的，在 D-N 模型中，科學家必須將其陳述和觀察與相關的主題維持嚴格的隔離；唯有如此，主題才能發揮功能而成為客觀的標準，藉以判斷科學陳述的真實與有效。科學方法的傳統規範是設計用來維持必要的隔離。

在自然科學中，由於科學家的思考實際上與其主題判然有別，所以傳統規範是有效的。科學家唯有透過行動──而非思想──才能夠影響主題，而且科學家的行動與所有的其他自然現象一樣，均受到相同法則的規範。明確地說，科學家不論採取何種行動也無法將基本金屬變成黃金。科學家可以玩弄科學的傳統規範，搏取一些個人利益。但這種利益僅能夠利用欺騙的手段獲取，因此也會被遵守規範的人所揭發。

社會現象則不然。參與者的不完全理解將干擾 D-N 模型的

正常運作。對科學方法的傳統規範來說，這極具深遠的意義。它會限制遵循傳統規範所能產生的結果，更糟的是，它也將使人違反規範而取得希望的結果。人們假裝遵守科學方法的傳統規範，實際上卻是陽奉陰違，這種行為可以獲得相當的好處。自然科學廣受尊崇：相對於坦白承認其為政治的或意識型態的偏頗理論，宣稱其為科學的理論更能夠影響易受欺騙的大眾。我只需要提出馬克斯主義與心理分析為例便足夠了；完全競爭理論為基礎的自由放任資本主義也是典型的例子。我們必需注意，馬克斯與佛洛依德均強調其科學地位，許多結論也是依「科學的」方法所推演者。一旦沈入這種觀點，則「社會科學」這個名詞便值得懷疑了。這是社會煉金師所採用的魔術字眼，透過咒語，他們將其意志強加諸於主題之上。

針對這種不當做法，科學方法的「真正」執行者如何自我保護呢？我個人認為只有一個解決辦法：基於自然科學的理由，必須剝奪社會科學所享有的地位。社會科學應該被視為錯誤的譬喻（false metaphor）。

這並不意味我們必須放棄對社會現象真理的探索。它僅意味，在追求真理時，我們必須認知D-N模型並不適用於存在著具有思考能力之參與者的情況。我們必須放棄「方法統一」的主張，不再盲目地模倣自然科學。

在自然科學中，D-N模型曾經如此地成功，以至於人們視其為科學方法。非常諷刺地，在現代自然科學中，該模型已經逐漸被取代，然而，社會科學仍然企圖與十九世紀自然科學的成就相競爭。這項企圖是無意義的，因為——如我們所瞭解的

——其主題並不適合採用D-N模型。猶如量子物理學所顯示的，科學方法並不必然只侷限在D-N模型而已：統計、機率的通則可能更有意義。我們當然不可忽視能發展出自然科學以外之獨特方法的可能。因為主題的性質不同，研究方法也應該有所差別。

我將在本書探索嶄新的方法，但在著手之前，我希望確定該方法不會受到D-N模型標準的批評。一個不完全理解的世界所產生的通則，並不能用來解釋與預測特定事件。唯有在具有思考能力之參與者不存在的情況下，解釋與預測的對稱性才會存在。否則，預測必然始終會受到參與者的認知所影響；因此預測不能像它們在D-N模型中所具備的最終性質。另一方面，已發生的事件與D-N模型一樣，具有最終性質；因此解釋較預期來得更容易。一旦我們放棄預期與解釋在邏輯上可以反轉的限制，我們便能建立適合於主題的理論架構。不幸地，這種理論並不能以符合波普邏輯結構的方式加以測試。這並不是說我們必須放棄測試；相反地，只要我們繼續關心對事物本身的瞭解，便應該堅持要測試我們的觀點。我們需要發展創新的測試方法。我將在實際的實驗中這麼做，我必須坦白承認，並運用社會現象探索過程中的煉金潛力。（第Ⅲ部份）。

參與者的偏頗

我的方法是要處理不完全理解的問題。參與者理解之所以會不完全，是因為他們的思想會影響相關的情況。參與者思考所扮演的因果角色，在自然科學家所研究的現象中，並無類似的對應者。顯然地，它並非塑造事件的唯一力量，但如果事件

中包含著具有思考能力的參與者，它便是一種獨特的力量。因此，我們必須特別重視。

如同我們所瞭解的，不完全理解是極難處理的概念。我們已經說明參與者思考和其相關情況之間缺少對應關係（correspondence）；但缺少對應關係很難去界定，更別提要去測量了。參與者的思考是其相關情況的構成部份，因此我們並不適合用對應關係來描述整體與部份之間的關係。這個觀念是從自然科學與哲學借用過來的，在自然科學中，事實與陳述屬於不同的宇宙；在哲學上，對應是判斷真理的標準。這項類比並不適用於參與者，而其本人——根據定義——又是他嘗試去理解之情況的一部份。我們可以說缺少對應關係，但無法界定參與者之理解所不能對應的對象，因為它根本就不存在。總之，我所指的是，參與者的思考在本質上就是偏頗的。因為偏頗是固有的，不偏頗不可能的。

然而，外在世界存有一個規範，可以藉之測量參與者的偏頗。雖然參與者的認知之外沒有實體存在，卻存在著仰賴參與者之認知的實體。換言之，有一系列實際發生的事件存在，而且這些事件會反應參與者的行為。事件實際的發展與參與者的認知可能不相同，其間的分歧可以代表參與者的偏頗。不幸地，它僅能視為是一種指示——而非完整的測量——因為事件實際的發展已經包含了參與者思考的結果。因此，參與者的偏頗會出現在結果與預期之間的分歧，也會出現在事件實際的發展。可以部份觀察到，而且部份隱藏於事件過程中的現象，並不適合於科學的調查。我們現在應該可以理解，為什麼經濟學家急著將它從其理論中隔離。在我們的調查之中，應列為焦點

所在。

反射的概念

參與者的思考和他們所參與的情況，兩者之間的關連可以分解為兩個函數關係。參與者努力理解該情況，我稱其為認識的（cognitive）或被動（passive）的函數；他們的思考對真實世界的影響，我稱其為參與的（participating）或積極的（active）函數。在認識函數中，參與者的認知會受到情況的影響；在參與函數中，情況會受到參與者的認知所影響。這兩個函數的方向恰好相反：在認識函數中，自變數（independent variable）為情況；在參與函數中，自變數則為參與者的思考。

在許多情形下，其中某一個或另一個函數能夠被獨立觀察，但在其它情形下，這兩個函數會同時運作。認識函數的明顯範例是人從經驗中學習。參與函數的範例在經濟學教科書中處處可見，例如：參與者將一組既定的偏好運用到某一組既定的機會上，而且是在價格的決定過程。

兩個函數同時運作時，它們會相互干擾。函數需要自變數才能產生一定的結果，但在本例中，某一個函數的自變數是另一函數的應變數（dependent variable）。因此結果並非一定，而是交互影響的局面，其中的情況和參與者的觀點都是應變數，以至於任何的起始變化將導致情況和參與者觀點的進一步變化。我稱這種交互作用為「反射」（reflexivity），這個字是以法文方式來使用，即用來描述動詞的主詞與受詞為同一者。以數學方式表示，反射能夠以兩個遞迴函數（recursive functions）來表示：

$$y = f(x) \qquad 認識函數$$

$$x = \phi(y) \qquad 參與函數$$

因此，

$$y = f(\phi(y))$$

$$x = \phi(f(x))$$

這便是我的方法的理論基礎。這兩個遞迴函數不會產生均衡，而是永無止盡的變動過程。這個過程基本上有別於自然科學所研究的過程。在自然科學中，一組事實跟隨著另一組事實，不會受到思想或認知的任何干擾（雖然在量子物理學中，觀察會導致不確定性）。當情況包含具有思考能力的參與者，則事件的發展順序不會從某一組事實直接導引到另一組事實；反之，它以鞋帶（shoelace）交錯的型態，將事實與認知連結，而認知又連結事實。因此，反射的概念產生了歷史的鞋帶理論。

鞋帶理論應該視為某種形式的辯證（dialectic）。它可以闡釋為黑格爾唯心辯證與馬克斯唯物辯證之綜合。思想或物質條件不以辯證的方式演化，而是兩者之間的交互作用會產生辯證過程。我不使用更明顯的字眼，其唯一理由是我不希望被過度沉重的包袱所拖累。我認為黑格爾十分晦澀，而馬克斯則主張歷史決定論（deterministic theory of history），其理論與我的觀點背道而馳。

依據我個人的觀點，歷史過程是開放的（open ended）。主要驅動力量是參與者的偏頗。當然，它並非唯一的運作力量，但它是歷史過程中獨特的力量，而使該過程與自然科學所研究的過程有所區別。生物演化歸因於基因突變；我則主張歷史過程是由參與者的錯誤觀念所塑造。我甚至可以這麼說：創造歷史的觀念具有豐饒的謬誤（fertile fallacy）。豐饒的謬誤最初可以視為眼光；它轉化為實體時，其缺失便會變得明顯：它因此會孕育出另一股豐饒的謬誤，而使前者和後者相互對立而統一。每一個謬誤都會提供新的經驗，而人類會由經驗中學習，於是該過程被描述為進步。謬誤當然是過度強烈的字眼，但它能夠協助我們將注意力導往正確的方向：參與者的偏頗。

我不準備進一步探索這個主題，但是此處所描述的反射概念顯然更具深層的涵意，而它們已經超過本書所討論的範圍。

反射與均衡

回到經濟學理論，我們可以這麼主張：參與者的偏頗導致均衡位置無法達成。調整過程所針對的目標，包含著偏頗，而該偏頗可以改變過程。這種情形發生時，該過程所瞄準的並非均衡，而是變動的目標。

我們可以把事件歸納為兩種範疇：單調的（humdrum）與獨特的（unique）。前者是參與者能夠正確預期的日常事件，它們不會引起參與者認知的變化；後者則是影響參與者偏頗的歷史事件，而且會導致進一步的變化。第一類的事件可以接受均衡分析，第二類則否：它唯有視為歷史過程的一部份，才能

夠加以瞭解。

在日常事件中，唯有參與函數在運作，而認識函數是固定的。在獨特的歷史發展中，兩個函數會同時運作，所以參與者的觀點及其相關之情況，兩者都不會一成不變。這也正是該發展被描述為歷史的理由。

我應該強調一點，我對歷史變化的定義涉及重覆定義（tautology）的問題。首先，我根據事件對參與者偏頗的影響來區分事件：能夠改變參與者偏頗的事件為歷史事件；否則便屬於單調事件。然後，我又主張，參與者偏頗的變化會使事件成為歷史事件。

只要能夠認清重覆定義，則它也是有用的。在這裡，它協助我們將均衡分析放在適當之處。我將歷史的變化定義為認識函數和參與函數間的交互作用。變化成為歷史，原因是它影響了事件和參與者的認知，使得下一次的事件不只是先前事件的重覆而已。

均衡分析假定認識函數是既定的，因此消除了歷史的變化。經濟理論所使用的供給與需求曲線僅表達了參與函數，認識函數則被完全知識的假設所取代。如果認識函數能夠發揮功能，則市場中的事件將改變供給與需求曲線的型態，而經濟學家所研究的均衡狀態將永遠無法達成。

忽略認識函數，會造成多顯著的影響？換言之，忽略了參與者的偏頗，所導致的扭曲現象會有多嚴重呢？

在個體經濟分析中，這種扭曲現象可以忽略，而參與者偏

頗很容易解釋。首先，參與者的偏頗可以視為是既定的：這可以提供靜態的均衡。為了使分析更具有動態性，參與者的偏頗可以逐一地改變，而以用消費者習慣或生產方式的改變來表示。在逐一改變的方式下，會使供、需條件各種變化之間的可能連結變得模糊，但是忽略參與者的偏頗並不會使得個體經濟分析所嘗試建立的結論無效。

但是，在金融市場中，這項扭曲變得十分嚴重。參與者的偏頗是決定價格的要素之一，任何重要的市場發展都會影響參與者的偏頗。追求均衡價格會變成一場盲目的搜尋，而有關均衡價格的理論，其本身也成為具有偏頗的豐富來源。引用摩根（J. P. Morgan）的話：金融市場將持續震盪。

在處理總體經濟發展時，均衡分析完全不恰當。假定參與者的決策奠基於完全的知識，則這是完全脫離現實的假設。人們會利用任何可能的指標預期未來。結果與預期經常會有出入，這將導致不斷變化的預期與不斷變化的結果。這種過程是反射的。

在《貨幣、利息與就業一般理論》之中，凱恩斯顯示充分就業是特例；如果我們能夠發展出反射的一般理論，則均衡也將成為特例。雖然它仍難以視為一般理論，但我會嘗試探索反射在金融市場中所扮演的角色；亦即，我將以歷史過程的角色闡述它們的功能。

第 二 章
股票市場的反射現象

　　爲了發展反射理論，我以股票市場做爲起點。一方面，它是我最熟悉的市場：我已經有二十五年的專業投資經驗。另一方面，股票市場是測試理論的絕佳實驗場所：其變化均以數字表示，資料也很容易取得。甚至參與者的觀點也經常反應在經紀商的研究報告。最重要者，我已經在股票市場實際測試了我的理論，而我要提出一些有趣的個案研究。

　　如同我在導論所提及的，我的反射理論之發展與我在股票市場的活動並無關連。反射理論最初是以抽象的哲學思考而出發的，我隨後才逐漸察覺它與股票價格行爲的相關性。在抽象層面上，我對理論的擬定非常地不成功：無法成爲哲學家和從事專業投資生涯的成就，兩者形成強烈對比。我希望以相反的順序來表達我的觀念，或許因此而能避免迷失在深奧的抽象之中。

　　股票市場可以成爲研究反射現象的最佳起點，還有一項理由。對於任何市場來說，股票市場都最能符合完全競爭的標準：集中交易市場、一致的產品、低廉的交易與運輸成本、即時的資訊、爲數龐大的參與群眾確保沒有人可以影響市場價格的正常運作、內線交易有特殊的規則而且有特殊的設計使所有參與者都能取得相關資訊。我們還能要求什麼？如果有任何場

所能夠讓完全競爭理論付諸實現，則非股票市場莫屬了。

鮮有證據顯示均衡的存在，甚至少有證據顯示價格有邁向均衡的傾向。均衡的概念在最佳的情況下是不相干的，但在最糟的情況下則有誤導之嫌。不論觀察期間多長，證據都顯示了價格會不斷地波動。無可否認地，被視為應該反應在股票價格的基本條件，其本身也不斷地在變化，但是在股票價格的變動與基本條件的變動兩者之間，很難建立起任何明確關係。如果能夠建立起任何關係，則一定是被嫁禍的關係，而非能夠被觀察者。我打算利用反射理論批判經濟理論中有關均衡位置的成見。我還能夠找到比股票市場更好的例子嗎？

有關股票價格行為的既有理論嚴重不足。對於實際的投資人而言，它們幾乎毫無價值，所以我根本還不完全熟悉它們。其實，瞭解它們也起不了大作用。

一般而言，理論可以分成二類：基本分析與技術分析。近年來，隨機漫步理論逐漸盛行；該理論認為，市場會充分去化所有未來的發展，因此個別參與者的績效優於或劣於整體市場的機率是一樣的。這項論證成為一項理論的說明，使愈來愈多的法人機構將資金投入指數基金。這項理論明顯地錯誤——過去十二年來，我的績效表現始終優於股價指數，便是一項證明。法人機構或許有充分的理由不做特定的投資決策而投資於指數基金，但其理由應該在於其所追求的一般績效，而不應該認為超越指數是不可能的。

技術分析研究市場型態與股票的供需情況。它在預測機率上具有不容懷疑的貢獻，但並非在預測實際的事件發展上。就

我們討論的目的而言，它並無特殊意義，它除了斷言股票價格由供需所決定，以及過去的經驗有助於預測未來，此外並無理論基礎。

基本分析則比較有趣，因為它是均衡理論的延伸。股票被視為應該具有真實的或基本的價值，但有別於市場價格，股票的基本價值可以透過其根本資產的盈餘能力，或與其它股票基本價值的相對關係而加以定義。不論在何種情況下，股票的市場價格應該會隨著時間而趨向於其基本價值，所以有關基本價值的研究有助於引導投資決策。

這種分析方法的重點在於：股票價格與上市公司之間的關連被視為單向的。上市公司的財富決定——不論其落後情況多麼嚴重——各種上市股票的相對價值。至於股票市場的發展可以影響上市公司的財富，這種可能性完全被排除。在價格理論中也有明確的類似情況，無差異曲線（indifference curve）決定相對消費量，市場可以影響無差異曲線的可能性也被排除。這種類似情況並非巧合：基本分析法乃奠基於價格理論。但是，相對於其它市場，股票市場中的這一項遺漏比較嚴重。股票市場的評價會直接影響其根本價值：透過股票與選擇權的發行與買回和各種形式的公司交易——購併、上市、下市等。股票價格也可以透過許多巧妙的方式影響公司形象：信用等級、消費者接受程度、管理信賴度等。當然，這些因素對股票價格的影響已經被充分認知；基本分析卻很奇怪地忽略了股票價格對這些因素的影響。

如果目前的股票價格和基本價值之間存有明顯的差異，則

可歸因於該公司的未來發展，而該發展尚未為人們所知，但股票市場會正確地加以預期。人們相信股票市場的走勢會事先反應事後能加以合理化的發展。至於未來的發展如何能夠事先被去化，這個問題一直爭論不休，但一般認為市場能正確地執行這項工作，即使我們尚無法在理論層面上建立正確的方法。這個觀點很自然地是從完全競爭理論引伸而來。它被歸納為斷言，即「市場永遠是正確的」。這句斷言普遍地被接受，即使對基本分析沒有信心的人也是如此。

我所持的觀點則完全相反。我不接受股票價格是其根本價值的被動反應，也不接受反應會對應於根本價值的說法。我主張市場評價總是被扭曲的；另外──這是遠離均衡理論的關鍵所在──該扭曲現象會影響根本價值。股票價格不僅僅是被動的反應；在股票價格與其上市公司財富的決定過程中，它們均扮演著積極角色。換言之，我將股票價格的變化視為歷史過程的一部份，而且我認為，參與者的預期和事件的實際進程之間的分歧，乃是推動該過程的因果要素。

為了解釋過程，我以差異來做為起點。我並不排除事件可以實際上對應人的預期，但我將其視為特例。此主張翻譯成市場的語言，我認為，市場參與者始終具有某種偏頗。我並不否認市場具有預測的力量，它有時候看起來非常神秘，但我認為，它可以根據參與者的偏頗對事件發展的影響來加以解釋。舉例來說，股票市場通常被認為具有預測經濟衰退的能力；但更正確的說法是：它有助於加速經濟衰退。因此，我以下兩項陳述取代「市場永遠是正確的」的主張：

1.市場在方向上永遠具有某種偏頗。

2.市場能夠影響它所預測的事件。

將這兩項陳述結合在一起，便能解釋市場何以經常能正確地預測事件。

利用參與者的偏頗做為起點，我們可以建立一個有關參與者的觀點及其所參與情況之間的互動模型。這種分析十分困難，因為參與者的觀點是其相關情況的一部份。為了有效分析這種複雜情況，我們需要將其簡化。就參與者的偏頗而言，我將引進一個簡化了的概念。現在，我希望將此論證向前延伸，而引進既有偏頗（prevailing bias）的概念。

市場存在著許多參與者，他們之間的觀點一定有差異。我假定許多個別的差異會相互抵消，而留下我所謂的「既有偏頗」。就所有的歷史過程，這項假定是不恰當的，但它卻適用於股票市場與其它市場。個人認知的加總過程之所以可行，是因為存在著共同的衡量標準，亦即股票價格。在其它的歷史過程中，參與者偏頗的性質過度分歧而無法加總，所以既有偏頗的概念僅略勝於隱喻而已。在這些案例中，我們需要不同的模型；但在股票市場，參與者的偏頗可以透過買、賣來表示。如果其它條件不變，正偏頗將導致股價上漲，負偏頗將導致價格下跌。因此，既有偏頗是可以觀察的現象。

當然，其它條件永遠不會不變。為了建立我們的模型，我們需要對這些「其他條件」稍做瞭解。在此，我將引進第二個簡化了的概念。我將提出「根本趨勢」（underlying trend），

不論投資者是否承認此一**趨勢**，它都會影響股票價格的走勢。其對股票價格的影響當然會有所不同，但得取決於參與者的觀點。因此，股票價格的趨勢可以視爲「根本**趨勢**」與「既有偏頗」的結合。

這兩項因素是如何互動的？此處存在著兩個連結：參與函數與認識函數。根本**趨勢**透過認識函數影響參與者的認知；認知所產生的變化則會透過參與函數影響該情況。在股票市場的案例中，主要的影響在於股票價格。股票價格的變化可以回過頭來影響參與者的偏頗和根本**趨勢**。

因此，我們有了反射關係：股票價格由兩項因素──根本**趨勢**與既有偏頗──所決定，而這兩項因素又受股票價格的影響。股票價格與這兩項因素的交互作用持續不斷：某一個函數的自變數是另一個函數的應變數。如果變數持續變動，則均衡的傾向便不存在。這些事件的一連串變動應該視爲歷史變動的過程，在該過程中，所有的變數──股票價格、根本**趨勢**、既有偏頗──都會持續地變動。三個變數的交互影響，使得變數先朝某個方向變化，隨著又朝另一個方向變化，因此而形成了典型的──也是最單純的──繁榮－崩解的形式。

首先，我們必須定義一些名詞。股票價格增強其根本**趨勢**時，我們稱該趨勢爲自我增強的（self-reinforcing）；它們朝相反方向運作時，則稱爲自我修正的（self-correcting）。既有偏頗也有相同的術語：它可以是自我增強的與自我修正的。理解這些名詞的涵意很重要。當某個**趨勢**受到增強，則它會加速。當某個偏頗受到增強，則預期與未來股票實際價格之間的

背離會擴大；反之，如果是自我修正，則背離會縮小。就股票價格而言，我們可以單純地稱其爲上漲或下跌。當既有偏頗有助於股票上漲，則稱該偏頗爲正的；它朝相反方向運作時，則稱之爲負的。因此，上漲的價格會爲正偏頗所強化，下跌的價格會受到負偏頗所增強。在繁榮－崩解的序列中，至少有一段上漲價格會受到正偏頗所強化，另外也有一段下跌價格受到負偏頗的增強。其間也必然存在一個點，而在該點上，根本趨勢與既有偏頗結合，使得股票價格趨勢出現反轉。

現在，我們試著建立基本的繁榮－崩解模型。首先假定其根本趨勢尚未被認知——雖然既有偏頗也可能尚未反應在股票價格。因此，以正既有偏頗做爲起點。當市場參與者認清該趨勢，則認知上的變化將影響股票價格。股票價格的變化可能，也可能不會影響根本趨勢。對後者而言，則無進一步討論之必要。就前者而言，我們便處於自我增強過程的開始。

趨勢的上揚會以兩種方式影響既有偏頗：它會導致進一步加速的預期，或導致修正的預期。以後者而言，股票價格修正時，根本趨勢可能或不可能繼續原有趨勢。以前者而言，正偏頗會造成股票價格進一步上揚，並造成根本趨勢的進一步加速。只要該偏頗持續自我增強，則預期會比股票價格上漲得更高。根本趨勢會愈來愈受到股票價格的影響，而股票價格的上漲會愈來愈倚賴既有的偏頗，因此根本趨勢與既有偏頗會變得愈來愈脆弱。最後，價格趨勢無法維持既有的預期，修正便發生了。失望的預期對股票價格具有負面影響，而股票價格的下跌會使根本趨勢轉弱。如果根本趨勢過度倚賴股票價格，則修正可能變成完全的反轉。在這種情形下，股票價格下跌，根本

趨勢反轉，而預期將更進一步下降。而自我增強的過程將開始朝相反方向發展。最後，跌勢到達極點而自我反轉。

　　基本上，在初期階段，自我增強的過程能夠順利進行有秩序的修正，而且如果能夠渡過修正期，則偏頗會受到增強而不易被動搖。當此過程繼續發展，修正會變得愈來愈少，極點反轉的危險也會愈來愈大。

　　我描述了典型的繁榮－崩解序列。它可以用兩條曲線加以說明，這兩條曲線的進行方向大致相同。其中一條曲線代表股票價格，另一條曲線代表每股盈餘。很自然地，我們可以將盈餘曲線視為衡量根本趨勢的指標，而這兩條曲線的背離即為既定偏頗的指標。但是，其中的關係更複雜。盈餘曲線不僅包含根本趨勢，同時還會受到股票價格的影響；既有偏頗只有一部份反應在兩條曲線之間的背離上——另一部份則已經反應在兩條曲線內。如果概念僅有一部份能夠觀察，則該概念便很難處理；這便是為什麼我們所選取的變數都是可以觀察，而且可以量化的——雖然，我們隨後即將瞭解，每股盈餘的量化極具誤導作用。但是，就目前的分析來說，我們假定投資者所關切的「基本面」可以適當地用每股盈餘來衡量。

　　這兩條曲線的典型路徑如下（參閱下圖）。最初，根本趨勢的認識會有落後現象，但該趨勢卻強烈得足以反應在每股盈餘〔AB〕。根本趨勢最後被認清時，其趨勢會受到上升預期的增強〔BC〕。懷疑產生了，但趨勢得以持續。或者，該趨勢會停頓，隨即又回復原有趨勢。這樣的測試可能重覆出現，但圖形上僅出現一次〔CD〕。最後，信念開始發展，股價趨勢不再

受到盈餘**趨勢**衰退的影響〔DE〕。預期展現過度現象,而未受到實體的支持〔EF〕。偏頗認清了情況,而預期開始下降〔FG〕。股票價格喪失了上漲的力道而重跌〔G〕。根本**趨勢**反轉,更強化了跌勢〔GH〕。最後,悲觀的看法出現過度現象,行情也逐漸趨穩〔HI〕。

圖2-1

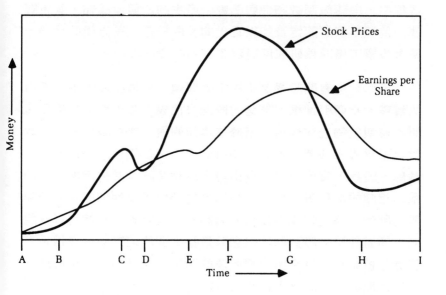

我們必須強調,這只是單一根本**趨勢**與單一既有偏頗之間交互運作之結果所產生的可能軌跡。事實上,運作中的**趨勢**可能不只一個,既有偏頗也可能有許多雜音,因此事件的發展可能需要完全不同的表現方式。

該模型的理論架構需要稍作說明。我們所關切的是參與者

偏頗和事件實際進展之間的交互運作。但是，在本模型中，參與者的偏頗並未直接地表現出來；兩條曲線都代表事件的實際進展。既有偏頗一部份包含在兩條曲線內，一部份則由兩條曲線之間的背離來表示。

本架構的最大優點是其所使用的變數都能夠量化。股票價格可以視為參與者偏頗所關連情況方便的代表。在其它的歷史過程中，由認識函數和參與函數所產生的參與者認知，其所關連的情況是很難認定及加以量化的。由於存在著方便的代表，使得股票市場成為研究反射現象有用的實驗場所。

不幸地，有關股票價格決定的問題，本模型僅提供了部份的解釋。我們引進根本趨勢的概念來代表「基本面」的變化，使本模型能夠發揮作用。至於基本面的內容究竟是什麼，則我們並未定義。甚至基本面是如何測量的，我們也未加以說明。盈餘、股息、資產價值、自由現金流動及許多其它因素：它們都是相關的衡量值，但是這些因素的相對重要性則取決於投資者的判斷，因此也成為投資者偏頗的構成因素。我們可以為說明方便而採用每股盈餘，但它只是基本面的因素之一。這也是證券分析師長久以來所試圖解決的問題。我們的目的是發展一套反射理論，所以無需在此回答這項問題。

即使對基本面一無所知，我們也能提出若干有價值的通則。第一項通則：股票價格必定多少會影響基本面（不論它們是什麼），如此才能建立繁榮－崩解的型態。這種關連有時候是直接的，如同本章所採用的例子，但一般而言，它是間接性的。它通常會透過某種政治過程如：稅制的改變或儲蓄與投資

法規或態度的改變，發揮其影響。

就算基本面維持不變，在股票價格與既定偏頗之間也可能存在反射的關連，但唯有基本面也牽涉在內時，這項關連才值得關切。如果基本面沒有任何變化，則既定偏頗很可能在短期內便會被修正，如同我們所觀察每日股價的震盪。我們可以將這種偏頗視為雜音而予以忽略。這也正是完全競爭理論與證券基本分析法所做的。對照之下，如果基本面出現變化，則我們不能再忽略既定偏頗所導致嚴重的扭曲，因為該偏頗會造成自我增強／自我修正的過程，而使得股票價格、基本面以及參與者觀點都出現變化。

第二項通則是：參與者對基本面的認知一定存有瑕疵。這種瑕疵在初期階段可能不明顯，隨後才會逐漸顯現出來。瑕疵顯現之後，它會促使既有偏頗產生反轉。如果偏頗的改變使根本趨勢反轉，則相反方向的自我增強過程會產生。至於該瑕疵是什麼，以及它在何時以及以何種方式顯現，則是瞭解繁榮－崩解序列的關鍵所在。

上述模型乃建立在這兩項通則之上。我幾乎不需要強調該模型如何粗糙。雖然如此，它在認定典型繁榮－崩解序列之重要特徵上，仍具有相當價值。它們是未被認知的趨勢；自我增強過程的開始；成功的測試；信念的增強；造成實體與預期間背離的擴大；認知的瑕疵；極點；相反方向的自我增強過程。僅僅認定這些特徵，便能夠讓我們對股票價格的行為獲得一些瞭解。就此初步的模型來說，我們不能期望過高。

無論如何，反射模型不能取代基本分析：它所能提供的只

是基本分析所忽略的要素。原則上，這兩種方法可以調和。基本分析試圖說明根本價值如何反應在股票價格上，反射理論則顯示股票價格能夠如何影響根本價值。前者是靜態的觀點，後者則是動態的觀點。

理論如果能就股票價格走勢提出部份的解釋，則可能對投資人非常有助益，尤其是它所闡述的關係不為其它投資人所瞭解時，則更是如此。投資人是以有限的資金與有限的智力從事交易：他們不需要瞭解所有的事。他們只要比其他人多瞭解一些，他們便擁有優勢。任何專業知識都有缺失，其特殊領域並不格外有趣，但反射理論可以用來辨識歷史上的重要價格走勢，所以它直指問題的核心。

身為投資人，上述基本模型對我的投資生涯助益頗多。看起來似乎很奇怪，因為該模型十分簡單，而且符合人們所熟識的股票市場型態，以致於每個人都十分熟悉。事實卻非如此。為什麼？部份的答案必然是因為市場參與者受到不同理論架構的誤導，它是從古典經濟學與——甚至更重要的——自然科學所衍生的理論架構。這種先入為主的態度認為，股票價格是某些根本實體的被動反應，而非歷史過程中的主動要素。這種觀點是錯誤的。這種錯誤尚未被充分認知，這實在太奇妙了。儘管投資人能夠認知我所描述的序列，並對它做出反應，但他們的反應仍比能夠利用適當模型並探索界定價格曲線重要特徵的人要遲鈍。這便是我有勝算之處。

我第一次有系統地使用該模型，是在1960年代的購併風潮。在上漲行情與下跌行情中，它都使我獲利。

購併造成企業聯合大行其道的關鍵在於投資人的錯誤觀念。投資人看重每股盈餘的價值成長，卻不理解盈餘成長達成的方式。若干公司知道如何購併其它公司而使每股盈餘成長。一旦市場對它們的績效賦予報酬，它們的工作便變得更簡單，因為他們能夠提供其本身的高價位股票來購併其它公司。

就理論而言，其運作過程如下。假定所有相關公司的盈餘成長本質上都相同，但購併公司的本益比是被購併公司的兩倍；如果購併公司能夠擴張其規模為兩倍，其每股盈餘躍增50％，其成長率也相隨而增加（譯按：股本增加為兩倍，則可購併兩家盈餘能力相同的公司，而使盈餘增加為三倍，故每股盈餘增加50％）。

就實務而言，早期的企業聯合都有很高的本質成長率，故市場能予以肯定而賦予高本益比。許多購併的先驅者屬於未雨綢繆的高科技公司，其管理階層認為公司過去的成長率無法永遠持續。試舉少數例子：Textron、Teledyne、與Ling- Temco-Vought（即後來的LTV）。它們開始購併比較平庸的企業，但當它們的每股盈餘加速成長時，其本益比不僅沒有下降反而會上升。它們的成功吸引了許多模倣者，最後即使是最平常的企業也能透過購併手段提高其本益比。舉例來說，Ogden的盈餘大體上來自於廢金屬的交易，其股票卻出現二十多倍的本益比。最後，公司只要提出合理的購併承諾，即能享有高倍數的本益比。

管理階層會利用特殊的會計技巧來提升購併的衝激力。它們也會針對被購併的公司進行種種改革，增強經營效率，處分

資產，通常會專注在精簡開銷，但這些改革的重要性都不及購
併本身對每股盈餘所造成的衝激。

投資人對購併的反應彷彿印地安人對烈酒的反應。最初，
投資人根據個別公司的記錄評定其優劣，但企業聯合漸漸地被
視爲集團。一群新的投資人出現了，即所謂快速型基金經理人
或快槍手，他們與企業聯合的管理階層發展出特別親密的關
係。他們之間建立了直接的溝通管道，企業聯合則可以直接出
售所謂的未上市股票給投資人。最後，企業聯合學會了如何操
縱股票價格——與他們擅長操縱公司盈餘一樣。

事件依照我所描述的模型循序發展。本益比繼續上升，事
實終於無法維持投資人的預期。愈來愈多的人瞭解繁榮賴以生
存的錯誤概念，卻持續參與遊戲。爲了維持動能，購併的規模
愈來愈大，最後到達規模的極限。最高潮的事件乃是Saul
Steinberg試圖購併Chemical Bank（譯按：在國內，原稱爲華友
銀行，目前則稱漢華銀行。）：該筆交易遭到Chemical Bank的
抵抗而告失敗。

股票價格開始下跌之後，跌勢會自我增強。購併對每股盈
餘的有利影響逐漸減弱，新的購併最後變成爲不切實際的做
法。快速成長期間所掩飾的內部問題也開始浮現。盈餘報告揭
露了令人不快的意外。投資人終於清醒，管理階層也陷入其親
手導演的危機之中：在輕易得到成功之後，很少人願意回歸沉
重的日常管理工作。經濟衰退使情況更形惡化，許多野心勃勃
的企業聯合名義上均宣告瓦解。投資人已經做了最壞的打算，
而確實出現了一些最壞的案例。在其它案例中，實體總算比預

期好一些，情況終於趨於穩定，而殘存的公司，通常在新的管理階層領導下，重新從瓦礫中站起來。

　　企業聯合的熱潮非常適合用來說明我的基本模型，因為其「基本面」非常容易量化。投資人根據每股盈餘評估股價。不論數據多麼無意義，但相關圖形非常符合我的理論典型。圖形如下：

　　就繁榮／崩解序列而言，我對不動產投資信託（Real Estate Investment Trusts）擁有極豐富的研究文獻。一般人稱其為REITs，是透過立法程序所成立的特殊公司組織形式。主要特徵在於：可以免扣公司所得稅而分派之，只要它們將其所得完全分派。在1969年許多REITs紛紛成立之前，人們並未完全掌握這項立法所帶來的機會。我留意到該立法，並根據我對於企業聯合的經驗，使我體會到它們的繁榮／崩解潛力。我發表了一篇研究報告，主要內容如下：

不動產信託基金之案例（1970年2月）

概念

　　表面上，不動產信託基金十分類似共同基金（mutual funds），後者是以提供當前的高獲利率為目的。但是，這項類比是錯誤的。不動產信託基金的真正誘人之處，在於它們能夠為股東創造資本利得，而以超過帳面價值的溢價出售額外的股份。如果某信託基金的帳面價值為10美元，其淨值報酬率為12％，它則能倍增其淨值而以20美元的價

圖2-2

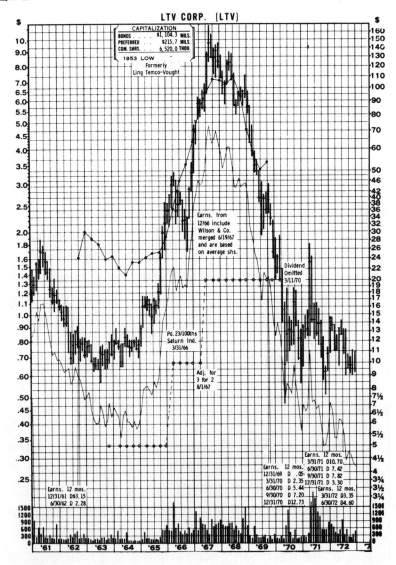

圖2-3

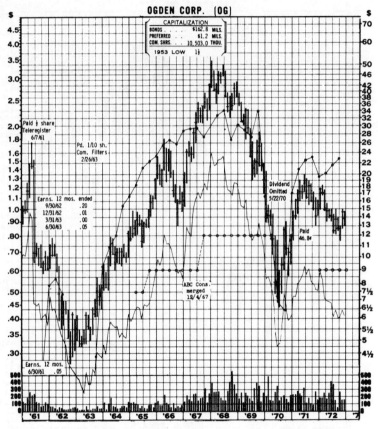

Courtesy of Securities Research Company, a Division of Babson-United Investment Advisors, Inc., 208 Newbury St., Boston, MA 02116.

圖2-4

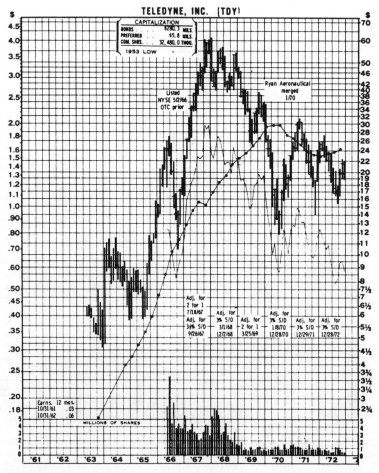

Courtesy of Securities Research Company, a Division of Babson-United Investment Advisors, Inc., 208 Newbury St., Boston, MA 02116.

格出售其額外的股份，其帳面價值增爲13.33美元，每股盈餘則從1.20美元增爲1.60美元。

投資人因其高獲利率以及基金每股盈餘成長的預期，而願意支付溢價。溢價愈高，則基金愈能夠滿足這項預期。這是自我增強的程序。過程一旦展開，儘管基金將盈餘完全以股息的方式分派給股東，它仍然能夠展現穩定成長的每股盈餘（譯按：前期的股息愈高，當期的溢價也愈高）。投資人如果能夠在該過程發展的初期階段加入基金，則能享有高權益報酬率的複利利益、帳面價值的增加以及溢價的上升。

分析方法

證券分析的傳統方法是設法預測未來的盈餘進展，然後估計投資人對這些盈餘所願意支付的價格。就不動產信託基金而言，這種分析方法並不適當，因爲投資人所願意支付的每股價格是決定未來盈餘進展的重要因素。

我們將設法預測整個自我增強過程的未來進展，而不分別地預測未來盈餘及評估其每股價值。我將列舉三項相互增強的主要因素，並描述事件發展的可能情節。這三項因素爲：

1. 房地產信託基金資本的有效報酬率

2. 房地產信託基金規模的成長率

3. 投資者的認同，亦即：在既定的每股盈餘成長率之下，

投資人所願意支付的本益比

情節

第一幕：目前的營建放款有效利率處於最理想狀態。不僅利率高，而且虧損的風險相當低。房屋市場存在著壓抑性的需求，新屋可以輕易地找到買主。資金短缺使得營建個案在經濟面有充分的理由開工。相對於房地產繁榮期即將結束的情況，目前仍在營業狀態的建築商頗具實力，也比較值得信賴。另外，由於資金十分昂貴，建築商會儘可能快速完成其工程。勞工與物料短缺會造成違約與延誤的情況，但是成本上揚使得不動產信託基金得以履行承諾而不致於虧損。

銀根緊峭，而其它臨時融通的資金十分有限。投資人對於不動產信託基金具有相當多的認識，使得新信託基金得以成立，既存的信託基金則可以迅速發展。自我增強的過程開始進行。

第二幕：唯有通貨膨脹趨緩，營建放款的有效利率才會下降。反之，房地產市場會相當繁榮，銀行信用也會維持在有利的利率水準。雖然有效獲利率比較低，但因為有比較高的融資倍數，淨值報酬率尚可維持。由於市場的成長以及投資人認知的成長，超過帳面價值的溢價會繼續增加。不動產信託基金會儘可能利用溢價的好處，而迅速發展其規模，並提升其每股盈餘。既然進入該行業沒有任何限制，不動產信託基金的數目也會增加。

第三幕：這種自我增強的過程會持續，直到不動產信託基金獲取營建放款市場的相當占有率。尖銳的競爭迫使它們接受更大的風險。營建業務本身也會趨於投機，壞帳的情況也會增加。最後，房地產的繁榮會趨緩，全國各地出現房屋供給過剩的現象，由於房地產市場趨緩，其價格也會隨之短暫挫跌。這時候，某些不動產信託基金的投資組合會出現大量無法清償的放款，於是銀行陷入恐慌，要求信託基金清償其信用額度。

第四幕：投資人的失望會影響對該產業的評價，而溢價降低與成長趨緩也減緩每股盈餘的增加。本益比下降，該產業也會歷經一般整頓期。整頓之後，該產業步入成熟階段：新進者減少，產業受到管制，既存的信託基金會趨向比較適度的成長。

評估

　　整頓期尚需很長的一段時間才會發生。在此之前，不動產信託基金的規模會呈倍數成長，其股份也會有可觀的獲利。所以，目前它還不是會阻止投資人進場的危險因素。

　　目前真正的危險在於自我增強的過程根本不會發生。如果股票市場出現重挫，則投資人可能甚至不願意為了12％的淨值報酬率而支付任何的溢價。我們懷疑這種情況會發生；我們預期在目前的投資環境中，12％的報酬率相當傑出，因為這幾年來，企業聯合與電腦租賃業的自我增強

過程已經陷入整頓期。在如此的環境下，應該有充裕的資金提供給這一個剛萌芽的自我增強過程，尤其它是目前市場上唯一的遊戲。

如果過程不能展開，則投資人仍受到帳面價值的保護。新進場的信託基金，其價格為帳面價值加上承銷佣金（通常為10％）。新成立的信託基金，其溢價水準仍然有限。我們必須記住，如果其所有資產全部用於臨時放款，則在沒有融資的情況下，不動產信託基金可以賺取帳面價值11％的報酬；而在1：1的融資倍數下，其報酬率為12％。因此，即使是在沒有成長的情況下，超過帳面價值的適度溢價是合理的。

如果自我增強的過程能夠順利展開，管理完善不動產信託基金的股東，在未來幾年內，將可享有高淨值報酬率的複利利益，帳面價值將上升，超過帳面價值的溢價也會增加。就近期股票市場的歷史來說，資本利得潛力——如同所有其它自我增強過程之初期——將展現相同的可觀幅度。

我的報告有一段有趣的歷史。這份報告的出爐時間恰逢快速型基金經理人因為企業聯合瓦解而陷入嚴重的虧損。因為他們對其所管理的基金享有獲利分紅，而無義務分擔虧損，所以他們傾向於攫取任何迅速獲利的機會。他們直覺地瞭解自我增強過程的運作方式，既然他們剛加入這一種過程而且正急著另覓對象。這份報告獲得了廣泛的回應，我接到克利夫蘭市某家

銀行的電話後，才瞭解外界對這份報告的反應度，該銀行請我再寄一份報告給它，因為報告經過多次複印而變得模糊不清了。當時市面上僅有少數幾個不動產信託基金，但需求量過高，所以股價在一個月左右的時間便暴漲了一倍。當人們發覺新不動產信託基金的供給永遠無缺乏，於是價格就像其上漲速度一樣地下跌了。顯然地，本報告的讀者並未將進場容易的因素考慮在內，而他們所犯的錯誤在短期內便被修正了。儘管如此，他們的熱烈接受已經協助報告所描述自我增強過程的進展。不動產信託基金的股票享受了一段爆炸行情，雖然比不上報告剛發行後的行情激烈，卻持續了相當長一段期間。

我將大筆資金投入不動產信託基金，當我察覺我的研究報告獲得意外熱烈的回應後，於是了結部份的獲利。但是在價格回檔時，我手上仍握有相當數量的存貨。我堅持挺住，甚至追加部位。我密切追蹤該產業達一年之久，並以優渥的利潤出脫持股。然後我便與該產業脫節，一直到幾年之後，問題開始浮現時，情況才有所改觀。我嘗試建立空頭部位，但我對該產業的近況不十分熟悉，因此不知從何著手。但是，當我重讀幾年之前所寫的報告，我被自己的預測說服了，我決定以幾乎毫無區別的態度放空該產業。另外，這些股票下跌時，我又追加空頭部位以維持相同的風險水準。我最初的預測證明無誤，大多數不動產信託基金破產了。結果，我的空頭部位獲利超過100％———項看似不可能的結果，因為空頭部位的最高獲利只有100％（理由是我不斷追加空頭部位）。

購併風潮下的企業聯合以及不動產投資信託等這一類的自我增強／自我破壞的循環，並不會天天發生。在長期的休眠期

間，該循環的專家會失業。然而，他們未必會挨餓。在根本趨勢與投資人認同之間永遠存在著背離，機靈的投資人可以因此而獲利。新產業會興起，或舊產業會再度受人青睞。通常來說，這些產業起初不會引起人們的重視。舉例來說，國防支出在經過長期的刪減下，於1970年代初期開始回升，雖然該產業仍代表整體經濟的重要部份，但當時只剩下二、三位分析師仍在追蹤該產業。這些殘存的分析師因士氣低落而無法體認新主要趨勢之萌芽。這是投資國防類股的絕佳時機。許多高科技國防的股票從未引起分析師的注意，例如E-Systems, Inc.，有些曾經在慘澹的歲月中經營的好企業則從事國防以外的多角化經營，例如Sanders Associates，或是藉賄賂銷售飛機而陷入醜聞的企業，例如Northrop與Lockhead。

在國防類股的案例中，並不存在著自我增強的過程，但投資者的認同當然有助於股票價格。事實上，唯有在極罕見的情況下，投資人的偏頗才會完全不影響基本面。即使在國防類股，既有偏頗也扮演著某種角色，但是是負面的角色。Lockhead必須倚賴政府紓困，而像Sanders Associates的企業也必須透過發行可轉換公司債重建其財務結構，這些債券的價格以目前來看都十分低廉。唯有負偏頗受到修正之後，進一步的回饋才會轉淡：無需額外資本與改善管理的企業，在歷經慘痛教訓之後，對國防業務以外的多角化經營顯得謹慎。例外情況也是存在的，例如United Aircraft，但投資人的偏頗未能轉為正值，讓自我增強過程得以運作：在United Aircraft的購併案例中，許多都是以現金方式進行，而若干涉及換股的購併案也未能顯著地提升盈餘。結果形成了更大規模的多角化企業，股票則未出現繁榮－崩解的現象。

最有趣的負偏頗可能發生在科技類股。在1974年股市崩盤後，投資人對需要向外籌集資本的任何企業都抱著懷疑態度。分權式的資料處理尚處於早期的發展階段。類似Datapoint與Four-Phase的新企業均處於領先，IBM卻居落後地位。該市場幾乎處於爆炸性的發展中，但這些小型公司因為無法籌集資本而受到嚴格的限制。相對於預期盈餘而言，這些股票的本益比都相當低，對它們不利的看法主要是：它們的成長速度將無法滿足市場需求，最後IBM將進入市場。這種看法是正確的，但只是在這些公司規模變大、業務興盛之後才會如此，在此之前，投資人會以高本益比的代價熱情地奉上資金。那些願意在不利的負偏頗情況下預先投資的人，現在已經擁有豐厚的利潤了。

由於這些小型公司所占有的利基逐漸凝聚成大市場，它們大多都被大型公司收購，而一些仍處於獨立經營狀態的小公司都陷入了困境。Datapoint目前大幅壓低其本益比，希望藉此找到可以投靠的企業。Four-Phase最近被Motorola收購，這筆交易使Motorola陷入難以脫身的地步。如果市場對分權式資料處理公司的初步反應能更積極，則部份起步較早的公司或許能夠享有快速的成長，而得以存活，猶如前一波的微電腦製造商孕育出一些像Digital Equipment與Data General永續的企業。

1975年到1976年間的負偏頗引入另一個極端。它是以創業投資熱潮的形式呈現，而於1983年第二季達到最高點。本事件的發展並不像不動產投資信託那般地明朗，但這只是因為高科技並非具有一致性產品的產業。在股票價格、既定偏頗以及基本面之間，一樣可以觀察到相同的反射交互運作，但要追蹤事

件的發展則需要更專業的知識。

在有利的條件下，充裕的創業資本可供運用使得各種新創業投資公司如雨後春筍般地蔓延開來。每一家新公司都需要設備，也需要存貨，於是電子設備製造商享受到了一番榮景，產品與零件的製造商也是如此。電子業是其本身產品的大客戶，因此繁榮自我增強了。但是，新公司不斷成立，使得競爭情況逐漸轉趨劇烈。新一代的產品出現之後，產業的領導者喪失了其原有的市場地位，因為負責發展新產品的人紛紛離開原公司而另創新公司。原公司的規模並未隨著產業的成長而擴大，反倒是產業的成長是由原公司孕育許多新公司所形成。投資者不能認清這種趨勢；因此，一般科技類股，尤其是新上市的股票，便出現嚴重高估的價格。

新股票的熱潮在1983年第二季到達頂點。股票價格開始下跌時，新股票的銷售發生困難，創業投資家的創業精神最後也逐漸緩和。新成立的公司家數逐漸減少，既存公司也為資金短缺所苦，科技產品的市場需求逐漸趨軟。競爭轉劇，利潤消失。整個過程開始自我強化，而股價低點仍未出現（本附註寫於1987年2月份：在目前的爆炸性大行情之後，此項陳述已經不正確）。

創業資本熱潮並非導致後續產業調整的唯一原因——強勢美元與日本的競爭力至少也有相同的重要性——但股票價格顯然能夠從兩個方向來影響「基本面」。

企業聯合與不動產投資信託事件發展與創業投資熱潮有所區別乃在於：前兩個案例乃投資者偏頗所形成的根本趨勢，第

三個案例則否。在企業聯合的案例中，其觀點在於用印股票的方式來收購其它公司；在不動產投資信託的案例中，觀點則在於淨值的融資。在最新一代的科技產品，其觀點則與股票市場無關。

為了說明科技類股的起伏，我們必須對科技本身的根本趨勢有所瞭解；在企業聯合與不動產投資信託之案例中，除了反射理論，我們無需瞭解太多其它的知識。

然而，我們必須體認，完全掌握科技本身的根本趨勢，並不足以解釋科技類股的漲跌：我們也需要瞭解根本趨勢、既有偏頗與股票價格之間的反射交互運作。結合這兩種理解是十分困難的。如果有人希望完全掌握科技的動向，則他必須持續而密切地追蹤該產業；如果有人希望利用認知與實體之間的背離，則他必須觀察各個產業。大多數的科技專家並不瞭解反射性，而傾向於永遠保持充分的投資。他們的名氣與影響力便是以反射的形式起伏。科技類股在歷經最近的挫跌之後，似乎又出現新的一群分析師，他們對投資者認知的重要性非常敏感。經過相當的期間之後，我們可能又有獲利機會，再度地與既有偏頗反向而行，並根據基本面趨勢投資於科技類股。

由於需要專業知識，我對科技類股的投資始終面臨相當多的困難。最後，在1975年到1976年間，我終於確實地掌握了電腦業，並從其負的既有偏頗中獲利。我隨後持有該部位長達數年，但在出清部位之後，我又與科技產業脫節了。在19 81年，我犯了錯誤，沒有參與當時由最成功的創業資本家之一所籌募的創業投資基金，因為我認為這段行情很短，將使投資人無法

及時出場。就此而言，我毫無疑問地受到我對大局擔憂的影響。無論如何，該創業投資基金的投資人在1983年獲得了可觀的獲利。在這時候，我已經與科技類股完全脫節，因此大行情與我擦肩而過。

即使是企業聯合與不動產投資信託事件的序列也不是完全獨立的（self-contained）。外部的發展，例如經濟活動水準、法規或特定事件（如chemical Bank的購併企圖），也在企業聯合的熱潮中扮演著重要角色。就比較不「純粹」的事件序列來說，外在影響力的重要性更大。

目前，我們處於另一個自我增強／自我破壞的循環之中，該循環會在歷史上成爲1980年代的「購併狂潮」（merger-mania）。購併的交易媒介並非股票，而是現金。其交易的規模已經使得企業聯合的風潮變得微不足道。購併狂潮僅是大規模歷史事件的一部份，而這個進行中的歷史事件，其影響所及已經遠遠超過了股票市場的領域，它並且涉及政治、匯率、貨幣與財政政策、賦稅、國際資本移動以及其他許多發展。

我試圖闡明此一進行中的歷史事件，但它不像分析或多或少帶有獨立性的繁榮／崩解事件序列那樣單純。在這個大規模的景觀中，充滿了反射的交互運作，以及非反射的基本趨勢。我們需要更複雜的模型，以便從繁榮／崩解事件序列移轉到另一個序列，並同時處理共存的幾個反射過程。

在從事這項野心勃勃的計劃之前，我希望檢視另一個市場，它具有惡性與良性循環的特徵：外匯市場。

第 三 章
外匯市場的反射現象

（本文撰寫於1985年4月與5月，於1986年12月重新修正）

反射交互運作在股票市場為間歇的現象，但在外匯市場卻是持續的現象。我將嘗試說明自由浮動匯率在本質上是不穩定的；另外，這種不穩定是累積的，所以自由浮動匯率系統最後幾乎確定會瓦解。

傳統的觀點認為，外匯市場有朝向均衡位置的傾向。高估的匯率會鼓勵進口、壓抑出口，而重新建立均衡。同理，競爭能力的改善會反應在匯率升值上，從而降低貿易順差，於是重建了均衡。投機行為無法阻止朝向均衡的趨勢——如果投機客正確地預測未來，則他們會使趨勢加速；如果他們判斷錯誤，則會受到根本趨勢的懲罰，該趨勢可能受到投機行為而延誤，但仍將朝向均衡點。

自從1973年引進浮動匯率之後，經驗顯示，上述觀點是不正確的。基本面不僅無法決定匯率，匯率反而會影響基本面。舉例來說，強勢匯率會抑制通貨膨脹：工資維持穩定而進口物價下跌。如果出口含有相當比重的進口要素，則一個國家的貨幣即使持續升值，也幾乎能永遠保持其競爭力，這便是德國在1970年代所展現的現象（譯按：貨幣升值將導致進口物價下跌，如果出口含有相當比重的進口，則以本國貨幣計值的出口

價格會下跌，其跌幅可能足以抵銷匯率之升值）。

事實上，國內通貨膨脹率與國際匯率之間的關係並非單一方向的，而是雙向循環的。某一個因素的變化可能發生在另一因素的變化之前，但將該因素視爲原因，而將此因素視爲結果，是毫無道理的，因爲它們會交互增強。當貨幣貶值而通膨惡化，宜以惡性循環（vicious circle）視之；在相反情況下，則宜以良性循環（benign circle）視之。

惡性循環與良性循環會遠離均衡。雖然如此，但該反射而相互自我增強的關係如果能夠永遠地持續，則上述循環也能產生類似均衡的情況。但情況並非如此。自我增強的過程持續愈久，會變得愈脆弱，最後一定會產生反轉，形成反方向的自我增強過程。完整的循環具有大幅震盪的特徵，這種震盪不僅會發生在匯率上，也會發生在利率、通貨膨脹與／或經濟活動的水準上。

參與者的偏頗爲該系統引進了一項不穩定的因素。如果該系統具有朝向均衡的內在傾向，則參與者的偏頗將無法阻止它，參與者的偏頗頂多僅能引進隨機而短期的波動。但是，如果這種因果關連具有反射性，則參與者的偏頗會產生、維持或破壞良性或惡性循環。此外，既有偏頗是循環關係的構成部份，因此它具有本身的活力。我們可以在投機性資本移動中發現其蹤跡，它不但不會平衡貿易的不均衡，反而會使貿易順差或逆差在規模與時間上更形嚴重。一旦發生這種現象，投機行爲便會造成不穩定的（destabilizing）影響。

國際資本移動有遵循自我增強／自我破壞型態的傾向，這

種型態十分類似我們在股票市場中所確認者。但是，我們針對股票價格走勢所採用的模型，必須經過相當的調整，才能運用在外匯市場。在股票市場，我們關切的是兩個變數之間的反射關係：股票價格與單一的根本趨勢。我們將儘可能建立單純的模型，爲了達到此目的，我們願意把複雜的事實簡化。在外匯市場，我們無法只使用兩個變數；即使是最簡化的模型也需要七、八個變數。我們選擇了四個比率以及四個數量，即：

e　名目匯率（一單位國內貨幣所能交換的國外貨幣數量；↑e＝轉強）

i　名目利率

p　國內物價相對於國外物價水準之比率（↑p＝國內物價上漲速度快於國外物價，反之亦然）

v　經濟活動的水準

N　非投機性資本流動　↑＝資本流出增加

S　投機性資本流動　↓＝資本流入增加

T　貿易餘額　↑＝順差，剩餘

B　政府預算　↓＝逆差，赤字

　　我們的工作是要建立這些變數間的相互關係。我們並非試圖要探索所有的關係，而只著重於建立簡單模型所需要的關係。換言之，我們的目標並不是要建立一般理論，而是要就外匯波動提出局部的解釋。我們的重點是匯率，在必要的時候才

引進其它變數。我們不會將變數數量化，僅指示其方向（↑，
↓）或幅度的大小（＞，＜）

在著手之前，我們可以提出兩項一般的觀察。第一點，關
係具有循環傾向；亦即，在變數的關係上，任何變數都是原
因、也是結果。我們以水平方向的箭頭（→）表示這種因果關
連。第二點，變數的關係不必具有內部的一致性；事實上便是
這種不一致而使得整個情況朝某一個方向發展，造成良性或惡
性循環。均衡需要內部的一致性，歷史的變化則否（譯按：所
謂內部的一致性，讀者可以設想一種情況：在數學中，聯立方
程式必須具有內部的一致性才有解（均衡點）；在歷史的過程
中，各個方程式（它代表變數間的關係）可以是矛盾而不一致
的）。將歷史變化用良性與惡性循環等字眼描述，這只是比
喻。當整體系統發動，則其構成部份間的循環關係可以描述為
螺旋（spiral）。另外，何謂良性、惡性，這也有賴觀察者的主
觀判斷。

匯率是由外匯的供給與需求決定的。就目前而言，我們可
以將構成供、需的因素歸納為三類：貿易、非投機性的資本交
易與投機性的資本交易。這使我們得到自由浮動匯率系統的最
簡單模型：

$$(\downarrow T + \uparrow N + \uparrow S) \rightarrow \downarrow e$$

換言之，這三類外匯交易的總和將決定匯率的變動方向。

我們主要的關切是檢視參與者偏頗在匯率波動上所扮演的
角色。為了簡化這項工作，我們假定偏頗僅存在於投機性資本

交易（Ｓ），而貿易（Ｔ）與非投機性資本交易（Ｎ）都不受預期的影響：它們構成所謂的「基本面」。事實上，「基本面」也會受到參與者對未來匯率走勢之預期所影響。貿易數字會因爲付款提前與落後而受到嚴重的扭曲，更別提預期對進、出口商存貨政策可能產生的影響了。就資本移動而言，或許完全不受預期影響的交易僅有累積債務的利息支付；而利息收入的再投資原本即具有投機交易的性質。未開發國家對銀行貸款的清償最好視爲非投機性的，但如果資產有重新配置的情況，則亦涉及投機的考量。直接投資又如何？如果管理階層僅關心總報酬率，則它應該歸類爲投機性交易，但管理階層通常會著重在產業的考量。所以，每一筆直接投資都有不同程度的投機與非投機色彩；但不論我們如何歸類，都不會嚴重違背實體。

我們將專注於投機性資本交易，因爲這是參與者表達其偏頗的管道。投機性資本移動是爲了追求最高的總報酬率。總報酬率有三項要素：利率差、匯率差和以當地貨幣計值的資本增值。第三項要素會因個別情況而有所不同，所以我們可以提出下列一般法則：投機性資本會受到匯率上揚與利率上升所吸引。

$$\uparrow (e + i) \rightarrow \downarrow S$$

兩者之中，匯率遠爲重要。幣值不必出現相當大的跌幅，便會使總報酬率成爲負數。同理，如果升值的貨幣同時具有利率的優勢，則總報酬率會超過金融資產持有者在正常情況下所能預期的程度。

這並不意味利率差不重要；但其重要性大多會反應在它對

匯率的影響，且其重要性也取決於參與者的認知。有時候，相對利率似乎是主要的影響因素；而其它時候，它又完全被忽略。舉例而言，在1982年到1986年間，資本受到最高利率的貨幣──美元──所吸引；但在1970年代末期，瑞士即使採用負利率政策，仍無法遏止資本大量流入。此外，對於利率重要性的認知，通常是錯誤的。舉例來說，截至1984年11月為止，美元強勢一般均歸因於美國的高利率。當利率下跌沒有因此而導致美元走軟，上述見解被認定為錯誤，美元隨即一飛沖天。

在外匯市場，對匯率的預期扮演著重要角色，這就如同股票市場中人們對股票價格的預期：它們是追求總報酬率的人所關切的最重要課題。在股票市場，它會影響所有的投資人；但在外匯市場中，它會影響所有的投機交易。

在股票市場，我們所採用的模型專注於股票價格，卻忽略股息收入。這不會導致嚴重的扭曲，因為我們所關心股價走勢之繁榮／崩解事件序列，其重要性遠超過股息收入。在外匯市場也有同樣情況：對未來匯率的預期是投機性資本交易的主要動機。

股票市場與外匯市場間的主要差異，似乎在於基本面所扮演的角色。我們已經瞭解「基本面」是相當模糊的概念，即使在股票市場也是如此，但我們至少沒有理由懷疑，股票價格與基本面之間確實存在著某種關連。就外匯而言，貿易餘額顯然是最重要的基本面因素，但是在1982年到1985年之間，美國貿易餘額持續惡化，美元卻顯現強勢。相對於股票市場，外匯市場價格趨勢的決定似乎與基本面更不相關。我們無需在領域之

外尋求解釋：它存在於投機性資本移動的相對重要性（譯按：
「相對」是指相對於非投機性交易而言）。

　　猶如我們所瞭解的，對於未來匯率的預期是投機性資本的
主要驅力。在匯率由投機性資本移轉所主導的範圍內，匯率是
純粹的反射現象：預期關連著預期，且既有偏頗幾乎可以永無
止盡地自我證明為有效。這種情況非常不穩定：如果出現相反
的既有偏頗，則它也可以自我證明為有效。投機行為的相對重
要性愈高，系統便愈不穩定：只要既有偏頗出現變化，總報酬
率便可以完全改觀。

　　在股票市場的討論中，我們確認了某些像企業聯合熱潮的
事件序列，其既有偏頗是根本趨勢的重要構成部份，但我們認
為這種純粹的反射範例是罕見的例外。反之，在自由浮動匯率
系統內，反射成為法則。當然，沒有所謂絕對純粹的反射情
況。投機行為只是決定匯率的因素之一，在預期形成的過程中
尚須考量其它因素。因此，預期並非完全不可捉摸的：它們必
然根源於其本身之外的某些事物。既有偏頗是如何形成的，甚
至更重要地，它是如何反轉的，這些都是我們所面臨的重要問
題。

　　此處並無普遍有效的答案。反射過程有遵循某種型態的傾
向。在早期階段，趨勢必須有自我增強的現象，否則過程便會
中斷。趨勢持續延伸時，它會變得愈來愈脆弱，因為基本面—
—例如：貿易與利息支付等因素——會根據古典經濟分析法則
壓抑該趨勢，於是趨勢會愈來愈倚賴既有偏頗。最後，趨勢在
充分發展之後達到轉折點，而反方向的自我增強過程便會開始

運作。

在這種普遍的型態內，每一個事件序列都是唯一的。這便是反射過程的特色，參與者的認知和他們所關連的情況，都會受到反射過程的影響。任何事件序列都不會重覆出現。不僅以循環方式交互作用的變數會不一樣；在不同的情形下，這些變數的重要性當然也不相同。

布列敦森林制度（Bretton Woods system）瓦解之後，美元出現了兩次主要的反射走勢，英鎊也至少出現過兩次。比較美元兩次大規模的走勢極具意義，因為在這兩個案例中，貿易餘額與資本移動間的互動關係截然不同。

在 1970 年代末期，美元不斷走貶，尤其對歐洲大陸的貨幣更是如此，在 1980 年代，它卻不斷走強。我們稱前一個走勢為卡特的惡性循環（Carter's vicious circle），第二個為雷根的良性循環（Reagan's benign circle）。我們可以建立簡單的模型說明這兩種趨勢是如何的不同。

以 1970 年代末期的德國而言，德國馬克十分強勁（↑e）。投機性買盤是促使其走強的重要因素（↓S），而且維繫了此一良性循環。德國最初享有貿易順差，而強勢貨幣也促使國內物價走低。既然出口內含有相當份量的進口，所以實質匯率相對於名目匯率或多或少仍保持穩定（↕ep），而其對貿易餘額的影響也可以忽略（↕T）。由於投機性資本流入處於主導地位（↓S＞↕T），良性循環便自我增強了：

$$\uparrow e \rightarrow \downarrow p \rightarrow \updownarrow (e\,p) \rightarrow (\updownarrow T < \downarrow S) \rightarrow \uparrow e$$

　　由於匯率升值幅度超過利率差，因此持有德國馬克可以獲利，以致於投機性資本流入不僅自我增強，而且成爲自我有效。

　　對德國是爲良性循環，對美國則是惡性循環。因爲匯率貶值會導致通貨膨脹加速。雖然名目利率上揚，實質利率卻極低，甚至是負值。有關當局採用了各種手段防止資本流出，其中以所謂的卡特債券（Carter bonds）最爲戲劇化，它們是以德國馬克與瑞士法郎計值的債券，但所有措施都徒勞無功，直到聯邦準備理事會採用貨幣學派的嚴厲政策爲止。然後，雷根當選總統，美元則展開一段持續的漲勢。

　　在雷根的良性循環期間，強勁美元導致美國貿易餘額極速惡化。相對於1970年代末期的德國，情況恰好相反，因爲美國並沒有以貿易順差爲起點。此外，貨幣升值並未反映通貨膨脹的差值。美國的通膨率雖然下降，但是其他國家的通膨率也很低。因此，美國出現了史無前例的龐大貿易赤字，也出現了史無前例且有利於美元走勢的利率差。只要美元繼續維持強勢，持有美元便十分有利；而且，只要經常帳赤字能夠由資本帳剩餘來彌補，美元便能保持強勢。以我們的符號來表示：

$$(\uparrow e + \uparrow i) \rightarrow (\downarrow S > \downarrow T) \rightarrow \uparrow e \rightarrow (\downarrow S > \downarrow T)$$

　　上述模型顯然過於簡化。我們稍後將進一步探索雷根的良性循環。此處我們所要強調的重點是，不同的事件序列有完全不同的結構。以1970年代末期的德國而言，貨幣升值是由通膨率的差值來維繫，貿易餘額大致上沒有受到影響。雷根的良性

循環則是由利率差——而且通膨率的差值——來維繫，而不斷擴大的貿易赤字則由不斷擴大的資本流入來彌補。在第一個案例，某種型態的均衡可能存在；但在第二個案例，不均衡（disequilibrium）是很明顯的。資本流入取決於強勢美元，強勢美元又取決於資本不斷的流入，這使得利率與償債義務不斷上升（↑N）。顯然地，此良性循環無法永遠持續。雖然如此，只要它繼續存在，任何外匯投機客膽敢逆勢而為，就必須支付昂貴的代價。投機行為並無重建均衡的功能。相反地，它增強該趨勢，因而使得不均衡更形嚴重，這種現象最後必須加以修正。

雖然每個自我增強循環都是唯一的，但我們仍然可以就自由浮動匯率提出若干普遍有效的通則。第一，在自我增強趨勢的有效期間，投機交易的相對重要性有增強之勢。第二，既有偏頗是順勢的，趨勢持續愈久，偏頗愈強烈。第三，一旦趨勢形成，它有持續發展的傾向；反轉最後出現時，它是相反方向的自我增強過程。換言之，外匯走勢有呈現大波浪狀的傾向，每一段走勢都會持續數年之久。

這三種傾向相互之間會自我有效化。投機性資本流動以順勢的方式增長，導致趨勢的持續；其持續性之強烈足以使順勢偏頗獲得極高的報酬；投機行為所獲得的報酬更吸引資金不斷地流入。

良性循環持續得愈久，愈能吸引人們以升值的貨幣持有金融資產，匯率對總報酬的重要性也愈高。逆勢操作者將不斷地被消滅，最後只剩下順勢操作者成為積極的參與者。投機行為

凸顯其重要性時，其它因素便喪失了影響力。除了市場本身，便無其它因素可以指引投機客，市場也爲順勢操作者所主導。這些考量解釋了美元何以能夠在貿易赤字不斷惡化的情況下持續升值。最後，即使沒有政府的干預，趨勢也會抵達臨界點；當投機性資金的流入無法跟上貿易赤字以及高漲的利息負擔，趨勢便反轉了。因爲處於主導地位的偏頗是順勢的，所以投機性資本會開始朝相反方向移動。一旦這種情形發生，反轉便會輕易地加速而成爲自由落體。一方面，投機行爲與「基本面因素」攜手並進。更重要者，一旦趨勢被認同，投機交易的成交量會激增——可能呈現毀滅式地增加。趨勢持續發展，投機的流量便會增加；但反轉所涉及的不只是目前的流量，它尚涉及投機性資本的累積存量。趨勢持續愈久，累積的愈多。當然，緩和的情況可能會出現。一方面，市場參與者對趨勢轉變的認識只會逐漸形成。另一方面，有關當局必須瞭解這項危機，而要設法阻止崩盤。事實的發展則是後續章節的主題。我們在此僅試圖建立一般主張。

綜合上述三項通則則可以肯定：投機行爲具有不斷增強的不穩定效果。不穩定效果的產生並非基於投機性資本流動終必反轉的理由，而是在於該反轉會在很久之後才會產生。如果趨勢必須在短期之內反轉，則資本交易可以成爲有效的緩衝，使調整過程比較不痛苦。如果趨勢不反轉，則參與者將會倚賴它，當趨勢最後反轉，調整過程便會非常痛苦。

有關熱錢（hot money）不斷累積的通則，雖然因爲浮動匯率的歷史太短而無法提供可靠的證據，但它可能不只適用於一個循環，而且也適用於循環之間。這項結論截至目前是正確的

——雷根良性循環的投機性資本移動，其規則遠大於卡特的惡性循環。1930 年代的實證研究也顯示「熱錢」移動的累積增長（註1），雖然當時的環境略有不同，因為匯率並非自由浮動。

只要實質利率高，而實質投資（physical investment）的報酬率低，我們便可以瞭解熱錢持續累積的理由：以升值貨幣的方式持有流動性的資本要比實質投資具有更高的報酬。要使這項通則具有普遍的有效性，我們需要一項論證，顯示自由浮動匯率與金融資產的高報酬率有關，而實質投資的報酬率低。我將嘗試提供這項論證。我們知道，熱錢如果能夠投入正確的趨勢，其獲利將十分可觀；既然它能夠促進該趨勢，情況很可能就是如此。實質資產代表了銅板的另一面：它們無法被移動，從趨勢中獲利。貨幣升值時，貿易商品產業必定會受到傷害。當然，貨幣貶值會使出口商得到意外的獲利，但由於先前受過傷害，因此他們不會因為暫時的獲利而從事實質投資：他們寧可將獲利投入金融資產，因此而造成熱錢的增長。此一過程可以在英國的案例中獲得明確的驗證，英鎊在1985 年跌破1.10 美元，出口商雖然獲得龐大的利潤，卻拒絕擴張。他們的決定是多麼地正確！1986 年4 月份，英鎊又回升到1.50 美元之上。因此，貨幣不論升值或貶值，都會抑制實質投資，而孕育「熱錢」的累積。

我們可以提出另一項暫時的通則。長期趨勢喪失動能時，短期波動則有增強之勢。我們非常容易理解其理由：順勢操作的群眾失去了主導方向。這項通則只是暫時的，因為它的證據不充分。美元趨勢在1985 年反轉時，情況確是如此（註2）。

如果這些通則確實有效，則自由浮動匯率制度的最終毀滅是不可避免的。震盪會變得極其嚴重，除非有某種形式的政府干預修正此一制度，否則它勢必瓦解。我認為金融市場在本質上便是不穩定的，而且外匯市場是這項主張的最佳見證。市場並沒有朝向均衡的內在傾向：如果需要穩定，則我們必須引用人為的政策手段。

這些結論目前或許還不會讓讀者特別感到具有革命性，但本文撰寫於1985年4月╱5月時，上述結論與一般見解是相互矛盾的。雖然匯率的不穩定成了通病，但人們對於市場的魔力仍具有堅強的信念，而當著名的廣場協定（Plaza agreement）宣布於1985年9月份時，令市場參與者為之震撼。即使是今天，有關自由浮動匯率制度的累積不穩定效果之主張，仍然沒有理論的根據。這正是我在此處所希望提出的。

自從匯率開始浮動，我便從事外匯投機交易，但我並不能在一貫的基礎上獲利。概括而言，在1980年之前，我的交易是獲利的，但在1981年到1985年之間，則處於虧損狀態。我的方法是暫時的，大致上是依賴直覺、而非信念。由於個性，我始終對挑選反轉點比較感興趣，而不喜歡順勢操作。在1981年之前，我都掌握了歐洲貨幣兌美元的漲勢與跌勢，但我過早出清我的部位。在沒有掌握到趨勢之後，我覺得尾隨順勢操作者，實在太沒有格調，於是我嘗試挑選反轉點，結果——不用多說——卻不成功。在1984年初，我當時仍有所斬獲，隨後又得而復失。撰寫本文時（1985年4月╱5月），我放空美元從事外匯投機。無疑地，撰寫本文有助於澄清我的思路。

　　就本文所主張的理論，第Ⅲ篇實際操作紀錄可以視爲一項測試。無可否認地，此一理論過於抽象，所以很難根據它做出明確的預測。明確地說，反轉點在發生之前是無法決定的。但稍後我們即可瞭解，此一理論有助於解釋事件的發生。

第　四　章
信用與管制的循環

（本文撰寫於1985年8月）

反射與信用（credit）之間似乎存在著一種特殊關係。這並不奇怪：信用仰賴預期；預期涉及偏頗；因此信用是主要管道之一，可以使偏頗得以在事件的進展中扮演因果角色。不僅如此。信用似乎與特殊種類的反射型態有關，即所謂的繁榮與崩解。該型態是不對稱的：繁榮期比較漫長而且逐漸加速；崩解期是突然的而且經常是災難性的。對照來說，信用非反射過程的重要因素時，該型態會更具有對稱性。舉例而言，在外匯市場，美元的上漲與下跌並沒有太大的差異：匯率似乎遵循波浪型態。

我認為，這種不對稱出自於放款與抵押品之間的反射關連。在此，我對抵押品下相當廣義的定義：它代表某種可以決定債務人信用事物，不論它是否實際被質押。它可能是不動產預期的一連串所得；不論是那一種，它是放款人所願意賦予價值的事物。評價應該視為被動的關係，其中的價值會反應根本資產；但在本案例中，它涉及主動的行為：放款。放款行為會影響抵押品的價值：便是這項關連導致了反射過程。

我們先前曾分析反射，將其視為兩個反方向運作的關連：在「正常的」關連中，價值賦予在未來的事件，如同股票市場

或銀行業務──我們稱其爲認識函數；而在「異常的」關連中，預期會影響被預期的事物──我們稱其爲參與函數。參與函數是異常的，因爲其效果通常不會被認知，當它確實運作時，其影響極難辨識，所以它通常不會被認知。有關金融市場的運作方式，時下的觀點會將參與函數排除。舉例來說，在國際放款熱潮中，銀行家無法認知借款國的負債比率會受到其貸款行爲的有利影響。在企業聯合的熱潮中，投資人無法瞭解每股盈餘的成長會受到他們對它的評價所影響。現在，許多人並不瞭解，抵押品價值的喪失會使經濟趨於衰退。

放款行爲通常會刺激經濟活動。它可以使借款國從事更多的消費或投資於生產性資產。當然，此處也有例外：如果相關資產並非實質資產而是金融資產，則未必有刺激效果。同理，償債具有抑制效果。可以用於消費或創造未來所得的資源被抽離了。當在外流通的總負債逐漸累積之後，用於償債的資源比例便會增加。唯有新的淨放款才具有刺激效果，爲了使新的淨放款保持穩定，則新的總貸款便須不斷增加。

放款與經濟活動之間的關連並不單純（事實上，這是貨幣學派只重視貨幣供給而忽略信用的最合理解釋）。主要的困難在於：信用未必涉及產品與勞務的實質生產或消費；它可以被使用在純粹的金融目的。爲了討論方便起見，我們可以將經濟區分爲「實質的」經濟與「金融的」經濟。經濟活動發生在實質經濟上，信用的延伸與清償則發生在金融經濟上。放款行爲與抵押品價值之間的反射互動可能與「實質」及「金融」經濟有關連，或者它僅與「金融」經濟有關連。我們的討論將著重於前者。

　　經濟強勢通常能夠提昇資產價值與未來的所得，而這些是決定其信用度的因素。在信用擴張反射過程的早期階段，其所涉及的信用額度相當小，所以它對抵押品價值的影響是可以忽略的。這便是初期的擴張速度甚爲緩慢的理由，而信用的基礎在初期也相當完善。但是，當負債金額逐漸累積，總放款大幅增加，而抵押品的價值也開始產生增值的效果。這個過程會繼續發展，直到總信用的增加速度無法繼續刺激經濟爲止。這時候，抵押品會變得非常仰賴新放款的刺激效果，而新放款未能加速時，抵押品的價值便開始滑落。抵押品價值的侵蝕會對經濟活動產生抑制效果，這又會回過頭增強抵押品價值的損失。既然抵押品在這時候已經充分被運用了，其價值的下滑可能導致放款的清算，而這又會造成抵押品價值的進一步下跌。這便是繁榮與崩解過程的典型剖析。

　　在繁榮的起始階段，信用量與抵押品價值均處於低盪狀態；而在崩解期間，它們都處於最高狀態，這便是繁榮與崩解之間不具對稱性的理由。但尚有另一項影響因素。放款的清算需要花費時間；完成的速度愈快，對抵押品價值的影響愈大。在崩解期間，放款與抵押品之間的反射互動將壓縮在極短暫的時間架構內，而其結果會是災難式的。相對於先前的繁榮來說，累積部位突然地清算，將使崩解呈現不同的形態。

　　繁榮／崩解的事件序列是反射的特殊變形。只要價值與評價行爲之間產生雙向的關連，繁榮便會出現。在股票市場中，被評價的是淨值；在銀行業務中，被評價的是抵押品。繁榮的出現有可能——雖然其可能性不高——不涉及信用擴張。我們在股票市場中所討論的兩個例子——企業聯合熱潮與不動產投

資信託——在理論上雖然能在不用股票做爲抵押品之下開啓，在實務上卻涉及許多信用。在不涉及信用的情況下，反轉將會是比較漸進的過程。收斂與擴張之間並沒有影像效果，其理由在前文中已經述及——相對於趨勢的初期，在反轉期間，評價的反射要素更爲強烈——但在崩解期間的壓縮效果卻消失了，儘管它是崩解期間的特徵之一。

繁榮／崩解型態及其解釋都可能過於明顯而無法引人入勝。令人訝異的是：放款與抵押品之間的反射關連卻未受到普遍的認識。有關經濟循環的文獻汗牛充棟，但我不曾見過此處所討論的這一種反射關係。另外，教科書中普遍討論的經濟循環，與我在此處所討論的信用循環，兩者的期間有很大的不同：我的信用循環是大循環中的短期震盪。有人知道一個大型的循環，即一般所指的康德拉契夫（Kondratieff）循環，但它未曾被「科學地」解釋過。目前，有人擔心我們又接近另一次經濟衰退，但是一般人都認爲我們只是在處理另一次經濟衰退而已，這和以往一樣；而我們正處於一個大型循環下降期的事實，通常都被忽略了。我認爲，第二次世界大戰結束以來，當所有的經濟衰退發生，信用均仍處於擴張狀態；而我們目前將會或不會面臨的經濟衰退發生時，則實質經濟的借款能力將正在萎縮。這將是近代史上沒有前例的情況。

我們在大型循環中所處的正確位置很難辨認。我必須承認，自從1982年來，我就被這個問題所迷惑。我會迷惑的理由在於：雖然繁榮已經明顯失去衝力，崩解卻未出現。

崩解可能是突發的，尤其是抵押品的清算會造成信用的突

然萎縮，情況則更是如此。由於結果相當悲慘，因此有各種努力企圖加以避免。中央銀行的制度也持續地演進，藉以預防信用出現突然而災難式的萎縮。既然恐慌一旦發生便難以收拾，因此在擴張期，預防便是最佳的手段。這便是為什麼中央銀行所扮演的角色會逐漸擴張，甚至包括了貨幣供給的管制。這也就是為什麼有組織的金融市場會管制抵押品與信用之間的比率。

截至目前，有關當局尚能防止崩解的發生。我們目前正處於陰陽魔界，其信用擴張的「正常」過程在很久之前就達到了頂點，但其信用收縮的「正常」過程卻被有關當局遏止。我們進入了一個未知的領域，因為有關當局的行為是史無前例的。

銀行與有組織金融市場受到管制的事實，使得事件的發展變得極為複雜。金融的歷史最好是用反射過程加以解釋，其中所涉及的是兩組參與者：競爭者與管制者。

相對於我們所研究的股票市場，此一系統遠為複雜。以前者而言，受管制的環境大致上是固定的：它是事件上演的背景。以後者而言，受管制的環境是過程的構成部份。

我們必須瞭解，管制者也屬於參與者。但人有自然傾向而將其視為超人，他們似乎站在經濟過程之外與之上，唯有在參與者把經濟過程搞得一團糟時，他們才會出面干預。情況卻非如此。他們都是人，而且充滿人性。他們是以不完全的理解在運作，他們的行為會產生始料未及的結果。事實上，相對於以盈、虧為動機的人，他們因應環境變化的能力似乎更遲鈍，因此管制一般是被設計用來防止最後的災難，而非防止下一個災

難。情況迅速變動時，管制的缺失會變得更加明顯，當經濟比較缺少管制，情況的變化便有加速的傾向。

我們將辨識管制者與其所管制經濟體之間的反射關係。這個過程與信用擴張及萎縮的過程同時發生，並且交互作用。難怪其結果是如此的複雜與令人迷惑！

管制循環並不具有信用循環的不對稱性特色。它似乎更符合於我們在外匯市場所發展的波浪型態，而比較不類似於信用循環中的繁榮／崩解型態。如同自由浮動的貨幣會在價值高估與價值低估之間波動，市場經濟也會在過度管制與管制不足之間游走。該循環的長度與信用循環的時間長度之間似乎存在著相關性，而且在直覺上我們認為應該如此。信用的擴張和萎縮會影響經濟的變化，而經濟的變化又賦與管制適當的意義。反之，受管制的環境不僅會影響信用擴張的速度，也會影響擴張的程度。顯然地，信用與管制之間存在著雙向關連，但就現階段而言，我尚不明瞭這種交互作用所遵循的型態——如果有的話。

我們已經確認一種信用循環，它遵循繁榮／崩解的型態，管制循環比較類似波浪，而兩者之間交互作用的型態則仍不清楚。當然，其中也涉及許多長期的發展，一部份有關於信用，一部份有關於管制，而部份是有關兩者。我們曾經提及，危機發生之後，中央銀行的權力便更為擴大；這便是長期的發展，它使得每一個循環成為唯一。在經濟大蕭條（the Great Depression）期間，要不是銀行體系與國際貿易制度瓦解，經濟活動與信用萎縮便不至於如此嚴重。我們可以確定，在本循環

中，人們會採取各種措施防止類似的崩解。我們無需強調資訊革命與交通改善有助於世界經濟趨於整合。這一切影響的結果便是事件唯一的發展過程，我們會比較容易解釋它，而難以預測。

就此觀點而言，整個戰後期間都是此大規模擴張繁榮期的一部份，而此一繁榮期已經充分發展，而且已經瀕臨崩解。然而，有關當局在關鍵時刻出面干預，使得崩解得以避免。政府行動與市場機能之間的交互運作產生了獨特的現象，我稱其為雷根大循環（Reagan's Imperial Circle）。目前，我們又處於關鍵時刻，因為大循環已經開始倒退，有關當局必須提出解決之道以防止崩解。

在這段戰後期間，我們經歷一個從政府管制到無限制競爭的全擺。我們現正處於一種微妙的情況，支持自由化（deregulation）的偏頗正方興未艾，可是在某些領域內又明顯地需要政府干預。銀行業便有逐漸趨於管制的傾向。

人們可以利用這種觀點撰寫戰後時期的歷史。目前的信用循環起始於第二次世界大戰結束；管制循環的起源可以回溯到新政時期（the New Deal），但就世界經濟而言，布列敦森林制度（Bretton Woods System）則可以視為起點。隨後的經濟擴張與世界貿易及投資管制的解除，有著十分密切的關係。但是，國際資本移動對布列敦森林制度之影響則是始料未及的，問題尚待解決。

我不希望在此提出完整的故事。我將以個人積極介入的時間做為起點，然後根據我介入的情況來描敘其過程。這會使得

該審查別具實驗的性質。

我的經驗是從固定匯率制度在1973年瓦解之後開始的。以前的固定關係受制於反射的影響，我的興趣也從特定公司與產業轉移到總體經濟的過程。我在1972年對「成長銀行」的研究成了轉捩點，雖然我當時並不瞭解。

隨著時間的流逝，不論就主、客觀層面而言，我發覺總體經濟趨勢中的不穩定性愈來愈嚴重，於是我在1981年暫時脫離積極的投資方式。在1982年的危機之後，我就國際債務問題做了一番理論性的研究。我處於錯誤的印象之下，認為1982年的危機即是信用擴張過程的頂點。我認為有關當局沒有採取足夠的措施防止崩解；卻沒有想到它們做得太多了。他們實際上使信用持續擴張，儘管這些擴張的基礎更加不健全。美國取代了低度開發的國家而成為「最後的借款者」，商業銀行則試圖在其它方面的積極擴張，脫離它們過去對低度開發國家的放款。這導致1984年另一連串的危機，而這些危機構成了銀行與儲貸業的真正反轉點。我們現在便忍受著這一個頂點所造成的慘痛後果。美國政府持續大規模舉債，但在此處也出現了反轉點。美元開始下滑，債權國僅能得到以貶值貨幣計值的清償。或許，創造信用最終的大引擎仍然在股票市場全力運轉，因為合併狂熱（mergermania）仍處於巔峰狀態；但它對實質經濟並未產生刺激效果。

在本書的撰寫過程中，信用與管制循環相關的理論架構逐漸明朗化了，雖然我不能宣稱這是完整的明朗化過程。但是，我認為這是做綜合整理的適當時機。現在，我將利用上述理論

架構解釋1972年以來事件的進展。我希望讀者瞭解，解釋性的撰述在時間上要比理論架構先完成，不可否認地，此一理論架構仍屬暫時者。

附註：1986年12月

在完成了解釋工作後，從1985年8月到1986年年底之間，我從事一項臨場實驗，試圖預測信用與管制循環的演變。我得到了奇怪的結論。該循環在1982年似乎便卡住了。如果不是金融當局成功地干預，則國際債務危機將導致銀行體系的瓦解。事實上，當我們避開這次瓦解的慘劇之後，應該出現的真正反轉趨勢也未曾發生。在我們現在所生存的體系中，我們不斷地瀕臨深淵，而每當腳下的鴻溝裂開，我們又能及時回縮。每當災難來臨，我們都能夠糾集力量應付它們，可是危險消退之後，這些力量便又蕩然無存，然後該型態又以不同的形式不斷地重覆。我們可以在許多層面觀察到這種現象如：國際放款、美國預算赤字、國際貨幣制度、石油輸出國家組織、銀行體系、金融市場；以及在1987年，保護主義無疑地將國際貿易體系逼迫到崩潰邊緣，但或許不會超越它。

第 II 篇

歷史的透視

第　五　章
國際債務問題

　　反射分析的最大困難在於如何選取我們所要觀察的要素。在討論金融市場時，問題相當單純。關鍵變數為市場價格，以及影響市場價格所需要考慮的要素。即使在金融市場，具有影響力的因素，其數目幾乎是無限的。只採用一個根本趨勢與一個既有偏頗是過度簡化的模型，它或許有助於說明歷史過程的動態與辯證性，卻完全不足以解釋事件的實際進展，更不用談預測了。

　　當我們在特定市場範圍之外的領域從事研究，選擇的問題更加複雜。我們需要一組交互運作的因子，它們能夠解釋我們所討論的現象。但是，此處可能存在許多不同組合的因子，它們都可以解釋相同的現象，而且我們無法確定自己是否做了正確的選擇。當我們嘗試預測未來事件之進展，潛在因子過多尤其麻煩：我們不知道那一個因子會變得重要。

　　就這一點而言，國際放款的繁榮與崩解便是一個案例。在當今的經濟情況下，它是一項不可或缺的要素。就其本身而言，它所構成的繁榮／崩解事件序列幾近完美的範例。以整體情況的意義來觀察，它只是我們所需要考慮的眾多要素之一。國際放款問題在銀行體系的演化過程中扮演著關鍵角色，而銀行體系的演化也是反射過程，其本身不但重要，也是整體情況

中的一項重要因素。於是，問題便更複雜了。

那麼，處理國際放款的最佳方式究竟爲何？我們至少必須從三個觀點來考慮這項主題：它本身是反射現象；它是銀行體系演化的因素；它是當前經濟情況的一部份。我將同時考慮這三個觀點，因爲這是避免不當重覆的唯一方法。透過這種方法，我將提出一個範例，它說明了真實世界中反射過程的複雜性。以下的分析並不容易瞭解；但我會儘可能地將這三個觀點區分開來。某種程度的扭曲是不可避免的：既然我們所關切的主題是銀行體系的演變，因此我們對放款者的重視程度會甚於借款者。如果我們想探索低度開發國家的命運，則我們必須移轉重點。

國際放款榮景的起源至少得回溯到1973年的第一次石油危機；爲了討論銀行體系的演化，我們必須回溯到更早的階段；爲了瞭解主導近代歷史的經濟循環，則應該以1971年布列敦森林制度的瓦解爲起點。這會使我們倒退得太遠；於是我以1972年初做爲我的起點，首先觀察美國的銀行體系。事實上，那便是我所提出一篇股票市場研究報告的日子，其標題爲《成長銀行的案例》（The Case for Growth Banks）。

當時，銀行被認爲是最沉悶的機構。管理階層受到1930年代失敗教訓的糾纏，安全成爲最高的考量重點，獲利與成長便黯然失色了。產業結構幾乎被各種法規所凍結。跨州經營是不准許的，在某些州，甚至設分行也違法。沉悶的產業吸引了沉悶的人，該產業中幾乎沒有任何創新活動。追求資本利得的投資人，完全忽略了銀行類股。

在沉靜的表面之下，則正蘊釀著變化。新一代的銀行家正逐漸興起，他們在商學院接受教育，其思想以獲利爲基準。這股新思潮的精神重鎭爲第一國家紐約銀行（First National City Bank of New York），在那裡受訓的人紛紛被其它銀行網羅，躍居高位。銀行引進新的金融工具，部份銀行以更積極的態度運用資本，並展現相當傑出的績效。在州境內也呈現了若干購併的活動，導致大型銀行的產生。較大型銀行的淨值融資倍數通常在14到16倍之間，而美國商業銀行（Bank of America）則高達20倍。績效較佳的銀行則出現了13％以上的淨值報酬率。在任何其它產業，這種淨值報酬率，配合10％以上的盈餘成長，股價應該有超越資產價值相當的溢價水準才算合理，但銀行類股的價格幾乎沒有溢價或溢價甚低。銀行類股的分析師都瞭解這種相對價值低估的現象，但他們不敢冀望這種情況能改善，因爲根本情況的改變十分緩和，既定的評價又過於穩定。但是，以當時的審慎標準來衡量融資倍數，許多銀行都已經處於臨界邊緣。如果它們要繼續成長，便需募集額外的股本。

在這種背景下，第一國家銀行舉辦了一場招待證券分析師的晚宴——這在銀行界是前所未聞的壯舉。我並沒有被邀請，但該事件促使我發表一篇報告，建議買進一些管理較積極的銀行。該報告包含了我在此處所描述的情況，並申言銀行類股即將展現活力，因爲管理階層可以述說美好的故事，而且他們已經在做了。我寫道：「成長」與「銀行」似乎是互相矛盾的字眼，但是當銀行股票呈現成長的本益比，矛盾即獲得解決。

事實上，銀行類股在1972年表現頗佳，我們所推薦的股票獲利約50％。若干比較機敏的銀行募集了一些資本。如果以超

越帳面價值的溢價來募集資本的過程能夠建立，則銀行可以在健全的基礎上擴張，而銀行體系的演變也會有不同的進展。事實上，過程未正式展開之前，通貨膨脹便上揚了，利率也隨之揚升，13％的資本報酬率再也不足以使銀行以溢價出售股票。

隨之而來的是第一次石油危機的衝擊，流向產油國的資金暴增。產油國家不知道如何運用這些資金，於是堆積在銀行。嚴重的情況使得若干銀行──例如信孚銀行（Bankers Trust）──覺得必須拒絕存款。如何運用這些所謂的石油美元便成為主要的問題。當時雖然曾經積極地討論政府間的計劃，但沒有具體結果，除了沙烏地阿拉伯增加對國際貨幣基金（IMF）與世界銀行（World Bank）的捐獻。工業國家的政府沒有針對此一嚴重問題做出妥善的應變，反而把石油美元循環使用的責任推給了銀行。

銀行承擔了這項工作，並且充分發揮其功能。在資金充沛的情況下，它們變成積極的放款者，而且發現了許多借款者。低度開發的非石油生產國則大量舉債以融通其赤字，產油國則以豐沛的石油蘊藏融通借款，並進行野心勃勃的擴張計劃。這是國際緊張關係低盪的時代，這意味東歐國家向西方銀行大舉借款，利用借款興建工廠，並希望利用工廠的產品償債。這便是國際貸款繁榮的開端。

起初，石油輸出國家組織（OPEC）的盈餘由銀行負責運用。隨著時間的流逝，產油國發現了運用新財富的其它管道：購買最精密的武器、極速擴張經濟、買進鑽石與房地產以及其它長期投資。同時，對銀行融通的需求持續累積。漸漸地，銀

行成爲信用的來源。每一筆放款都會成爲其它銀行的存款，於是銀行能夠藉著本身的放款行爲創造資金。既然歐洲美元不受管制，銀行便無需針對其海外分支機構的負債而提存最低存款準備。除了自制，似乎沒有任何方法可以阻止銀行創造幾近無限的信用供給。

由於國際放款業務利潤極高，業者再也無法顧及謹慎。交易規模極爲可觀，不利的利率走勢風險可以透過浮動利率來降低，管理成本也遠低於一般的公司放款。由於競爭激烈，使得借貸之間的利率差縮得相當小；雖然如此，國際放款仍爲最簡單、最有利的銀行業務之一。吸引了許多在這方面完全沒有經驗的銀行加入國際放款行列。此期間內，在倫敦設置辦事處的銀行數目劇增，而國際放款成了銀行業發展最快速的業務。自然地，以事後的經驗來看，如果銀行設了適當的存款準備，該業務在當時便不會具有如此高的獲利。

在這段期間，美國銀行業的外部情況大致上仍維持停滯。法規仍然嚴格禁止透過合併和收購的方式擴張。但是，銀行的內部結構已經出現相當的變化。主要的企業趨勢是形成銀行控股公司。結構改變使得控股公司能夠運用更高的融資，使資本與總資產的比率持續惡化。另外，所謂的邊緣法案（Edge Act）使子公司能夠規避若干對銀行的管制。最大規模的影響發生在國外。因此，大多數公司業務都屬於國際性質，其中美國銀行在海外擴張，而外國銀行在美國設立據點。舉例來說，花旗銀行（Citicorp）的盈餘有四分之一以上來自巴西。

這是科技發明急速發展的時代。電腦的運用使業務處理的

速度增快，許多以前無法想像的作業，現在都能付諸實行。銀行業引進了許多新的金融工具與融資技巧；相對於十年前，銀行已經成爲極複雜的行業。這些趨勢以加速的步調持續發展到今天。

由於發展步調極其快速，加上競爭具有國際性質，使得管制者的工作變得十分複雜。平心而論，管制者始終較業者落後一步，不論法規如何訂定，銀行業都能迅速採取迴避路線。

在國際舞台上，有關當局並不希望阻礙本國產業，造成它們在不公平的立足點上從事競爭。由於沒有管制上的限制，各個銀行競相爭奪市場占有率，於是整體銀行業便大步向前邁進。銀行十分急於爭取業務，因此對貸款行爲不多加質疑。借款國只要提供些許的資料即可取得貸款。放款銀行甚至不瞭解這些國家在其它銀行的借款情形。

債務國在國際收支平衡上發生困難時，它們寧願與商業銀行往來，也不願與國際貨幣基金（International Monetary Fund）打交道。非常不明智地，商業銀行接下布列敦森林機構──國際貨幣基金與世界銀行──所應該承擔的一些功能。它們將資源移往低度開發國家，其規模之大已經不是布列敦森林機構樂於所見的程度，而且它們對債務國的事務也未做出適當的監督。低度開發國家難怪不願與國際貨幣基金打交道！主要工業國家──如英國──要求國際貨幣基金提供協助；開發中國家卻與商業銀行相處得水乳交融。從1973年到1979年間，國際信用呈現爆炸式的成長。這是1970年代中期全球膨脹性榮景的根源所在。這次膨脹式的繁榮期最後結束於第二次石油危

機。

從目前回顧這段期間，借款國顯然未曾有效地利用資金。它們頂多興建了一些不必要的累贅物，例如巴西的伊塔布（Itaipu）水壩；最糟糕的情況是，它們將資金用於採購武器，或用來維繫不切實際的高匯率，例如南美洲的阿根廷與智利。當時，人們尚無法體認這些愚蠢行為。事實上，巴西被視為一項經濟奇蹟，智利則被贊許為具有貨幣主義美德的典範。

國際放款業務成長如此快速，以致於涉入的銀行變得過度緊繃：即其資本與準備金無法跟上其資產負債表的成長。但是其放款組合的品質堪稱健全——至少表面上是如此。事實上，當時最令人訝異的情況之一是：即使借款國的債務負擔以驚人的速度成長，它們仍然能符合決定其債信的傳統標準。

銀行利用比率——例如：外債占出口的百分率、償債占出口的百分率以及經常帳赤字占出口的百分率——來衡量債信。銀行的國際放款行為造成自我增強、自我有效化的過程，而該過程使得債務國的債信——以上述比率衡量者——與其債務同步成長。

該過程的關鍵出現在1970年代，實質利率極低，甚至最後演變成負的。既然歐洲外幣市場不在中央銀行的控制之內，其成長也未直接影響任何國家的貨幣政策。銀行運用石油輸出國家組織的盈餘逐步創造信用時，美國仍然維持相當寬鬆的貨幣政策。美元開始貶值之後，利率便無法跟上物價的上漲。實質利率下降導致償債成本降低，使得債務國更具有債信。這使得它們更殷切於借款。信用擴張刺激了全球經濟，普遍提昇了

出口表現。低度開發國家出口的商品享有強烈的需求；因此其貿易條件也有改善的傾向。實質利率下降、世界貿易擴張、商品價格改善、加上美元貶值等因素的組合，使得債務國既有能力、也有誘因持續大量舉債。

信用擴張的自我有效化過程──簡言之即通貨膨脹──導致各種不健全的情況。物價與工資加速上揚。國際收支帳的盈餘與赤字僵化。銀行的資產負債表惡化。銀行放款所融通的投資計劃大多步入歧途。債務國的債信均屬假象。但是，只要該過程繼續自我有效化，則全球經濟便能夠持續繁榮。消費水準仍極高，儲蓄則遭低、或負的利率水準所壓抑。廉價的放款資金刺激了投資，而且有從金融資產逃向實質資產的傾向。高消費、高存貨與強勁的投資等因素的組合創造了繁榮景象。

經濟繁榮使得能源的需求增長。石油輸出國家組織愈來愈富有，也愈來愈不需要即期的收入，而在負實質利率下，將石油儲存於地下遠較將現金存放在銀行更具吸引力。在此背景之下，伊朗於1979年突然停產石油，造成了第二次石油危機，石油價格第二次飆漲。

這次的反應截然不同。通貨膨脹已經成為最主要的課題，英國與美國尤其嚴重。歐洲大陸國家與日本則能免於通貨膨脹的肆虐，因為它們准許其貨幣升值，而且採行了嚴厲的貨幣政策。既然石油是以美元計價，便使得日本與歐洲的石油成本降低，在沒有通貨膨脹的情況下，儘管其貨幣升值，卻仍擁有出口競爭力。相反地，英國與美國出現了龐大的預算與貿易赤字，通貨膨脹成了嚴重問題。英國轉向國際貨幣基金求助。美

國則因為控制了全球的準備貨幣，而可以無憂無慮地採行膨脹措施；雖然如此，國內與國際所呈現的通膨惡果也使美國的政治偏好發生變化。人們對通貨膨脹加速惡化的憂慮取代了對經濟衰退的憂慮。為了因應第二次石油危機，貨幣政策轉趨嚴厲，即使在經濟開始衰退之後，仍是如此。

　　貨幣主義（Monetarism）成為經濟政策的指導理論。在以往，中央銀行是以控制利率水準來影響經濟活動；現在，控制重點則轉移到貨幣數量。利率必須尋找其本身的水準。不幸地，它們找到的水準實在太高了。主要理由是財政政策仍然是刺激性的，因而需要極嚴厲的貨幣政策才足以壓制貨幣供給的成長。

　　財政政策受到供給面經濟學的影響。一般相信，降低稅率可以刺激經濟活動，甚至於不會對預算赤字構成影響。只要刪減政府支出便能降低預算赤字。但是，在降稅的同時，政府卻決定增加國防支出，使得預算平衡根本無法實現。在擴張性預算赤字與緊縮性貨幣目標的交互運作下，利率水準大幅竄升。高利率水準侵蝕了減稅的刺激效果。於是，預算赤字擴大，經濟卻陷入嚴重的衰退。

　　世界其它地區受到極大的衝擊。債務國面對了三倍的油價、崩跌的商品價格、飆漲的利率、強勁的美元以及全球性的經濟衰退。它們從事了最後一波的借款，使得總負債再增加30％，但衡量債信的比率卻迅速惡化。波蘭與福克蘭的衝突更影響了人們的信心。在此過渡期間，銀行雖然持續放款，但態度已經轉趨保守。放款期間縮短，若干國家出現了資金調度的問

題。之後，墨西哥於1982年爆發債務危機，對外債沈重國家的自發性放款行為完全陷入停頓。大多數銀行業者仍不瞭解債務國岌岌可危的程度。舉例來說，巴西竟然利用銀行拆款市場來融通國際收支帳的赤字，連往來銀行也一無所知。國際放款繁榮期宣告結束而邁入了崩解期。

我將在此稍事停頓，以便分析國際放款熱潮，其本身即是反射過程。前文包含了繁榮／崩解事件序列所需的所有構成因素。它們是什麼呢？首先，在根本趨勢與參與者認知之間必然存在著反射的關連。其次，在參與者認知之中必須存有瑕疵，它會透過反射的關連影響根本趨勢。趨勢會增強偏頗，但在過程到達臨界點之後，兩者都將無法持續。一般來說，趨勢最初出現時，它顯得十分穩健，而當趨勢進行了相當程度後，瑕疵才會顯現。這時候會出現過渡期，參與者的憂慮逐漸增強，態度也變得勉強，趨勢於是失去了動能。最後，趨勢的不健全與無法維繫的理解突然介入。這項預言能自我實現，於是趨勢反轉，卻經常導致災難式的後果。

在國際放款的案例中，銀行與債務國之間存在著許多反射的關連。銀行利用負債比率來衡量某個國家的借款能力。這些比率一般被視為客觀的衡量標準，但它們實際上是反射的。如同我們所瞭解的，國際放款可以透過許多方式影響出口與ＧＮＰ。另外，負債比率只能衡量債務國的償債能力，卻無法衡量其償債意願。衡量償債意願必需利用其它標準，它們實質上屬於政治面的計算。關鍵變數並非債務的清償，而是淨資源之移轉，亦即，債務清償與新信用之間的差值。只要債務國能夠隨心所欲地借款，則其清償意願便沒有問題：它們始終能夠借取

資金清償利息。但是，只要信用流量中斷，清償意願便成為關鍵課題。在放款的繁榮期，銀行家不願意面對這項課題。花旗銀行的華特・萊斯頓（Walter Wriston）強調「主權國家不會破產」（註1）。

如同我們所瞭解的，負債比率在第二次石油危機之前，大致上仍然維持合理水準，銀行也熱衷於放款。一旦負債比率惡化，銀行開始擔心，其放款意願也減低，於是導致1982年的危機。這項危機使得淨資源的移轉與清償意願之間的反射關連開始運作，造成自發性的放款持久停頓。後續發展則是下一章所要討論的主題。我們在此所要分析的是1982年之前的制度。

商業銀行為何願意而且能夠維持其國際放款組合的爆長，這是未來幾年人們將熱切討論的有趣問題。部份的答案在於銀行不認為它們必須為制度的健全負責。銀行是競爭劇烈的行業，但仍受到法規的管制。

預防過度是中央銀行的職責。商業銀行是在保護傘之下運作；它們是在既存的法規架構下追求最大的利潤，它們無法太重視其行為對制度所產生的影響。商業銀行家如果不從事看似有利的業務，則可能被拋到外圍，即使某一家銀行決定要節制，但仍有許多其它銀行會爭先恐後地取代其地位。因此，即使有些銀行家瞭解國際放款業務不穩健，他們仍然會被迫參與，否則他們便要失職。

這裡有一項重要教訓：參與者即使認識到繁榮將導致崩解，也沒有能力防止繁榮的發展。對所有的繁榮／崩解事件序列而言，情況皆是如此。總之節制是不可能的，也沒有必要。

舉例來說，在對不動產信託基金的分析中，我雖然預測結果必然不妙，但我建議立即買進，因為股價在崩跌之前會大漲。事實上，有些投資人的反應極為迅速。即使這些投資人沒有介入這一段行情，繁榮／崩解的事件序列仍然會發生，雖然速度比較緩和。

參與者所能採取的最佳措施，是在適當時機停止參與。但是，在某些情況下，這樣做並不可能。舉例來說，在浮動匯率制度下，金融資產的持有者必須面臨抉擇，決定要持有何種貨幣：除了購買選擇權，他們無法避免持有某種貨幣。花旗銀行在繁榮期後半段試圖降低其市場的參與度，卻無法阻止事件的後續發展，而且無法避免身陷其中。在末期階段，大多數銀行都瞭解債務國情況的迅速惡化，卻無法抽身。

我們在此得到一項教訓：金融市場需要受到監督。唯有某種型態的干預——它可以是立法、法規或中央銀行的溫和勸導——才能防止繁榮／崩解的失控。

中央銀行的歷史即是繼危機之後制度改革的歷史。人們仍未從國際債務危機中汲取教訓，這令人十分訝異。自由競爭的呼籲與影響方興未艾，一波更甚一波。他們的論點基於管制者缺乏效率，而我們也必須承認其論點有所根據。參與者無法阻止國際放款熱潮的失控，貨幣當局則有此能力。它們為何沒有辦到這一點？

這個問題並沒有明確答案。中央銀行雖然沒有確切的統計數據，卻瞭解歐洲美元市場的爆長。它們瞭解其本身為最後放款者所要負擔的責任，並且早在 1975 年便擬妥其相關責任範

圍，但它們認為沒有必要管制歐洲美元放款的成長。為什麼？
這個問題需要從歷史的角度做更徹底的研究。我試圖提出兩項
暫時的假設。

第一，中央銀行本身也受到競爭壓力的影響，該競爭壓力
也影響央行所支援之商業銀行。如果它們實施法規上的限制，
則在其監督之下的銀行會將業務拱手讓人。中央銀行唯有透過
相互協調的措施，才能控制新興的歐洲美元市場。這又需要透
過制度性的改革，但貨幣當局不認為有改革的必要。改革通常
是發生在危機之後，而非之前。

這正是第二項假設發揮解釋功能之所在。我認為，中央銀
行的行為受到錯誤意識型態的影響。一度時期，中央銀行家受
到貨幣主義的領導。貨幣主義認為通貨膨脹是貨幣、而非信用
的函數。如果貨幣主義的理論有效，則需要管制的是貨幣供給
的成長、而非信用的成長。因此，沒有必要干預歐洲美元市
場：各國央行只要管制其本國的貨幣供給，市場便會自我管
制。

這個議題十分深奧，我不敢宣稱我徹底瞭解。在銀行的資
產負債表中，一邊是貨幣，另一邊是信用。米爾敦‧佛利曼
（Milton Friedman）告訴我們，只有貨幣才是重要的，因為信
用是由貨幣所決定（註2）。反射理論促使我認為其理論的錯
誤。我認為，貨幣與信用是以反射的方式交互影響，而他對控
制貨幣供給的夢想是不切實際的。我缺乏專業的素養在理論上
直接駁斥他，但我可以提出實際的證據：貨幣供給始終不會依
據管制者的希望而行事。

　　在1970年代的全球通貨膨脹中，歐洲美元市場的成長究竟扮演著何種角色，問題截至目前仍無定論。就此而言，我們不知道國際放款的收縮對全球經濟目前所主導的通貨緊縮壓力，究竟構成何種程度的影響。我堅信國際放款的擴張與收縮對全球經濟一直具有重大的影響力，但我的觀點截至目前仍然未被普遍接受，問題至今仍未解決。如果我的觀點正確，則在擬定經濟政策時，國際信用數量便成為重要的考量因素。在1970年代末期，貨幣當局犯下嚴重錯誤而讓它失控。1982年的危機是管制的失敗，但也是自由市場制度的失敗。

　　我們稍後會回到此一議題。管制經濟與自由市場經濟的不完美是本書的主題之一。現在，我們將討論1982年危機發生之後國際放款新制度的沿革。

第　六　章
放款的集體制度

　　無疑地，如果沒有政府當局積極且富想像力的干預，國際
債務危機將導致銀行體系的崩潰，並促使全球經濟蒙受災難式
的後果。類似的崩潰曾經發生在1930年代。基於過去的經驗，
制度性架構的建立乃爲了預防悲劇重覆發生。因此，我們難以
想像事件能在沒有干預的情況下展開。這種干預所採取的形
式，創造了史無前例的情況。

　　此制度上的設計賦予中央銀行權利與義務，使它扮演最後
放款者的角色。但是，債務問題十分嚴重，以致於無法以提供
資金給銀行的方式來解決。所涉及的金額已經遠超過各個銀行
本身的資本；如果准許債務國不履行清償義務，銀行體系便會
陷入破產。因此，各國中央銀行只有超越其傳統所扮演的角
色，聯合起來支援債務國。

　　類似案例曾經在1974年發生於英國。當時所謂的邊緣銀行
（fringe banks）雖不屬於中央銀行的責任範圍，但它們向清算
銀行舉了龐大的債務，英格蘭銀行最後決定向它們伸出援手，
避免清算銀行發生問題。但是，1982年的危機卻使得這項援助
債務者的策略被提昇到了國際規模。

　　中央銀行並沒有足夠的權利執行此一策略，於是需要特殊

安排，讓所有債權國政府都參與，且讓國際貨幣基金扮演關鍵
角色。一個國家接著一個國家地把救援方案組合起來。一般來
說，商業銀行延伸其承諾、國際貨幣機構注入新資金、債務國
則同意遵循嚴厲的計劃改善其國際收支。在多數的情況下，商
業銀行也必須提供額外資金，使債務國得以如期清債利息。這
項救援計劃在國際合作上演出了傑出的成就。參與者包括國際
貨幣基金、國際清算銀行（Bank for International Settlement）
以及為數眾多的商業銀行。以墨西哥為例，便涉及500多家商
業銀行。我將稱這些參與者為集體參與者（the Collective）。

在相當短暫的時間內，這項過程便重覆了數次。實際發生
的情況是非常有趣的故事，但我們在此只能侷限於結果的檢
討。

相對於1982年瓦解的制度，從危機中出現的放款制度在許
多方面與前者迥然不同。先前的制度是競爭的：銀行有放款意
願，在激烈的競爭中，追求最大利潤。新制度屬合作性質：銀
行被迫放款，以保護其本身已投入的資產，為了達成此目的而
與其他銀行攜手合作。先前的制度屬於正向反射：銀行的放款
意願和能力增強了債務國清償的意願和能力，反之亦然。在目
前的情況下，反射呈現相反的方向：在銀行沒有放款能力和意
願以及債務國沒有清償能力和意願之間，出現相互的自我增
強。各個參與者需要積極合作避免崩潰，否則制度將無法延續
發展。放款者必須提供新的信用，才能使債務國具有償債能
力；借款國必須遵循嚴厲的計劃，所需的新信用數量才能維持
在最低水準。所謂最低水準則有賴借、貸雙方的微妙談判。國
際貨幣基金則有權督導談判進行，雖然債務國普遍反對讓國際

貨幣基金在協議的監督上扮演永久的角色。

　　該制度相當不穩定，因爲它需要借、貸雙方都克服狹隘的自利觀念，以維繫該制度。以債務國而言，其代價是負的資源移轉；就銀行而言，其代價是提供新信用。然而，代價並不對稱，因爲借款國仍須支付新增信用的利息，而放款者仍可取得利息收入。銀行唯有免除部份利息或本金，才會蒙受實際虧損。但是，集體放款制度基於一項原則，即必須維持債務的完整，而集體參與者得以結合在一起也是本著這項原則。不幸地，仍有一項重要的待決問題：債務國需要妥協才能償債，但是每一項妥協都增添其未來的負擔。銀行體認到這項問題，乃提撥壞帳準備；但是一旦債務國無法承擔而實現壞帳，則集體參與者結合在一起的原則便遭到破壞了。

　　集體放款制度的出現並非預先規劃的。它是從先前的制度演變成的，所以勢必繼續推展。最有趣的問題是，最後結果會如何？不幸地，這個問題不可能有令人滿意的答案。一方面，反射過程並沒有預定的結果：結果取決於發展的過程。另一方面，預測本身會影響結果。在這個案例中，集體參與者達成任務的希望是使他們結合在一起的主要力量；有關此一希望的任何陳述，會立即成爲該陳述所述情況的一部份，所以客觀的討論是不可能的。雖然如此，問題仍有迫切性。我所採用的方法是否有助於答案的提出？而這項答案是否有助於發展反射理論？

　　我曾經發表兩篇論文（註1）───一篇發表於1983年7月，另一篇則發表於1984年4月───在論文中，我嘗試利用反射理

論分析國際債務問題，雖然我不曾在文章中明白地使用反射此一名詞。我所述及的內容如下（稍事修飾）：

對於債務負擔沈重的國家，自發性放款制度的瓦解導致了劇烈的重新調整。重新調整可以分為四階段。在第一階段，進口減少；在第二階段，出口增加。在前兩個階段中，國內經濟活動會減緩。在第三階段，國內經濟活動會復甦，而進、出口均會增加。在第四階段，GDP和出口的成長將超過所需要的負債增加，重新調整於焉完成。

第一階段的調整是非自發性的。當信用流量降低之後，進口減少會自動地消除貿易赤字。生活水準會下降，生產過程可能中斷，國家會陷入經濟蕭條。債務國沒有能力迅速地以貿易順差彌補償債需求，集體參與者的放款額度將取決於此。

第二階段展開了實質的調整。實質匯率貶值，國內需求降低使生產資源閒置而調整成以出口為導向。貿易餘額改善，償債能力提昇。

在這時候，償債的意願與放款的意願變得非常重要。債務國必須增加進口以支持國內的經濟復甦。這意味可供負資源移轉的數量降低了。一旦渡過難關，第三階段於是展開。國內經濟復甦將使負資源移轉變得更順暢。經濟擴張時，如果出口成長較GDP成長快速，則債務國的債信也會改善。這種情況一旦發生，調整過程便告完成。

在放款國方面，集體參與者是在長期缺乏資源的情況下運作的。商業銀行可以劃分成兩種類型：有些銀行的存活有危

險，其它銀行則比較輕微。第一類型的銀行是構成集體參與者的核心部份。它們的參與意願沒有問題，但參與能力則相當有限。邊際銀行則需要更多的勸導。當迫切感消失，邊際銀行便希望退出，讓主要銀行持續提供所需的新信用。上述劃分標準存有相當的彈性。美國、英國與日本的大型銀行始終是該行動的核心成員；美國的區域性銀行與許多歐洲大陸銀行的涉足程度從一開始便十分微薄。在這兩種類型之間，也有些銀行的存活目前可能有危險，但在相當時間之後，或許可以累積充足的準備，使它們在未來成為次要的銀行。

由於參與成員實際地或潛在地萎縮，集體參與者的資源始終會處於緊繃狀態。如果沒有國際放款機構提供額外的資金，則集體參與者將無法滿足加諸它們的需求，但國際放款機構本身也處於緊繃狀態。因此，集體參與者將被迫從事最大量的資源移轉，使得第二階段與第三階段之間的難關難以渡過。

我在結論中認為「該制度是緊急狀態的產物。它需要緊急狀態才得以存活，但它的結構本身也會產生其賴以生存的緊急狀態。」

大致上，這個分析架構禁得起時間的考驗，但從目前回顧過去，我犯了兩項嚴重的錯誤。第一，我認為債務國基於兩個理由而願意忍受負的資源移轉：(1) 得以繼續參與資本市場，(2) 避免資產遭到扣押。我疏忽了一項後來證明是最重要的理由：(3) 得以繼續參與出口市場。國內市場步履蹣跚時，封鎖出口市場是一項強有力的威脅。相對而言，阿根廷具有最佳的條件克制禁運，因為其出口品大多屬於替代商品，但即使是阿根

廷也出口許多產品——例如：鋼鐵與鞋類——它們都銷往特定市場。另外，新當選的阿根廷政府也不希望孤立於西方世界之外。它決定避免「福克蘭經濟事件」。因此，不履行清償義務的威脅未曾發展到我所預期的嚴重程度。

在分析中，我並未詳細說明前兩項動機。就參與資本市場而言，我認為1982年之前的放款制度已經完全瓦解。這是根據某種錯誤的觀念而達成的結論。正偏頗已經被負偏頗所取代，需要花費相當時間才能克服負偏頗。事件的發展支持此一分析：銀行放款給低度開發國家的額度遠低於預計的水準。就資產的扣押而言，我認為這無異是空的威脅。1982年之後，這個觀點受到了充分地支持（註2）。因為我忽略了第三項、也是最重要的一項動機，於是我在結論中認為「確保債務國願意清償債務的唯一方法，便是大致上提供債務國維繫其償債義務所需要的信用量度。」

這個結論是錯誤的。在1984年，新信用的量尚不及債務國所需支付利息的一半，而且許多新信用來自於商業銀行之外的其它來源。因此，商業銀行的資金流出並不如我所想像的嚴重，而且核心成員與邊緣成員之間的緊張關係也未到達決裂的程度。事實上，甚至核心成員也能開始提撥壞帳準備，並改善其資本比率。

我所犯的第二項錯誤是低估了債務國增加出口的能力。全球經濟的強勁表現遠超過我所預期的情況，其理由將於下一章討論。尤其是巴西，其所創造的貿易順差遠超過我的預期。官方1984年的預估目標是90億美元，實際數據卻超過了120億美

元。出口的強勁力道促使國內經濟呈現緩和復甦的現象，而使巴西跨入第三階段。

這兩項錯誤結合在一起，使我的分析顯得過份悲觀。在1984年2月，我斷言：「在目前的制度下，第三階段與第四階段愈來愈不可能有所進展，其目標也愈來愈無法達成。」但是，在1985年，幾個主要債務國均已進入第三階段，最糟的情況似乎過去了。隨後，油價在1986年銳挫，墨西哥成了受害者。危急情況可以歸咎於外部因素，但巴西近來的發展則相當不利。由於克魯薩多計劃（Cruzado Plan），經濟出現過熱，國際收支也嚴重惡化。一旦新政府在選舉中取得全面勝利，它便開始掌控經濟。即使如此，國內政治的考量已經明顯凌駕國際債務的清償，1987年可能是巴西債務談判的危機年。

就債權國而言，情況已經大為緩和。1985年10月份在漢城所舉行的世界銀行會議中，美國財政部長貝克（James Baker）提出一項計劃，強調債務國國內經濟成長的必要性。隨後，布雷迪計劃（Bradley Plan）明白倡導放棄累積債務的部份利息與本金。事實上，債務國的貿易順差已經對美國造成了麻煩。銀行已經比幾年前更妥善提撥了準備，因此1987年可能會出現若干保護主義的措施，以及放棄債權的若干措施。如果過去五年的經驗具有任何指導作用，則不會出現足以造成制度瓦解的變化。

雖然在細節上有錯誤，但我的分析架構大致上仍然有效。它並非是成功調整的藍圖，反而是在失敗中存活的模型。如同我們所瞭解的，集體制度只仰賴瓦解的威脅來維繫。稍後我們

會發現，這也正是1982年以來許多措施的特徵。

第 七 章
雷根的大循環

（本章完稿於1985年8月，爾後未做修正。後續發展則在臨場試驗（第III篇）中加以討論處理。）

在國際債務危機發生時，我正在發展一套相當粗糙而不明確的模型，藉以說明信用的擴張與信用的緊縮，它類似股票市場的繁榮／崩解事件序列。我認為全球信用擴張結束於1982年，而且未能預料美國卻以「最後借款國」的姿態出現。

美國龐大而不斷增加的預算赤字，是許多相互衝突之政策目標所導致之始料未及的後果。一方面，雷根總統希望透過減稅的方法，來減輕聯邦政府在經濟所扮演的角色；另一方面，他又希望維持強大的軍事力量，以應付他所認為的共產主義威脅。這兩項目標無法在預算平衡的限制條件下完成。

財政與貨幣政策由兩個相互抵觸的學派所主導，使得問題更形嚴重。財政政策受到「供給面」經濟學所影響，貨幣政策則由貨幣學派的訓示所引導。

供給面經濟學者認為，減稅對經濟產出與納稅意願均有刺激效果，經濟可以快速成長而不致於使通貨膨脹惡化，增加的稅收便可以恢復預算平衡。這是全然的反射思考，就如同類似的推理通常會發生的情況，它具有嚴重的瑕疵。它的有效性取

決於它能否普遍被接受；因此，它是一個全有或全無的論證。在民主社會中，這是經由妥協發揮功能的，這種論證罕能發揮作用。在此案例中，成功的機會更為渺茫，因為還有另一個主要學派在影響政府政策。

貨幣學者認為，主要目標在於控制通貨膨脹，為了達到此一目的，則必須嚴格管制貨幣供給。貨幣政策以往都是以控制短期利率為手段，這次的情況卻不同，聯邦準備理事會以貨幣供給做為控制目標，讓聯邦基金利率自由浮動。聯邦準備理事會於1979年提出新政策，而在雷根入主白宮時，利率已經到達創紀錄的水準。在第一個預算年度，他同時減稅並且增加軍事支出。雖然他也採行了減少國內支出的配合措施，但儲蓄不足以抵銷前兩項的支出增加。少有阻力的路線導致預算赤字的擴大。

既然預算赤字的融通必須限制在嚴格的貨幣供給目標內，利率便竄升到史無前例的超高水準。在相互衝突的財政與貨幣政策下，經濟擴張不但未出現，反而導致了嚴重的經濟衰退。始料未及的高利率，配合著經濟衰退，引發了1982年的國際債務危機。亨利·考夫曼（Henry Kaufman）長久以來不斷地提出警告，政府赤字會迫使其他借款者無法從市場取得資金（註1）。他的見解被證明為正確，但是首先被迫出局的卻是外國政府，而非國內的信用使用者。

1982年8月，墨西哥危機發生之後，聯邦準備理事會放鬆了貨幣供給的控制。預算赤字剛開始加速擴大。隨著控制的放鬆，經濟飛升，經濟復甦的強勁力道就如同先前經濟衰退的程

度。民間與企業界在銀行體系的煽動下，加上支出劇增，更加
強了經濟的擴張。軍事支出剛開始增加；民間部門的實質所得
提高；企業界則因為加速折舊及其它賦稅減免而受益。銀行熱
衷於放款，因為任何的新放款都能改善其放款組合的品質。

所有這些層面所創造的需求極為強勁，以致於利率在初期
微降之後，便回穩到歷史的高水準，最後又開始向上攀升。銀
行為了積極爭取存款不斷抬高利率，而比起持有政府債券，金
融資產的持有者可以從銀行取得更高的報酬率。一方面由於金
融資產的高報酬率，一方面由於雷根總統所鼓舞的信心，國外
資本也被吸引到美國。美元轉強，而強勁的幣值配合正的利率
差，使得資本流入的熱潮無法抗拒。美元強勢吸引了進口，這
不但有助於滿足國內的超額需求，而且能壓抑物價水準，自我
增強的過程於是展開，其中強勁的經濟、強勢的貨幣、龐大的
預算赤字與龐大的貿易赤字，四者相互強化而產生了無通膨壓
力的經濟擴張。我稱此循環關係為雷根大循環（Reagan's Im-
perial Circle），因為它吸引國外的財貨與資本來維持其強大的
軍事力量（譯按：Imperial 有帝國主義的涵意）。這使得該循
環的核心為良性的，其週邊則為惡性的。

我們可以發現，大循環建立在貨幣主義與供給面經濟學的
內部衝突。這並非有意造成的結果，甚至不是預料中的結果。
許多充斥動力的歷史發展，都是在參與者無法充分瞭解的情況
下發生的。從1974年到1982年，資源大規模移轉到低度開發國
家，此事件也不是在有計劃、有組織的情況下產生的。集體放
款制度的存在也是始料未及的。

　　多數專業經濟學家並不認爲良性循環的出現與維持是可能的，雖然雷根總統智識有限，似乎要比他的經濟顧問更能瞭解什麼是可能的。畢竟，大循環的反射過程完全合乎他的領導觀念──當然，這也是最卓越的反射觀念。因此，對於預算平衡的必要性，他只是要要嘴皮子而已，忽略它，甚至最後罷免了馬丁・費德斯坦（Martin Feldstein）（譯按：馬丁・費德斯坦爲白宮首席經濟顧問），而龐大的預算赤字也就這麼樣地束之高閣。歐洲國家不斷抱怨美元的強勢──雖然我們並不十分明白其理由──但是美國政府堅持其善意忽略的政策。

　　對美國是良性的循環，但對債務國則是惡性循環。美國的貿易逆差即是其它國家的貿易順差。出口的強勁表現足以使債台高築的國家如期清償利息，就此而言，其效果可以斷爲良性的；但是，即使如此，好處仍落入放款者手中。就其餘部份來說，債務國卻要忍受高實質利率與不利的貿易條件。在借取資金時，美元十分低廉，但在清償利息時，美元卻十分昂貴。競相出口又壓低了出口商品的價格。債務國對外的績效雖然超乎一般預期，對內的績效則不甚令人滿意。有些國家根本沒有經濟復甦的徵兆，即使是表現較佳的國家，個人所得也有落後現象，而剛開始萌芽的貿易順差又開始惡化了。有些經濟疲弱的國家出現了螺旋狀的下降趨勢，且其國內經濟與償債能力均惡化到完全消失的地步。這包括了大部份的非洲國家。一部份的拉丁美洲和加勒比海國家，例如：秘魯與多明尼加共和國。

　　就開發程度較高的國家而言，對美國出口的增加雖然具有刺激效果，反應卻極爲微弱。企業界不願意擴充產能，因爲它們擔心，非常有道理擔心，當其產能開始投入生產，美元又要

貶值了。對照來看，持有美元金融資產則是難以抗拒的誘惑。這種現象在英國尤其明顯，因爲其幣值的震盪特別劇烈。整個歐洲都籠罩在高失業率與低成長率的痛苦深淵中，目前則流行用「歐洲僵化症」（Eurosclerosis）一詞形容這種現象。遠東地區受到新興工業國家與中國大陸開放的衝激，展現了動態的發展。日本是目前情況下最大的受益者。其立場幾乎與美國相反，享有龐大的貿易順差，加上國內儲蓄強勁，必須藉著資本的出口加以平衡。

　　讓我們嘗試利用截至目前我們所發展的分析工具，來分析雷根大循環。我們將採用第三章所定義的符號。四項關鍵要素是強勁的經濟（↑v）、強勢的貨幣（↑e）、龐大的預算赤字（↓B）與擴大的貿易赤字（↓T）。乍看之下，這四項變數之間存在著一些明顯的矛盾。傳統經濟學告訴我們，貿易赤字擴大（↓T）將促使匯率（↓e）與經濟活動水準（↓v）出現下降的傾向。

(1)　　　　　　　↓T ⟨ ↓e
　　　　　　　　　　　　↓v

　　但是，大循環卻能利用另外兩項變數──預算赤字與資本流入──來克服這些因果關係。

　　由於預算赤字的刺激超過貿易赤字的牽扯，因此經濟得以增強。當然，經濟活動會受到許多其它因素的影響。考慮所有的因素將使論證趨於無謂的複雜。重要的是最後的結果：強勁的經濟。爲了單純化，我們用問號（？）表示所有其它因素的

淨效果，則我們得到下列之公式

(2) $\qquad (\downarrow B + ?) > (\downarrow T + ?) \rightarrow \uparrow V$

同理，美元升值是因爲資本流入———$\downarrow (N + S)$———大於貿易赤字：

(3) $\qquad \downarrow T < \downarrow (N + S) \rightarrow \uparrow e$

這兩項關係是大循環的主要依據。

還有許多關係在其中運作，將它們全部列出會過於繁瑣。有些關係會增強大循環；有些則有削弱的效果；有些關係能夠在短期之內增強大循環，卻無法維繫到長期。最重要的反射關連則存在於匯率與投機性資本流入之間：

(4) $\qquad \uparrow e \rightarrow \downarrow S \rightarrow \uparrow e \rightarrow \downarrow S$

我們已經確認了兩個不利於大循環的關連（方程式(1)），我們還能提出兩個短期的自我增強關連，但它們無法維持到長期。第一，當投機性資本流入在短期內自我增強，它們會造成利息與償債義務的累積，而且構成反面的效果。

(5) $\qquad \downarrow S \Bigg\langle \begin{array}{l} \uparrow e \rightarrow \downarrow S \Bigg\langle \begin{array}{l} \uparrow e \\ \uparrow N \rightarrow \downarrow e \end{array} \\ \uparrow N \rightarrow \downarrow e \end{array}$

債務的累積（$\uparrow N$）最後必然會破壞大循環所仰賴的關係，匯率的趨勢將因此而反轉：

(6) $(\downarrow T + \uparrow N) > \downarrow S \to \downarrow e \to (\uparrow S + \downarrow T + \uparrow N) \to \downarrow \downarrow e$

　　這時候，償債與投機性資本的逃離可能會配合貿易赤字，促成美元崩跌的大災難：許多中央銀行官員──伏克（Volcker）為最主要的代表者──體認到此危機，公開地提出警告（註2）。以當時的情況研判，利息支出要累積到某一個水準才會造成平衡的反轉，這可能得耗費許多年。大循環的反轉或停頓很可能遠在此時點之前便發生了。伏克以及其他政府負責官員顯然是朝這個目標在工作。

　　全球所面臨的重要疑問是：大循環是否能夠遏阻，不致於引發美元災難式的崩跌。它持續愈久，美元便攀升地愈高，下跌的風險也愈大。問題是，美元趨勢的明確反轉，即使是在現階段，不僅會導致投資流量的轉變，也會造成投機性資本累積存量的移轉。累積的存量當然是當時流量的數倍之多。人們普遍體認到這個問題，使得美元資產的持有者十分緊張。這就是外國人所持有的流動資產會恰當地被形容為「熱錢」之緣故。

　　第二個關連是預算赤字，它在短期內具有刺激效果，但長期會不具有生產力，因為它會透過利率機能將資源從比較具有生產力的領域移走：

(7)　　　　　$\downarrow B \Big\langle \begin{array}{l} \uparrow i \Big\langle \begin{array}{l} \downarrow S \\ \downarrow v \end{array} \\ \uparrow v \end{array}$

只要高利率能夠繼續從國外汲取資本，問題便隱而不宣。

透過國外儲蓄的協助，國內經濟體系的消費便能夠大於其生產。唯有資本流入的步調無法跟上預算赤字時，問題才會凸顯。利率必須上升才能產生融通預算赤字所需的國內儲蓄。消費將因此而下降並壓抑了經濟，使外國人更無意願持有美元資產。這可能造成「災難式的情節」：疲弱經濟與龐大預算赤字的配合導致利率攀高與美元走貶。

我們可以將上述關係結合起來，構成大循環的整合模型：

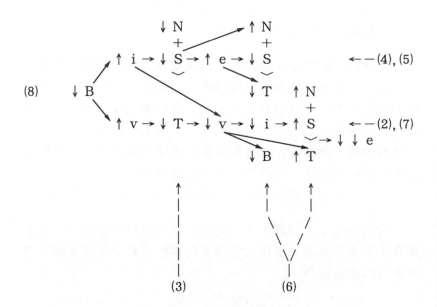

在模型中，大循環的兩個主要依據：方程式(2)以水平方向表示者，方程式(3)以垂直方向表示者。我們可以發現該模型並不穩定：有些關連會增強大循環，其它關連則會削弱它。受到增強最大的變數是投機性流量與貿易赤字；受害最大是經濟活

動。大循環穩定的主要威脅來自於貿易赤字與預算赤字。大循環的兩大支柱爲美元強勢與經濟強勁；但是強勢美元將造成貿易赤字擴大，使經濟轉弱，而預算赤字擴大，使經濟轉弱，而預算赤字擴大將逼迫利率走高，也使經濟轉弱。遠在償債義務的累積摧毀大循環之前，這些內部矛盾很可能早就摧毀它了。

當然，該模型並不完整。許多關連並未顯示在模型當中，但上述模型已經夠複雜。或許我們所忽略的某些關連在必要的時候會挽救大循環。我們已經目睹了這些情況。舉例來說，在1984年中以前，銀行在國內積極擴張信用，並吸引國外資金。銀行不再發揮這方面的功能之後——其理由將在第八章解釋——財政部則取代其地位：取消了預扣稅款，而且將政府債券的相當的部份直接售予外國人。

如果能夠建立更複雜的模型，並以實際的數據賦與這些變數，該模型必定十分有趣。我相信，該模型可以模擬1982年以來的美國經濟演變，但我並不準備從事這項工作。我只能將自己侷限在觀念的陳述。

我們所討論的系統並不穩定，而且不斷地在演變。大循環之後會是什麼呢？這是必需回答的問題。在我嘗試如此做之前，讓我把目前的工作做完整，進一步觀察正在進行中橫掃全國的銀行體系與企業重整。

第 八 章
銀行體系的沿革

　　一般認爲，1982 年的國際債務危機是債務國的重要轉捩點。資源的移轉出現了方向上的轉變，唯有透過債務國的償債能力才能限制擺盪的幅度。在我們的大循環模型中，擺盪以非投機性的資本流入（↓N）來呈現，因爲它的考量並不在於總報酬率。其間涉及的金額龐大：在1982 年，債台高築國家的淨資源流入爲501 億美元；而在1983 年，則出現138 億美元的淨流出（註1），其中大部份是以美元計值。資源從債台高築的國家移出，提供了大循環的重要支柱之一。

　　1982 年的危機並未造成銀行體系的類似轉折，這是一般人所未深切體認的。大型銀行涉入程度甚深，因此不准許它們的方向反轉。如果它們一起停止放款，則高負債國家勢必無法履行清償義務。如果它們嘗試提列足夠的壞帳準備，則其資本結構會受到損害。爲了維繫銀行的運作，集體參與國才會形成。我們解決了集體參與國協助債務國渡過難關的問題；我們現在必須檢視銀行體系。

　　集體放款制度根據自動合作的原則運作。管制當局必須介入，促使涉足嚴重的銀行續延新的放款，並引導涉足程度輕微的銀行合作。要達成這些目標的唯一方法便是創造一則幻想，即流通在外的放款絕無壞帳，沒有必要爲放款提列特殊準備。

各監督單位之間會意見分歧，但是身為最後放款者的聯邦準備理事會能夠掌控大局。銀行體系的體質太弱，無法施猛藥。許多會計準則也因此做了修改，並做出種種努力使銀行能夠符合這些標準。1984 年 3 月 1 日最後一分鐘提供給阿根廷的融通貸款，是聯邦準備理事會最強力干預的範例。

歐洲國家的中央銀行則持不同的態度。它們鼓勵商業銀行提列準備金以沖銷壞帳。它們有能力這麼做。歐洲銀行整體而言涉入的程度比較不嚴重，且其會計制度也准許累積巨額的隱藏準備。英國的情況則介於美國與歐洲大陸國家之間。若干英國銀行也列名放款給低度開發國家風險最高的等級，只是它們的分行制度具備比較健全的存款基礎，所以它們不像美國銀行慘遭信用危機的衝擊。

有些人認為，聯邦準備理事會過於支持這些貨幣中心銀行。准許這些銀行將償債重整費以及票據買賣價差列為當期所得，儘管它們不是現金收入。因此，它們的財務報表呈現可觀的盈餘，有些銀行甚至能夠在1983年實際增發股息。

非常諷刺地，集體參與者的形成，以及管理當局隨之而來的悲觀態度，卻使美國銀行業的調整過程出現延誤及誤入歧路。債務國必須面對艱困的現實，銀行卻留下了大筆可疑的放款，而必須把成為壞帳的可能隱藏起來。它們收取利息的唯一方法是提供額外的放款。因此，問題不僅沒有被認知，甚至繼續惡化。銀行的反應是設法加速成長。最好的方法不外提供服務，而不要積壓資產。貨幣中心銀行發展出許多服務項目，並積極地推廣。但是，它們不排斥擴張其資產負債表。相對於銀

行授信給低度開發國家，幾乎任何放款都能夠改善其放款組合的品質。這是高融資購併的全盛時期；銀行願意以極優惠的條件授信。銀行也積極地調高利率爭取國外存款，並利用這些資金建立其國內的資產基礎。因此，它們成為吸引資本流入美國的主要管道。

不幸地，銀行無法利用其傑出的盈餘報告募集資本，因為股票市場看透了其中玄機，以帳面資產價值而言，銀行股的價值大幅折價。華友銀行（Chemical Bank）掌握了短暫時機，拋出一些股票；漢華銀行（Manufacturers Hanover）在合併CIT Corp.時也批出了一些股票，但這些都是例外。整體而言，銀行只能倚賴保留盈餘，但它跟不上資產成長的步調。

雖然如此，銀行業仍在擴張與分散投資上競賽。漢華銀行以高價購併CIT Corp.，而且發明了「非銀行的銀行」之名稱以規避在地域上分散的限制。貨幣中心銀行強烈要求越過州界擴張業務，但區域性銀行要求保護而堅決反對。這一場漫長的戰爭直到最近才獲得解決，貨幣中心銀行在越過州界購併其它銀行之前，必須給予區域性銀行呼吸的空間。

聯邦準備理事會對銀行體系所設的任何限制，都不希望會對經濟產生負面的衝擊。其首要任務是防止崩潰，為了達成此一目的，它們希望發動經濟強勁復甦。唯有經濟復甦當道，它們才控制貨幣供給，讓利率上揚。它們也可以設法控制銀行，但實際情況卻非如此。壞帳不斷累積，資本比率持續惡化（譯按：資本比率是指為經加權之風險資產所保留的資本比率。比方說，假定銀行間存款之風險權數為0.2，則100美元銀行間存

款經加權後的資產價值為20美元，如果提列1.60美元為資本，則資本比率為8％。目前，國際清算銀行規定之最低資本比率即為8％）。對於銀行體系的信心仍然不穩固。

最後，國內放款組合的麻煩開始浮現。經濟體系中有許多產業，尤其是農業與石油業，並未出現復甦。與國際債務問題相對照，放款給國內借款者讓它們支付利息是不切實際的做法，因為其數目眾多。大陸銀行（Continental Illinois Bank）受到的打擊尤其嚴重，因為其對放款業務的規定過度寬鬆。明確地說，Penn Square Bank破產時，它從其手中買進相當數量的能源放款，這些放款都十分不穩健。由於沒有分行的支援，它只能倚靠舉債渡日。因此，它成為各方矚目的焦點。

儲貸業（saving and loan industry）也蘊釀了一些問題。許多機構的淨值早在1982年之前，便因為利率高漲而被一掃而空。為了防止大規模的崩潰，許多機構在1982年透過合併或其它救援方法存活。雷根政府試圖以市場機能來解決問題。在這一段金融史上最顯著的插曲中，在產業資本受到嚴厲打擊時，許多管制的限制都及時地廢除了。儲貸業所能從事的業務範圍，以及它們所能夠投資的資產種類，均大幅度放寬。既然儲貸業是在管制的環境下陷入困境的，則取消這些限制應有助於它們脫離困境。私人企業確實提出了極具創意的方法，挽救這些瀕臨破產的儲貸公司。在所投入的新資金中，大部份都能夠以減稅的方式立即回收，精敏的投資人則以極少量的現金控制了這些機構，並取得執照吸納經政府保證的存款。在這些機構中，有一部份落入不肖業者手中，他們利用存款圖利他們其它的業務。他們可以藉著積極的擴張得到好處，即使失敗，損失

也有限。這是一個速謀大災難的方式。非常令人訝異地，當時何以未曾體認到此嚴重性。

　　最擅長利用管制者所提供之機會者，莫過查理斯・科納普（Charles Knapp）所積極領導的美國財務公司（Financial Corporation of America）。在取得First Charter Financial——一家歷史悠久的機構，其存款由聯邦儲貸保險公司（Federal Savings and Loan Insurance Corporation；FSLIC）所承保——之後，它又透過經紀人以及公司內部高效率的銷售員向外大肆舉債。它隨後大量投資於高風險的房地產貸款與固定利率抵押貸款。若有放款無法回收，則去尋找另一名地產商，用對他的開發案提供更多的放款爲條件，要求他將其收購。利率攀升時，該公司加碼固定利率抵押放款的組合，其規模呈指數式（exponential）地擴大，科納普盤算，利率最後回跌時，他即握有高收益的放款組合，而且如果利率不下跌，只要公司的規模夠大，政府將不會准許他破產：銅板出現正面，他就贏；出現反面，他也不會輸。盤算得完全正確。公司存款從1982年的49億美元，增加到1984年的203億美元。公司的財務狀況惡化時，科納普被迫退出（在收到七位數字的離職金之後），公司卻被挽救（註2）。

　　大陸銀行與美國財務公司的危機事件大致上發生在1984年夏天。這是銀行與儲蓄業的真正轉折點，儘管當時未能適當地認知此一事實。銀行檢查員記起他們的法定職責，開始以堅定的態度處理壞帳。管制者調高了最低資本比率，堅持增列壞帳準備。銀行的反應是縮小資產負債表，變賣資產，以及貸款不再入帳而是將其以批售方式加以處分。不健全的成長期終告結

束，調整階段於焉展開。

乍看之下，調整進行得相當平順。銀行已經擅長於將貸款批售，並發展各式各樣從浮動利率票券到抵押轉售憑證（mortgage pass-through certificate）的金融工具。必要時，其它機構則會取代銀行的角色。在購併狂潮的融通方面，垃圾債券已經取代了銀行放款，而公債則取代了歐洲美元存款以吸引外資。取消國外債券持有人的利息扣繳與銀行擴張達到轉折點，兩者在時間上的配合並非純屬巧合。

每隔一段時間，銀行的財務狀況就應該改善。個別銀行在提列損失之後可能會受傷，但整個產業應該日趨健全。對於此一變化的前景，股票市場呈現出積極的反應：銀行股票價格上揚，其價格出現了超過帳面價值的溢價。

但是，危險期尚未渡過。趨勢反轉之後，先前的過度才會逐漸明朗。銀行雖然獲得了轉圜空間，藉著提供額外的信用來掩飾壞帳。但是，當銀行被迫要對壞帳或可疑放款提列準備，則用良幣維繫劣幣根本沒有意義。相反地，它們有更充分理由清算壞帳，因為這樣可以將沒有獲利能力的資產轉化成為有獲利能力的資產，而且從被迫提撥的準備中回收部份資金。清算壞帳的風險在於可能引發其它的壞帳。舉例來說，許多農民雖然無法清償貸款，但其土地仍具有相當價值足以充當足額抵押：這些農民將被提供額外的信用，而不會被迫宣告破產。但是，被迫宣告破產的農民，其土地之清算會壓低地價，以致於造成愈來愈多的農民被迫宣布破產。同樣的情形也發生在石油業，在本文撰寫的時候（1985年9月），房地產開始浮現惡

兆。航運業可能是下一個目標。

　　馬利蘭社區儲蓄銀行（Community Savings Bank of Maryland）及其附屬企業淨值規劃公司（Equity Programs, Inc.）於1985年宣告破產，可以做爲趨勢反轉的典型現象。該機構曾由房地產開發商收購，開發商是以該儲貸機構子公司的名義從事聯貸業務。它們專門融通模型屋，在業內頗負盛名。這些房屋的抵押貸款經由民間房屋貸款保險公司承保，並以房屋抵押擔保證券（mortgage-backed securities）的形式出售給投資人。在俄亥俄州，若干由州政府所承保的儲貸銀行發生了擠兌事件，馬利蘭州的儲貸銀行便受強制要由聯邦承保。正在嚴格執行政策的聯邦儲貸保險公司，堅持房地產的聯貸子公司必須在出售後，母公司才能獲准承保。這使得整個問題浮出檯面。子公司無法取得新的聯貸，沒有新的聯貸就沒法維繫流通在外的房屋抵押貸款，而其差額過去一直是以新的聯貸來彌補。理論上，模型屋終究會賣出，然後開始有收入，但實際上，子公司已經積欠母公司大筆債款，而有些模型屋甚至於根本不存在。子公司大約發行了14億美元的房屋抵押擔保證券，而房屋貸款保險公司已經無法脫身。對相關的保險公司而言，潛在負債已經超過資產，如果它們無法履行義務，房屋抵押擔保證券便會遭到危機（註：之後其中的一家抵押貸款保險公司——Ticor Mortgage Insurance Company破產，但房屋抵押擔保證券沒有發生危機）。

　　我對近期事件的簡單敘述，足以顯示管制者不能免於偏頗。就如同被他們所管制的人，他們本身也是反射過程的參與者，也是基於不完全理解來行爲。一般而言，管制者對其所監

督事務的瞭解程度，還不如那些實際從事該業務的人。事務愈複雜、愈具有創意，則監督當局愈難稱職。

管制總是出現在事情發生之後。當管制者察覺過度的現象，其所堅持的修正行動會使情況朝相反方向惡化。在我們所涵蓋的期間都存在這種事。主管當局發覺國際放款不穩健時，為時已經太晚而無法修正了，因為修正會加速崩潰。當他們最後堅持銀行必須承認損失，他們的堅持卻增強了農業、石油業與航運業抵押品價值的崩跌。

商業銀行也犯了許多錯誤，但它們至少有藉口：它們是遵照管制者的準則在運作。它們的工作是競爭、而非憂慮制度的穩健。只要沒有舞弊，則其藉口是有效的，一旦它們遭遇困難，主管當局確實會解救它們。這使得管制者所肩負的責任更加沉重。

每當情況惡化到危機點，主管當局都為自己的存在做了很好的解釋。在某種程度內，這是個人的功勞。如果聯邦準備理事會當時不是由伏克負責，則事件的進展可能完全不同。他以積極熱忱的態度面對困境，並提出極富創意的解決方法，這在官僚體系中是非常罕見的。但是，其中也有制度上的理由。中央銀行受命成為最後的放款者。相對於一般事件，中央銀行在危急狀況下擁有至高無上的權力。它們擁有危機管理的能力，但要解決問題時則相當不能勝任。為了達成任何持續性的解決方案，仍需要全體政府行政單位與國會的合作。這意味所需要的改革鮮能及時推行。

1984 年的銀行危機留下一個待決問題。在收受存款機構的

自由化和保證存款人不會蒙受損失之間，存在著根本上的不平衡。保證會使得金融機構任意吸收額外的存款，自由化卻會使它們享有更大的空間利用存款。兩者結合起來便造成了不受控制的信用擴張。這項問題一開始便存在於聯邦存款保險制度內，但是在聯邦儲貸保險公司成立時，銀行仍受到嚴格的管制。自由化的趨勢加速之後，則更凸顯了報酬與風險之間的不平衡，它在1984年的危機中到達了臨界點。

聯邦準備理事會被迫擴大其本身為最後放款者的角色，而且不論存款金額的大小，它都要保證所有的存款不會蒙受損失。這樣的做法使得存款者應該加諸銀行的最後一點紀律也被取消。一旦紀律蕩然無存，除了管制當局，再也沒有任何事可以阻止金融機構從事於不健全的放款業務。

或許有人會認為，股東會發揮其限制的影響力，因為他們的權益可能會受損，但是這層限制並無明顯的作用，因為銀行可以透過進一步的放款掩飾虧損。一旦虧損無法再掩飾，其受害程度已經遠超過銀行淨值資本所能承擔的程度。因此，淨值與放款資本承擔了風險，並不足以確保放款業務的穩健。

自從1984年，管制當局實際上是愈來愈嚴格了。但是，支持自由化一般的與政治的偏頗仍然十分強烈。在經濟大蕭條期間所設定的區域與功能限制都將解除。理論上，在自由化與加強管制之間未必存在著矛盾；但在實務上，矛盾確實存在。如同我們所瞭解的，管制者會犯錯，若是業務種類愈多、變化愈大，則管制者愈無法有效地加以監督。有強烈的表面條件，支持收受存款的業務應該儘可能單純。另一方面，單純而受管制

的業務卻會孕育保守而沉悶的管理風格。最後反而成為在穩定與創新之間的選擇。兩項要素其中之一消失時，都會產生痛楚的感覺。因此，人的偏好總是從一個極端搖擺到另一個極端。廢止過時的法規創造了許多機會，而我們現在正沉迷於此；但是穩定的需求卻愈來愈迫切。

另一個蘊釀中的問題即將浮現。這是有關瀕臨破產金融機構的處理問題。傳統上，主管當局通常會安排一個更大型、更穩健的機構購併失敗者。在該產業處於嚴格管制的情況下，強迫式的購併不失為簡單的解決方法，因為失敗的案例少，規模也不大，而且購併者的財務狀況極佳。失敗的銀行仍握有價值非凡的經營權，它能以公開叫賣出售給最高的出價者，而且不危害產業結構。但是，當信用擴張與自由化的程序逐漸推進，利用購併方式解決問題的過程便愈來愈頻繁、愈來愈令人不滿意了。經營權愈來愈沒有價值，購併者也更沒有能力承擔財務調度能力的稀釋。產業結構愈集中，其體質似乎愈健全。比方說，英國的結算銀行在吸收存款方面從來不曾遭遇到困難，雖然，密特蘭銀行（Midland Bank）也身為結算銀行之一，且其體質較美國任何殘存銀行都要來得差。但是，產業結構愈集中，災難式虧損的危險性愈大。如果英國的結算銀行不能從低度開發國家的放款中回收利息，我們真不知道英國將如何處理這個問題？就國內而言，美國商業銀行（Bank of America）被鼓勵購併西雅圖第一銀行（First of Seattle），但在必要的情況下，誰能夠購併美國商業銀行呢？（註：在1986年12月，出現了令我非常訝異的事，第一聯美銀行（First Interstate）積極設法購併美國商業銀行，華友銀行（Chemical Bank）正在買進德州商業銀行（Texas Commerce Bank），共和銀行（Republic

Bank）則接收了德州體質最弱的銀行Interfirst，這是爲了阻止外州的競爭者在德州立足。）我們已經看見第一個案例，大陸銀行便無法找到買主。情況可能發展到某一個程度，使得國內幾家規模最大的銀行淪爲公共財。這種現象曾經發生在別的國家。

以購併方式解決體質孱弱的機構，在儲貸業中最爲人們所詬病。如同我們所見到的，在利率創新高的1980年到1982年間，該產業出現許多週轉不靈的機構。主管當局設計了傑出的方案，將體質欠佳的機構出售給有冒險精神的企業家，他們因感激能享有吸收經聯邦政府保險之存款的特權而買進。我們也看到這些企業家如美國財務公司的查理斯・科納普，如何濫用特權。目前，管制者已經禁止這種放縱的擴張，許多過度的現象也逐漸浮出檯面。唯有利率下降才能使我們免於財務週轉不靈的大崩潰。

第　九　章
美國寡頭深化的現象

（本章撰寫於1985年6月，其後不曾修改，但增添了一段簡短的後記，後記撰寫於1986年12月）。

在雷根大循環的過程中，還有一個重要的反射的發展正在進行：美國企業結構透過合併、收購、減資與融資購併等方式重組。此一趨勢具有反射過程的強烈本質，並呈現出其在歷史上的重要性。其根源遠遠發生在大循環開始之前，但是在1982年以後，才展現強勁的衝力。企業重整的過程顯然與大循環有關連，但截至目前，這項關連則偏向一方：目前的經濟與政治條件促成了重整的發生，但是大循環的演變並未明顯受到企業重整的影響。這個過程可以籠統地稱為購併狂潮（merger-mania），它應該視為大循環的餘興節目，而非其構成要素。

就其對美國企業結構所產生的衝擊而言，購併狂潮遠超過企業聯合的熱潮。企業聯合是以相當小型的企業做為起點，透過收購的手段逐漸擴大；購併狂潮則牽及美國最大的企業體。兩者的發展有一些類似，但差異性則更為凸顯。以最初自我增強、而終致自我破壞的過程而言，如果企業聯合熱潮代表其最單純的案例，則購併狂潮或許是最複雜者。企業聯合是繁榮／崩解的典型；在購併狂潮所展現的反射過程中，自我增強與自我破壞的交互作用具有同步性、而非先後性。

　　我不想描述購併狂潮的歷史。我假定各位讀者對近幾年所發生的個別企業事件已經有了相當程度的瞭解。我對購併狂潮的熟悉程度不會比留心事件發展的一般大眾更多，因為我並非以專業人士的角度參與其中。

　　自從有了有組織的股票市場，企業事件便不斷發生。每當股票的市值高於私人擁有企業的價值時，便會出現拋售股票的企業事件；市值較低時，則會出現買進股票的事件。買方可能是企業本身、管理階層、外部集團或因特殊理由而賦予該股票高價值的另一家公司。

　　企業聯合熱潮中包括了股票的買進與賣出。企業聯合以高價拋售本身的股票，而買進其它企業的股票。它們能夠以高於市價的價值評定其它企業的股票，這是因為收購有助於支持其本身股票的高估。因此，企業聯合熱潮基本上是價值高估的現象，它以價格膨脹後的有價證券做為交易的工具。

　　相對地，在目前企業重整的過程中，交易的主要工具是現金。現金可以透過許多管道取得，但最後結果都相同：用現金買進股票。有些購併是以換股方式來完成，但它們並非此一趨勢的特徵。當時還存在許多的發展，尤其是資產與營運部門的處分，這些都不涉及股票的買、賣；但是以現金購買股票才是目前過程的特徵，而且堪稱反射過程。因此，購併狂潮是根基於股票價值的低估：企業整體的價值必然大幅超過股票的總市值。

　　價值低估起始於第二次石油危機之後，當時透過嚴厲的貨

幣政策聯手壓抑通貨膨脹。在雷根就任總統以及大循環展開之後，更加地增強。

在股票價值相對低估的情況下，我們可以區分出三個因素：經濟的、政治的與賦稅相關的。前兩項因素確定與雷根大循環有關；第三項因素則來自於我們所特有的賦稅制度。我強調這一點是因為它提供了扭曲的因素，而這似乎是反射過程中重要的成分。

只要利息支出可以抵稅，則借現金購併其它企業便有好處，因為這樣做可以節稅。這是融資購併的主要動機之一。其中還涉及許多其它更深奧的賦稅利益，但此處並非探索這些問題的適當場所（註：最顯著者乃所謂的一般實用原則（General Utilities doctrine），它准許購併公司重估資產，以較高的基礎提列折舊；但有幾項賦稅利益已經在1986年的賦稅改革法案中廢除了。利息能夠抵稅的條例則無改變，但公司稅率由48％調降為34％，因此利用借款的賦稅利益也減少了。）

一般而言，股票是根據本益比來評價的。當利率愈高，本益比有走低的傾向。但是盈餘僅是稅前現金流量的一部份，通常是很小的一部份。但是，就被收購的對象而言，現金流量才是決定企業價值的主要衡量標準。因此，傳統的股票評價方法有助於創造收購的機會，尤其是在像大循環的時期則更是如此，因為盈餘欠佳，而且利益相當高。

讓我們看看一家成熟且有相當獲利，卻沒有擴張遠景的公司，亦即所謂的金牛（cash cow）。如果以借來的資金購併這一家公司，其利息可以從稅前盈餘中扣除。只要市場以高於當

時利率水準的貼現率評估其稅前盈餘，就會有部份盈餘，外加自由現金流量，可用來支付貸款。最後，購併公司將擁有一家無負債的公司。這時候，理論上他可以將股票賣給一般大眾，實現資本利得。之後，他可以回過頭來把股票從一般大眾手中買回來，而整個過程重覆。實務上，有幾家先前被融資購併的企業，隨後又以新股面目出現。我不知道這些再上市公司是否有再下市的情形，但我知道有些被融資購併的企業又透過私人交易方式而轉融資。

我們可以發現，在當時的賦稅制度下，金牛特別容易變成融資購併的對象；大循環則展現了始料未及的結果，將許多企業變成金牛。達成該效果的機能是高實質利率與高估的幣值。實質利率高時，持有金融資產比較有利，持有實質資產則比較不利；因此，高實質利率成為一項誘因，使得人們不願意用現金來擴充業務，反而偏好將現金以金融資產的形式加以使用：買進股票或收購其它企業。幣值高估使得產業活動更無獲利空間：出口市場萎縮，且國內市場會遭受進口品的打壓。

高實質利率和高估的幣值結合，成為一項強有力的催化劑。貿易品的製造商處於極大的壓力下；這通常關係到他們的存活。他們的反應是加強鞏固：刪減無法獲利的部門、放棄相對弱勢的業務、而且將業務集中在值得防禦的領域。傳統的態度動搖了，管理階層通常也有變化。企業為了本身追求成長的日子已經過去；自由現金流量與利潤再度躍居重要地位，而過去它們只能在教科書中享有榮耀。管理階層對待業務的態度如同投資基金經理人對待其投資組合。這使得企業重整有了適切的氣氛。

每當收購事件發生，市場價格和購併者評價之間的差距趨於縮小。這帶領我們到該過程中最有趣的特色。有人認為，用現金收購股票會減少價值低估的程度，直到收購行為無利可圖，而整個過程也會停頓。但差距為何未被消除呢？為了回答這項問題，我們必須討論政治因素。雷根政府相信市場機能的魔法。首先，這種信念展現在受管制產業的自由化，但政府的態度也蔓延到企業的一般活動中。

反托拉斯法（anti trust laws）雖然沒有正式改革，但是何謂違反托拉斯法，其解釋則出現劇烈的變化。市場占有率不能再以靜態的觀點來衡量，而必須採用動態的觀點。競爭已經沒有必要保留在某個產業內，因為公司可以跨越產業的界限相互競爭。瓶子與罐子競爭，塑膠產品與玻璃產品競爭，鋁製品與鋼製品競爭。科技進步開闢了前所未有的競爭管道。長途電話服務業便是絕佳的例子：被視為自然的獨佔事業，卻變成高度競爭的市場。此外，美國再也不能視為孤立的市場：國際競爭保護了消費者權益，尤其是在強勢美元之下，而國家利益也迫使美國的生產廠商合併成為少數更堅強的個體。這些在目前看似有效的考量，在未來是否有效，仍是疑問；但是，儘管目前有效，大規模的合併在政治上並沒有遭遇阻礙；就以往的政府來說，這種情形是不允許的。我稱此過程為「美國寡頭深化的現象」（oligopolarization of America）。

在卡特政府執政期間，任何大規模的收購都會引起反托拉斯的調查，調查即使無法阻止交易，也會耽擱交易的時間；奇異電子（General Electric）購買猶他國際公司（utah International）便是一例。一般的看法認為，某個規模以上的企業可

以免於收購的攻擊，也沒有資格從事重大的企業行動。它們生存在生氣停頓之中，管理階層安於現狀，只從事既有的業務。由於此種觀點罕為挑釁，因此未受事實的驗證，只以既存偏頗的形式存在著。這種偏頗表現在股票價值的評估上。一般認為，小型公司遭受公司行動的風險比較高，其股票價格也比較高。在1974年到1979年間，小型股的績效遠超過大型股，小型股投資人都大有斬獲。事實上，企業活動，如融資購併都集中在這類股票。

在1980年之後，出現了逐漸、但可以察覺的變化。交易規模增大，過去認為是免疫者的產業也遭到了攻擊。比如，在幾年前，遭受到圍困的企業通常會收購廣播電台或電視台，做為自衛的方式；目前該產業也成為攻擊的對象。ABC與RCA（它擁有NBC）均被善意地接收了；而CBS在遭受到攻擊之後，也出現了新的控股股東。

趨勢起初並不明顯，當它從一個產業蔓延到另一個產業，於是吸引了投資人的想像，現在它已經充分反應在股價了。1980年以來，相對表現又開始有利於大型股，購併狂潮無疑地有推波助瀾的效果。當過程持續發展到某個程度，預期會超過實體，被購併企業的股票價格阻礙交易的完成。交易前價格與實際交易價格之間的價差已經逐漸縮小，但交易的步調還沒有放緩。購併狂潮創造了其本身的動能，在過程耗盡之前，無疑地還會有交易以不合理的價格成交。

以分析的角度觀察購併狂潮，我們可以將此反射的交互作用歸類為主要的自我破壞或自我修正。如果有自我增強的關

連，則它屬於平行的，而非垂直的：它使受影響企業的數目與規模擴增，而不是把股價拉抬到無法維繫的水準。垂直的或價格的作用相當小。成功的購併者，例如GAF Corp.，取得了更高的股票價格，如果它們能夠成功地募集資金，便可以再吞噬另一家企業。如果過程持續得夠久，被偏愛的公司會出現溢價的評價，而使它們更容易實現期望。梅塞石油公司（Mesa Petroleum）正處於邁向溢價企業的過程，直到Unocal在攻擊中阻止了它向前邁進。另一方面，Esmark則經歷了完整的循環，最初是購併者，後來卻成為被購併的對象。

　　自我增強的關連起初來自於負偏頗的消除。某家公司所做的，另一家企業也應該做得到，受到成功的鼓舞下，人們試圖從事以往認為不可能的事。最後，過度必然發生。為了進一步深究，我們必須觀察其中所涉及的玩家。首先，有合併或收購部門主導企業交易；其次有律師，設計新的攻擊與新的防禦計劃；實際的收購者；信用的提供者；以及套利交易者，他們在交易發生時、或之前，持有股票，而且通常會成為積極的參與者；最後是管制者，其職責在於監督該過程。除了管制者，所有參與者都可以從成功的交易中獲取巨額的利潤。

　　過度的利潤會導致其它的過度現象，尤其牽涉到信用則更是如此。在此詳列這些現象沒有太大的意義。每一筆交易都極富戲劇性，而戲劇是由人類的弱點所構成的。特定事件的描述會呈現出許多錯誤、誇大、濫用、以及若干膽大妄為與傑出的創新。就這方面來說，購併狂潮與其它提供意外之財的行徑並無二致。在某些失敗的案例產生冷卻效果之前，一般偏好仍追逐這種行為。事件涉及大規模的信用時，失敗會有如滾雪球。

我們至少已經擁有這麼一個案例，大套利交易者伊凡‧波艾斯基（Ivan Boesky）被迫出清其部位，也迫使其它交易者跟進。融資購併所累積的債務也引起相當的關切。直到最近，大多數的信用均來自於銀行。如同我們所瞭解的，經歷了國際債務危機，銀行企圖以擴張的方式渡過難關，而融資購併正是現成的市場。但是，管制當局已經開始勸阻銀行切勿從事融資購併的放款業務，這種趨勢甚至發生在兩次大危機之前，即大陸銀行和美國財務公司危機之前。有一段期間，融資似乎有枯竭的現象，而公司活動也確實緩慢下來了。這正是在1984年下半年，即在若干大型石油公司遭到吞噬之後；大選已經逐步接近，如果再發生收購事件，在政治上很可能會顯得尷尬。大選之後，購併狂潮再度湧現動能更形強勁，但主要的資金來源已經從銀行轉到垃圾債券了。轉變最初可能起因於必要——Unocal 控告安全太平洋銀行（Security Pacific Bank）提供信用給其敵對的公司——結果卻變成了技術的改良。垃圾債券更富彈性、更容易安排；它們還可以提供稅負上的若干好處。德萊塞公司（Drexel Burnham）是融通垃圾債券的主導力量，它可以在短時間內籌措幾乎是無限量的資金。

這一切是否會以悲劇收場？我們很難預測。猶如我們所瞭解的，主要的反射關連是自我修正的關連。我們就企業聯合所發展出來的繁榮／崩解模型並不適用於此。該過程在橫掃一切之後，很可能會自我毀滅。一場大災難卻無法排除。其淨效果會是重整的企業引進了大量的負債。有許多情節的發展會導致債務難以維繫。如果大循環反轉，美元貶值，經濟陷入衰退，利率可能會繼續攀升，高負債公司將面臨最糟的情況。在短期的未來，石油價格銳挫，將使負債沈重的石油公司如菲利浦石

油公司（Phillips Petroleum）陷入週轉不靈的窘境。只要出現
重大違約事件，則可能引發垃圾債券持有者的神奇循環。

　　截至目前，購併狂潮尚未對大循環的命運造成明顯的影
響。它會使管理階層更以短期為著眼，而可能降低美國的實質
投資活動，惟截至最近，投資仍然十分強勁。購併狂潮可能創
造了信用需求，促使銀行向國外借款，以便在國內放款；但是
當銀行的角色逐漸消失，國外資本仍然持續流入。如果此處存
在反射的關連，則它太過複雜而無法輕易地確認：就目前而
言，它與美國對國外資本的普遍吸引力有關。

　　另一個比較不利的關連正開始浮現。許多信用運用在企業
的收購；而做為抵押品的資產在處分之後又用於清償信用。這
兩項行為，即將信用做沒有生產力的運用以及出售抵押資產，
都會使目前通貨緊縮的趨勢更加惡化。因此，購併狂潮可能加
速大循環的反轉。

　　假定該過程不會以悲劇收場，那麼它的整體效果是什麼
呢？我們發現好壞參半的結果。企業聯合熱潮的主要活動僅限
於股票市場，購併狂潮則不同，許多變化會發生在實質的世
界。平心而論，企業的獲利能力會提昇，資產會重新佈署，管
理階層會趨於保守。產業會出現寡佔。只要大循環持續存在，
這些變化都是可以預期的，而且可能是維繫許多產業生存的必
要變化。但如果進口的競爭消退之後，在新條件下所認為適當
的變化，可能都變成完全相反（附註，1987年2月：在國外的
價格競爭緩和之後，股票市場開始反應美國「寡頭深化現象」
下所預期的超額利潤）。如果將購併狂潮視為強調過程，則我

們會遭遇到反射互動現象中所蘊涵的問題：調整到什麼？這彷彿是打靶，而標靶卻隨著射擊行為而移動。

即使企業重整可以視為調整的過程，則其放緩速度也有好處。如果步調更緩慢，則由於獲利率下降，交易也會減少。這會是一項改善，因為目前仍有儘可能從事購併交易的傾向，而無法以長期的經濟考量加以合理化。稅法必須承擔主要的責任，但是用別人的資金參與遊戲的人也必須承擔部份責任。英國設有接管審查委員會，它會審核遊戲規則；我們也可以從類似的安排中獲得好處。

就理論層面來說，分析顯示，繁榮／崩解模型並不能夠直接適用於所有的反射過程。銘記教訓，我們現在要提出問題：大循環的最終結果會是什麼？

附註：1986年12月

事實上，購併狂潮持續得比大循環更久。當石油價格跌破10美元，且LTV Corp.違約時，垃圾債券受到了難堪的打擊，但市場很快就復甦了。利率水準下跌時，持有融資購併之股票與垃圾債券的人都獲利頗豐，但垃圾債券的表現不及高評等的債券。1986年的賦稅改革法案（Tax Reform Act）在1987年1月1日生效前出現了反效果，使購併交易的步調加速。

然後發生了波艾斯基事件，震撼了套利界的核心。雖然我們尚不知道整件醜聞的影響，卻很容易想像。調查已經撼動了許多主要玩家，遊戲的方式將會改變。大體而言，購併狂潮所引發的過度投機現象會被消除；但美國企業將持續重整。垃圾

債券的資金淨流入會出現反轉，融資購併的成效也會大幅下降。最重要者，當購併交易生變，就很難再得到融通，而垃圾債券的垃圾面會變得更凸顯。

　　總之，波艾斯基事件並不是企業重整的結果，而是購併狂潮反射層面中定義完善且高度戲劇化的轉折。猶如其它的類似情況，轉折出現之後，尚需一段時間，傷亡才會浮現。購併狂潮的EPICs尚未出現（EPICs是導致馬利蘭社區儲蓄銀行（Community Savings Bank of Maryland）破產的子公司）。

第　Ⅲ　篇

臨場實驗

第十章
起點：1985年8月

　　我們以1984年的大選期間爲起點，開始討論大循環的歷史。截至當時，大循環進行得十分順利，美國經濟與美元持續上揚。世界各國中央銀行都充分瞭解這種情況不健全，終將無法維繫，1984年初，演出了一段插曲，它們與美國行政當局商量，希望壓低美元，但嘗試失敗了，美元持續攀升。經濟持續強勁，甚至克服了利率的微幅上揚。持有以美元計值金融資產的外國人頗有斬獲。以美國爲對象的出口商也是如此。令人非常訝異地，在進口的嚴重壓力下，美國產業卻能夠苦撐，它們不願將工廠移往國外，卻企圖發展高科技產品來維持競爭力。關鍵時機大約出現在1984年最後一季。經濟步調開始放緩，利率也開始下滑，但美元在微幅下跌之後，又繼續飆漲。當時的觀點認爲，美元升值與強勁的經濟與利率差有關。美元拒絕下跌之後，逆勢操作的鬥士終於棄守，匯率也因此一飛沖天。這是壓垮駱駝的最後一根稻草：美國產業開始熱衷進口品，並將製造基地移往海外。強勢美元終於成爲美國的問題。

　　大選之後，美國的經濟政策出現了顯著的變化。財政部長黎根（Donald Regan）與總統顧問貝克（James Baker）互換職位。在此之前，聯邦準備理事會與財政部的觀點極不協調，但現在已經妥協。壓抑大循環已經成爲明確的目標。達成目標的

手段是刪減預算赤字與放寬貨幣政策。美國則鼓勵其主要貿易夥伴採取相反的政策，要求它們從事財政刺激政策，在貨幣政策上卻要採取高利率。美國希望在這些政策的影響下，美元最終會下跌。財政部長貝克甚至在1985年5月舉行波昂經濟高峰會議之前，表示願意討論匯率制度的改革，卻未能推進。他同時未能掌控國會的預算刪減程序；雖然如此，政府顯然已經決定願意接受國會所選擇的預算刪減方案。

美元確實出現下挫，其兌換德國馬克的匯率下跌了15％。隨後，美元呈現穩定的走勢達三個月之久，最近又開始下跌了。截至目前，這項調整不太可能為產業帶來任何重大的紓解。目前的經濟體系可以劃分為兩個部門：貿易財部門處於衰退，其中以資本財部門最疲弱；但服務業與國防部門仍然十分強勁。利率已經重跌，並對經濟產生了刺激作用，只要美元維持在目前的價位，則大部份的刺激將導致進口的增加。更重要者，貿易財部門的獲利壓力將不可能緩和。

未來的展望如何？我們可以提出兩種情節。第一，美元下跌20％到25％，而使貿易財部門得以緩和。雖然通貨膨脹可能稍微上揚，進口品價格的上揚可能可以藉油價下跌來抵消，但經濟復甦將支撐美元不致於過度下跌。這即是所謂平穩著陸（soft landing）的情節。相對於大循環開始之後的任何時間而言，目前該情節的展望十分樂觀，因為政府當局終於瞭解控制此自我增強過程的必要性，並且同心協力要達此目的。我們從自由浮動匯率制度過渡到管理的浮動匯率制度時——和以往一樣未經宣布且未被認知——匯率大幅震盪將趨於緩和是可以想像的。

另一個可能的情節是美元拒絕貶值，而最後崩跌時，會以銳挫的方式實現。起初，外國出口商面對著日趨疲軟的市場時，自行吸收了美元的小幅下挫，而不提高其售價。貿易財部門持續承受壓力，其衰退威脅蔓延到其它部門。聯邦準備理事會決定不讓經濟陷入衰退，因為怕對銀行體系造成嚴厲的後果，於是它不斷將貨幣注入經濟體系，但是大部份的刺激效果卻以進口的形式而漏出到國外。最後，關鍵時刻來臨，這時候，外國人不願意再持有美元，雖然貨幣供給不斷增加，但長期利率仍然上揚，而且美元暴挫，儘管經濟已經完全陷入衰退，通貨膨脹卻有惡化之勢。

這或許稱得上災難式的情節，因為經濟衰退會使極度脆弱的金融結構遭受到考驗，而不會不遭到嚴重的傷害。負債累累的國家才勉強邁入第三階段調整期。對其出口商品之需求一旦轉弱，它們可能被迫退回到第二階段，而且挫折遠超過其所能承受的程度。在國內，調整過程可能更無進展。經濟衰退會降低借款者的盈餘能力；也會壓抑充當抵押品之資產的價格。當銀行試圖清算扣押資產時，它們驅動了自我增強的過程：其它借款人也陷入危機邊緣。這過程已經在石油業與農業中展開了；在經濟衰退期，它會蔓延到經濟體系的其它部門。

這便是我們目前所站的位置（1985年8月）。身為市場參與者，我必須評估事件的可能發展，然後依此做成決策。反射理論發展到目前，並未提供任何明確的預測，卻有助於形成我的觀點。我以前曾經這麼利用它，現在我也嘗試這麼做。

我提出了一項實驗。我記錄當時指引我做成投資決策的觀

點，而在本書的編寫過程中，以臨場為基礎做檢討。本書付梓時終止實驗，讀者便可以判斷結果。如果我的方法有價值，則這可以做為實際的測試。它同時可以加深市場參與者在決策過程中的見解。

我需要對我所管理的投資基金稍作解釋（註：撰寫於1987年元月份）。量子基金是獨特的投資工具：它使用融資；同時運作於許多市場；最重要者，我將它視為自己的資金而加以管理。許多基金都具備上述某種特徵，但是我不知道有任何其它基金同時具備這些特徵。

瞭解融資所扮演角色的最佳方法是先將一般的投資組合視為平順而鬆散的事物，如同其名稱所蘊涵者。融資增添了第三個緯度：信用。平順而鬆散的投資組合因此成了緊密連繫的三度空間結構，其淨值必須用來支撐所使用的信用。

通常，融資基金會將借入的資金視同淨值資本做相同的運用。但是，量子基金則非如此。我們在許多的市場從事操作，而且通常將淨值資本投資股票，融資的部份則投機於商品。此處所謂的商品包括股價指數期貨、債券與外匯。相對於商品，股票通常比較缺乏流動性。將部份淨值資本投資於比較欠缺流動性的股票，發生追繳保證金時，我們因此而能夠避免災難式的崩潰。

在基金管理方面，我將投資概念區分為總體經濟與個體經濟兩種。前者指導我們在各種商品市場——包含股票市場——的風險程度，後者則用於個股的選擇。因此，擁有特定股票具有總體與個體面的意義，因為它會影響基金在股票市場中的總

風險規模，如果持有外國股票，則會影響基金在外匯上的風險。相對地，股價指數或外匯的部位則只有總體面的意義。當然，我們永遠可以透過股價指數和外匯期貨，使股票部位的總體面趨於中和。

就外匯來說，我相信浮動匯率制度代表了存在的選擇：人們無法避免要將淨值資本投資在外幣上，但不就外匯風險做出任何決策也是一項決策——當然，除非有人購買外匯選擇權，在這種情況下便要支付固定的代價避免做出選擇。我所持態度的邏輯性結果是，我覺得必須就外匯做出決策，即使我沒有明確的總體投資概念。結果可能是災難式的。有時候，我羨慕那些比較無知的基金管理同行，他們並不曉得自己所面臨的存在選擇；比方說，在1981年到1985年間，美元持續升值，他們便能夠避免掉我所遭遇的損失。

量子基金結合了股票市場基金與商品基金的若干特色。就歷史面而言，量子基金最初幾乎只從事股票投資；唯有在總體經濟條件日趨不穩定時，債券與外匯的重要性才逐漸增加。過去幾年來，總體經濟的投機變得極其重要。相對於純粹的商品基金，我所使用的融資倍數仍十分節制，在各種市場上的風險可相互平衡，而且投資組合具有融資的效果。

基金在任何方向上的最大風險受制於自設的限制。如果人們以保證金規定做為限制，則無異自找麻煩，因為人們會在最不便利的時刻被迫出清部位。人們需要遠高於保證金規定的安全保證金。安全保證金可以透過觀察未承諾的購買力加以量化，但這並不是可以信賴的衡量方法，因為不同的投資型式具

有差異極大的保證金規定。比方說，大多數的美國股票要求50
％的保證金，國外股票僅需要30％到35％，史坦普期貨則僅需
6％的保證金。在管理融資型基金時，如何限制風險程度是最
困難的問題之一，而且沒有明確的答案。一般而言，我在任何
單一市場的風險程度會儘可能不超過基金淨值資本的100％，但
我會依據當時的思考，調整我對市場結構的定義。比方說，我
會根據當時的判斷，將與大盤無關的股票和與大盤有關的股票
加以合併或分開處理。

圖 10-1

Quantum Fund N.V.			
Date	Net Asset Value Per "A" Share	Change from Preceding Year	Size of Fund
1/31/69	$ 41.25	——	$ ——
12/31/69	53.37	+29.4%	6,187,701
12/31/70	62.71	+17.5%	9,664,069
12/31/71	75.45	+20.3%	12,547,644
12/31/72	107.26	+42.2%	20,181,332
12/31/73	116.22	+ 8.4%	15,290,922
12/31/74	136.57	+17.5%	18,018,835
12/31/75	174.23	+27.6%	24,156,284
12/31/76	282.07	+61.9%	43,885,267
12/31/77	369.99	+31.2%	61,652,385
12/31/78	573.94	+55.1%	103,362,566
12/31/79	912.90	+59.1%	178,503,226
12/31/80	1,849.17	+102.6%	381,257,160
12/31/81	1,426.06	−22.9%	193,323,019
12/31/82	2,236.97	+56.9%	302,854,274
12/31/83	2,795.05	+24.9%	385,532,688
12/31/84	3,057.79	+ 9.4%	448,998,187
8/16/85*	4,379.00	+44.3%	647,000,000

* Unaudited.

一般而言，我對如何保存基金資本的關切遠甚於其近期的獲利能力，因此當我的投資概念似乎能有效運作時，我對自我設定的限制便會傾向於更具有彈性。如何區分資本與獲利並不是簡單的工作，尤其是幾乎所有的資本都包含了累積的獲利。截至實驗開始之前的基金歷史績效，已摘錄如上。我們可以發現，在1985年之前，基金唯有在1980年成長愈倍，隨後便在1981年受挫。

在第一階段的實驗中，基金的投資活動主要圍繞在總體經濟的議題；個體經濟的概念並無顯著的變化，它對基金績效的貢獻也不甚重要。因此，在摘要說明基金的投資態度時，我的重點只會擺在總體面上。在控制期間內，情況有變：特定的投資概念對基金績效的貢獻增大。這符合我對總體面所下的結論，這是從事股票投資的理想時機。既然只有在控制期，個體的概念才顯得重要，因此我不願意談論它們，但有一項例外：我將於第二階段討論有關日本房地產相關股票的投資。

基金所反映的總體面會在每日登錄後，摘要列於表中，而在每一階段實驗結束之後，基金的活動與績效會以圖形表示。控制期的圖形劃分為兩個部份，因為它大約占實驗期間的兩倍長度。所以，圖形可以分割為四段大致等長的期間。

附註：在整個臨場實驗中，日登錄表內所出現的括弧數目從(1)到(6)分別代表：

(1)　包括期貨契約的美元淨值。

(2)　根據前一次報告而來的淨買進（＋）或淨賣出（－）。

(3)　以30年期的公債做為換算標準單位。舉例來說，面值100
百萬美元的四年期公債相當於28.5百萬美元的30年期公
債。

(4)　兩年內到期的國庫券或中期公債；它們也以30年期公債券
做為換算標準（參考附註3）。

(5)　這些債券的波動遠低於美國公債。比方說，在1986年6月
30日，面額一億萬美元日本長期公債的波動約略等於6,62
0萬美元的美國30年期公債。我們並未就此項差異做調
整。

(6)　淨貨幣風險程度包括股票、債券、期貨、現金與保證金，
它等於基金的總淨值（譯按：不包含其它幣別）。美元的
空頭部位代表主要貨幣（與德國馬克相關的歐洲貨幣、日
圓與英鎊）之風險超過基金資本的金額。其它幣別的風險
程度（其中大多數幣別的匯價波動都低於主要貨幣）則另
外顯示。它們與基金之美元風險程度的計算並不相干。

另外，表中所列的淨資產百分率變動是指每一股的數據。量子
基金的總淨值會受到基金申購與贖回的影響，但影響不大。

第十一章
第一階段：1985年8月—1985年12月

實驗起點：1985年8月18日，星期日

近來股票市場採信的論點，認爲貨幣供給快速增加爲經濟轉強的前兆。景氣循環類股開始有所表現，而利率敏感與防禦性股票則受挫。我必須決定採取何種對策。我懷疑上述論點，但我沒有足夠的信念與之對抗。因此，我什麼也不做。我的股票投資組合中，主要包括了企業重整的受益者，以及擁有其本身循環的不動產保險類股。

至於外匯，我傾向於安穩著陸的情節。事實上，我可以設想某種可能：強勁的經濟將促使美元轉強。以目前龐大的投機放空部位，可能促使美元大幅，也可能是暫時地反彈。所以，放空美元並非沒有風險。因此，我大幅降低外匯部位。隨後我會討論其理由，在過去幾天，我重新組合了我的外匯部位。

對於安穩著陸的觀點，我抱持樂觀的看法，因爲美元下跌是主管當局所引發的；如果美元出現無意識地崩跌，則危險就會大增。自從雷根連任總統，政府當局朝向正確的方向前進，彼此之間似乎也呈現較高的合作態度。幾乎所有大循環中的過度現象均處於修正的過程：銀行回歸到較穩健的業務，預算赤字被刪減，利率也在下降。

圖 11-1

Aug. 16, 1985					
	Closing *8/16/85*			*Closing* *8/16/85*	
DM	2.7575		S&P 500	186.12	
¥	236.75		U.S. T-Bonds	76²⁴/₃₂	
£	1.4010		Eurodollar	91.91	
Gold	337.90		Crude Oil	28.03	
			Japanese Bonds	——	

QUANTUM FUND EQUITY $647,000,000
Net Asset Value Per Share $4,379
Change from 12/31/84   +44.3%

Portfolio Structure (in millions of dollars)

Investment Positions (1)	Long	Short	Net Currency Exposure (6)	Long	Short
Stocks			DM-related	467	
US Stocks	666	(62)	Japanese Yen	244	
Foreign			Pound Sterling	9	
Stocks	183		US Dollar		(73)
Bonds (3)			Other		
US Gvt.			Currencies	50	
Short					
Term (4)		(67)			
Long					
Term		(46)			
Commodities					
Oil		(121)			
Gold					

　　我的樂觀受到某種見解的調和，當以往的過度現象被修正，正是風險最高的時期。過度現象是為了滿足某種需求；否則根本就不會出現。過度現象消失之後，系統是否能夠繼續運作？另外，修正的過程可以發展出自身的動能，引發相反方向

的自我增強趨勢。

一切都取決於經濟展望。如果經濟於1985年下半年轉強，則不會有任何問題。即使在1986年再現弱勢，則金融結構已經擁有足夠的韌力渡過難關。無論如何，最終的結果過度遙遠，而與目前的投資決策扯不上關連。

就預測經濟的實際發展來說，我認為我不如專業人士，因為他們擁有更多的資訊可資運用。這就是我對景氣循環類股抱持旁觀態度的理由。

最重要的單一變數是消費者支出。有些專家宣稱，消費者已經被過度延伸；其他專家則認為，只要有充足的資金，則可以仰賴美國消費者的花費。我要根據誰的觀點來判斷呢？我所擁有的競爭優勢是反射理論。這引導我抱持著負面觀點。我認為我們處於信用緊縮期，抵押品的價值正遭受侵蝕。如果消費者不能針對刺激做出反應，這是合理的現象。這是典型的凱恩斯問題：我們將馬匹帶到水邊，可是牠會喝嗎？我需要更多的證據，然後才能就負面發展出我的信念。

最近，我已經感受到這一種訊號。最具說服力的訊號或許是市場行為本身。股票市場表現差勁而令人懷疑。在我宣稱市場永遠有偏頗之後，我又接受股票市場為有效的指標，這或許會令人感到訝異。但是，我也主張市場有使預測實現的方法。

各種經濟報告顯示經濟持續疲軟。比方說，汽車銷售量下降。我不認為這些報告具有任何重要性，因為目前的經濟疲軟已是公認的事實。當通用汽車開始採以低利率促銷，其結果則

更具意義。我對今年穀物收成將創新高記錄的報告十分關切。這意味農業部門將陷入更深的困境、或是支撐農產品價格的資金將會增加。

外匯已經被迫在其交易區間的上檔成交。人們預期德國中央銀行將調降重貼現率，但德國馬克拒絕下跌。8月14日星期三，我決定建立一半的德國馬克部位；而在德國確實調降重貼現率且馬克保持強勢時，再買進其餘的部位。星期四下午，聯邦準備理事會宣布M1貨幣供給大增；M3的增幅比較溫和。債券下跌，我知道我對外匯的觀點即將受到測試。如果傳統的看法占上風，則外匯價格將下跌，因為經濟即將轉強，而且利率會走高。但是，如果潮水逆轉，則貨幣供給增加將會導致美元資產的持有人將部份資金轉移到外匯。事實上，外匯價格並未下跌，我的觀點增強了。

然後出現了其它的證據。星期五，房屋開工率與新建築許可雙雙下降，連棟住宅更是如此。這破除了我對營建業陷入困境的疑慮。在這種情況下，商業不動產的情況將更糟。債券市場反彈，股票市場則持續受到壓力。

我現在願意下賭注了，經濟弛緩將惡化成為經濟衰退：信用緊縮將超過貨幣供給的增加。我懷疑M1與M3之間的背離，乃顯示馬匹並沒有喝水。我已經準備妥當在外匯上建立最大的部位，這包括長期與短期的部位，而且在債券反彈時放空。如果外匯不出現強烈的反應，則我必須更謹慎，而認賠外匯部位中的較短期的部位。

或許有人要問，如果我預期經濟衰退，為什麼要放空債

券？我預期經濟衰退是因爲弱勢美元會導致長期利率上揚。這是大循環進入倒檔的階段。我認爲我放空債券的時機尚未成熟；所以只願意建立小的起始部位。如果美元下跌配合著股票的反彈，我也準備放空股票市場。在外匯與債券部位雙雙有所表現之後，我才準備承擔更多的風險。

　　我的外匯部位絕大部份是德國馬克。我也持有相當數量的日圓，但我認爲日圓的走勢會比較緩和，時間也會稍微落後。我願意解釋其理由。日本的儲蓄率極高，國內的投資意願已經逐漸喪失。將儲蓄投資於國外，日本的生產水準將可繼續超過其國內的消費。這便是日本能夠成爲世界經濟強國的方法：高儲蓄率、持續的出超、以及國外資產的累積，這些因素結合在一起便提昇了日本在國際舞台的權力與影響力。日本非常喜歡大循環，並且希望儘可能延長。這項政策可以從日本官員的談話中驗證：「我們希望美國以世界經濟強權的領導身份持續繁榮，因爲這可以使我們成爲第二號經濟強權」。事實上，日本就像自行車選手，利用美國當做前導車輛：降低風阻。日本希望儘可能地追隨在美國之後，爲了達成目的，它也願意融通美國的預算赤字。日本的長期資本外流從1983年的177億美元增加到1984年的497億美元，而且趨勢持續上升。這是日圓走勢低迷的最重要因素。既然美元趨勢反轉，日圓將因此而兌美元升值，但它可能兌歐洲貨幣貶值。

　　我費了九牛二虎之力才達成這項結論。在1970年代，日本所採取的政策是維持日圓強勢，出口商如果希望從出口獲利，就必須跨越高門檻。這項政策極爲成功，使得日本最具競爭優勢的產業得以發展，並壓抑比較老舊而不具有獲利能力的出口

產業。我曾經這麼認為，當全世界愈來愈不願意忍受日本的出超時，日本可能再一次利用價格機能分配出口，而不會願意限制出口的數量。這意味日本將採行高匯率政策。

我無法察覺目前與過去的基本面差異。在1970年代，國內投資很高，既有的儲蓄需要加以分配；高匯率成為分配資源的有效方法。目前則有超額儲蓄，必須為它尋找宣洩的管道。資本輸出是最佳的解答。抵制日本的出口品仍然是一項障礙，但日本希望藉著提供寬大的信用來克服它。因此，日本願意融通美國的預算赤字。

美國的反應十分曖昧。有些行政單位希望推升日圓；其它單位則希望將美國政府證券出售給日本人。非常諷刺地，資本市場自由化是在美國的壓力下達成的，卻導致目前日本大舉搶進美國公債。美元具有相當幅度的優勢利率差，有時高達6％。一旦閘門開放，日本法人紛紛湧入。美元開始貶值之後，總報酬率變得不太有利，卻不能阻擋日本的投資人。相反地，雖然美元貶值，但他們似乎認為外匯風險仍然很低。相對於美國人而言，日本投資人更具有群居本能。如果他們的偏頗發生變化，則可能出現反方向的大叛逃。但這是非常不可能發生的情況：主管當局將扮演牧羊人的角色，它們會採取必要措施防止大叛逃的發生。如果我的分析正確，它們會維持日圓溫和升值。保持目前對美國公債的既有偏頗。

我也應該解釋我對油價的觀點。油價下跌或多或少是不可避免的。產能遠超過需求，油國組織即將面臨解體。除了沙烏地阿拉伯與科威特，幾乎所有的石油輸出國家組織成員都在掩

量大幅上揚。證據顯示：馬匹畢竟還是喝水了。

圖 11-2

<table>
<tr><td colspan="6" align="center">Sept. 6, 1985</td></tr>
<tr><td></td><td>Closing
9/6/85</td><td>% Change
from 8/16</td><td></td><td>Closing
9/6/85</td><td>% Change
from 8/16</td></tr>
<tr><td>DM</td><td>2.9235</td><td>−6.0</td><td>S&P 500</td><td>188.24</td><td>+1.1</td></tr>
<tr><td>¥</td><td>242.10</td><td>−2.3</td><td>U.S. T-Bonds</td><td>75¹⁶/₃₂</td><td>−1.6</td></tr>
<tr><td>£</td><td>1.3275</td><td>−5.2</td><td>Eurodollar</td><td>91.66</td><td>−.3</td></tr>
<tr><td>Gold</td><td>320.70</td><td>−5.1</td><td>Crude Oil</td><td>27.75</td><td>−1.0</td></tr>
<tr><td></td><td></td><td></td><td>Japanese Bonds</td><td>——</td><td></td></tr>
</table>

QUANTUM FUND EQUITY $627,000,000
Net Asset Value Per Share $4,238
Change from 8/16/85 −3.2%

Portfolio Structure (in millions of dollars)

Investment Positions (1)	Long	Short	Net Change (2) from 8/16	Net Currency Exposure (6)	Long	Short	Net Change (2) from 8/16
Stocks				DM-related	491		+24
US Stocks	653	(65)	−16	Japanese Yen	308		+64
Foreign				Pound Sterling	10		+1
Stocks	163		−20	US Dollar		(182)	−109
Bonds (3)				Other			
US Gvt.				Currencies	45		−5
Short							
Term (4)			+67				
Long							
Term			+46				
Commodities							
Oil		(145)	−24				
Gold							

　　我打算抗拒這些證據，如果進一步追究這些數據，我都可以找到其中的破綻。這裏存在著一項事實：汽車銷售量上升足以說明汽車公司所採取的積極生產計劃發揮了效用。進一步觀察顯示，幾乎所有的就業增加均來自於汽車相關產業。關鍵問題在於：消費者支出的整體情況如何？汽車銷售量是否足以代表消費者行為？或者，其它領域的支出將減少，抵消了汽車銷售量的增加？我們唯有等待到時機過頭時，才會恍然大悟。

　　我暫時仍堅持我對經濟十分疲弱的看法。美元跌幅太小，不足以為製造業紓困。農業情況比以往更糟。營建業雖然可以稍微帶動經濟——營建業主要取決於利率與就業水準——但我認為EPIC破產所代表的信用緊縮與抵押品價值下跌，將使營建業受到壓抑（註：EPIC是馬利蘭社區儲蓄銀行的子公司Equity Planning, Inc）。消費者負債十分沉重，目前汽車銷售量勁升，將減少其未來的銷售量。下個月1986年的新式汽車上市，經濟的局面應該回復到汽車公司以促銷信用條件強迫餵水之前。

　　由於金融結構面面疲弱，聯邦準備理事會不願緊縮信用。如果美元的供給大於外國人所願意吸收的程度，美元仍將恢復跌勢——除非經濟足夠強勁，引導聯邦準備理事會緊縮信用。這又回歸到同樣的問題：經濟的力道。

　　既然無法解決這項問題，我只有接受市場的指示。德國馬克似乎建立了一種型態，它包括了銳漲與重跌，然後回升到跌幅的一半再做盤整。如果型態繼續有效，我們應該處於第二波崩跌的底部末端。該型態符合我對經濟的看法。如果它遭到破

壞，在進一步評估經濟情境之前，我必須刪減一半的外匯部位。如果預期正確，勢必造成損失，因爲我必須追價才能再建立部位；如果預期錯誤，則我所保留的一半部位將出現額外的虧損。這是我在錯誤的時機持有龐大部位所必須支付的代價。

如果我的外匯部位比較安全，則我會考慮在下一次的公債標售期買一些公債，因爲實質利率又上升到無法維繫的地步，尤其是沙烏地阿拉伯如果真的增產石油。

我對長期的展望又開始趨於悲觀。金融結構又承受了額外的傷害。我已經提到EPIC的故事；農業信用制度（Farm Credit System）在公布時便存在著問題；南非的流動性危機形式新的案例，它可能促使銀行在未來面臨類似情況時，採取更迅速的措施。雖然美國經濟展現了勁道，但是我們金融機構的狀況似乎比數週之前更疲弱。

1985年9月28日星期六

我們生活在充滿刺激的時代。上星期天，在廣場飯店（Plaza Hotel）所舉行的五大工業國家財政部長與中央銀行行長的緊急會議，達成了一項歷史性的決議。自由浮動匯率制度正式轉變爲管理浮動匯率制度。在討論外匯市場的反射現象一章中，讀者應該瞭解，我認爲這項變革延宕過久。

在上週日舉行五大工業國家會議之後，我的外匯部位總算渡過了危機，而且呈現出我投資生涯中的傑出斬獲。我大舉投入外匯市場，於星期日晚間（香港的星期一早晨）追加日圓部位，而且在整段上漲行情中緊抱著這些部位。上週的獲利彌補

圖 11-3

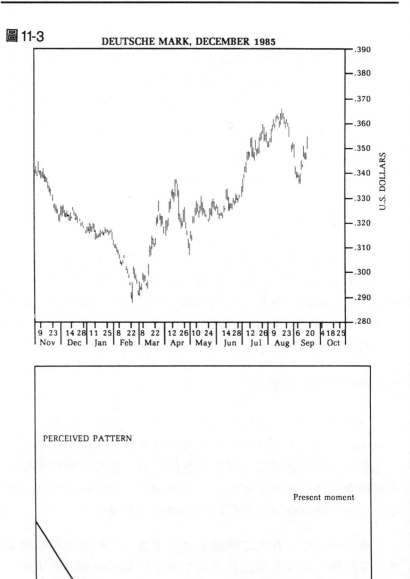

Chart reprinted by permission from the weekly CRB Futures Chart Service. The FCS is a publication of Commodity Research Bureau, a Knight-Ridder Business Information Service. Editorial offices of CRB are located at 100 Church St., Suite 1850, New York, NY 10007. All material is protected by copyright and may not be reproduced without permission.

圖 11-4

Sept. 27, 1985					
	Closing 9/27/85	% Change from 9/6		Closing 9/27/85	% Change from 9/6
DM	2.6820	+8.3	S&P 500	181.30	−3.7
¥	217.24	+10.3	U.S. T-Bonds	75¹⁸/₃₂	+.1
£	1.4190	+6.9	Eurodollar	91.71	+.1
Gold	328.40	+2.4	Crude Oil	28.93	+4.3
			Japanese Bonds	——	

QUANTUM FUND EQUITY	$675,000,000
Net Asset Value Per Share	$4,561
Change from 9/6/85	+7.6%
Change from 8/16/85	+4.2%

Portfolio Structure (in millions of dollars)

Investment Positions (1)	Long	Short	Net Change (2) from 9/6	Net Currency Exposure (6)	Long	Short	Net Change (2) from 9/6
Stocks				DM-related	550		+59
US Stocks	530	(85)	−143	Japanese Yen	458		+150
Foreign				Pound Sterling		(44)	−54
Stocks	142		−21	US Dollar		(289)	−107
Bonds (3)				Other			
US Gvt.				Currencies	16		−29
Short							
Term (4)							
Long							
Term		(77)	−77				
Commodities							
Oil		(176)	−31				
Gold							

了我過去四年在外匯交易上累積的所有虧損，除此之外尚有相
當的利潤。

　　我堅持外匯部位的勇氣來自於股票市場的明顯弱勢。美元
強勢取決於經濟的力道。股票價格下跌對消費者的支出決策與
企業界的投資決策，都會構成重大的影響。另外，如果經濟要
出現衰退，它將來自於抵押品價值的下跌，而股票市場是抵押
品最重要的蓄水庫之一。

圖 11-5

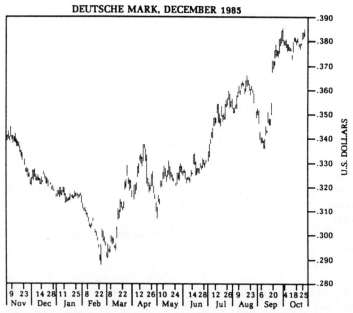

Chart reprinted by permission from the weekly CRB Futures Chart Service. The FCS is a publication
of Commodity Research Bureau, a Knight-Ridder Business Information Service. Editorial offices of CRB
are located at 100 Church St., Suite 1850, New York, NY 10007. All material is protected by copyright
and may not be reproduced without permission.

德國馬克勉強維持其先前的型態，我的神經則受到痛苦地煎熬，但在五大工業國家集會前，馬克配合先前的型態向上揚升。我樂於向各位報告，市場對會議的反應使先前的型態向上突破。歷史事件會破解既存的型態，而會議當然稱得上是歷史事件。

會議的安排是由美國財政部所召集。聯邦準備理事會稍後才參與其事。會議的主要目的是紓解強大的保護主義壓力。它是一次緊急會議，因此事先並未規劃廣泛的政策。但是，會議已經有了承諾，隨後即有相關的政策。至於如何管理外匯，仍有待觀察。市場干預僅能在短期內有效：它還需要其它措施的支持。根據我個人的看法，日本必須承擔大部份的工作。在日本，中央銀行仍有充分的權威與影響力，大致上可以隨心所欲地操縱日圓；但是，為了維持日圓強勢，政府當局必須抑制資本外流，並透過減稅或／與增加政府支出的方式，規劃儲蓄運用在國內。另外，必須採取有效的方法廢除進口的非關稅貿易障礙。如果沒有充分的配合措施，則難以維繫日圓升值。

歐洲貨幣所面臨的問題則大不相同。投機性資金的規模比較大，中央銀行的影響力比較有限。馬克的漲幅遠低於日圓，顯示投機客與流動資產的持有者對新制度的重要性仍然心存疑惑。如果馬克繼續升值，則如何緩和該趨勢將成為難題。如果伏克在星期天花費大部份時間，不是用在商討如何壓低美元，而是在商討如何緩和美元的跌勢，這一點也不會令我覺得訝異。

會議之後，我的注意力集中在日圓，因為就保護主義的情

緒而言，日圓是關鍵貨幣，但如果干預政策奏效，則我更看好德國馬克的長期後市。日圓會升值到某一個合理的水準，例如200日圓兌1美元，但馬克可能變得高估。終究而言，真正的關鍵可能在黃金，如果美國經濟衰退，情況更是如此。

股票的表現比我所預期的還要糟糕。事實上，在五大工業國家會議之後，我買進S＆P期貨做短線交易，但我必須認賠出清部位。整體而言，市場表現顯得不祥。抵押品價值的侵蝕似乎比幾個月之前的預期更嚴重。即使目前所採取任何措施，也需要一段時間才能發揮紓解的功能，因此我相信經濟會陷入衰退。我也相信有新措施將陸續公布。如同保護主義的壓力導致匯率制度的變革，實質利率高居不下的壓力也可能促使十一月份舉行的高峰會議達成重大的限武協定，並使國際緊張關係得以緩和。我擔心未來六個月的情況，但就未來的政策展望而言，我認為目前是大循環以來最適合採取積極政策方案的時機。平心而論，我不認為有必要對股票市場採空頭姿態，但我覺得保持流動性很有好處，我也希望有多一些現金。

在石油方面，走勢不利於我的空頭部位。蘇聯減少石油輸出，卡哈島（Kargh Island）的生產幾乎完全停頓。我決定回補三月與四月的空頭部位，做多一月份的契約。最大的折價出現在目前與一月的契約之間。保留未平倉的空頭部位變得十分昂貴。買進一月份的契約之後，我實際上可以凍結時間的運行；我希望稍後再建立空頭部位。

1985年10月20日星期日

圖 11-6

<table>
<tr><th colspan="6">Oct. 18, 1985</th></tr>
<tr><th></th><th>Closing
10/18/85</th><th>% Change
from 9/27</th><th></th><th>Closing
10/18/85</th><th>% Change
from 9/27</th></tr>
<tr><td>DM</td><td>2.6265</td><td>+2.1</td><td>S&P 500</td><td>187.04</td><td>+3.2</td></tr>
<tr><td>¥</td><td>214.75</td><td>+1.1</td><td>U.S. T-Bonds</td><td>76²²⁄₃₂</td><td>+1.5</td></tr>
<tr><td>£</td><td>1.4290</td><td>+.7</td><td>Eurodollar</td><td>91.80</td><td>+.1</td></tr>
<tr><td>Gold</td><td>362.80</td><td>+10.5</td><td>Crude Oil</td><td>29.52</td><td>+2.0</td></tr>
<tr><td></td><td></td><td></td><td>Japanese Bonds</td><td>——</td><td></td></tr>
</table>

QUANTUM FUND EQUITY	$721,000,000
Net Asset Value Per Share	$4,868
Change from 9/27/85	+6.7%
Change from 8/16/85	+11.2%

Portfolio Structure (in millions of dollars)

Investment Positions (1)	Long	Short	Net Change (2) from 9/27	Net Currency Exposure (6)	Long	Short	Net Change (2) from 9/27
Stocks				DM-related	680		+130
US Stocks	522	(148)	−71	Japanese Yen	546		+88
US Index				Pound Sterling		(72)	−28
Futures		(121)	−121	US Dollar		(433)	−144
Foreign				Other			
Stocks	152		+10	Currencies	34		+18
Bonds (3)							
US Gvt.							
Short							
Term (4)							
Long							
Term			+77				
Commodities							
Oil		(37)	+139				
Gold							

外匯市場盛傳本週末或日本首相中曾根康弘（Yasuhiro Nakasone）訪美期間，有關當局會宣布緊急措施。我不打算理會這些謠言。事實上，我利用最近的美元強勢，稍微減少了我的美元空頭部位。我準備在政府公債標售期間再增加。

五大工業國家會議之後，財政部與白宮之間以及財政部與聯邦準備理事會之間，出現了許多磨擦，媒體就此有些報導。政客似乎贊成在外匯市場採取「骯髒的干預」（dirty intervention），聯邦準備理事會卻虔敬地發行等額的國庫券沖銷其所拋售的美元。政客認為，沖銷式的干預沒有長期效果，但是所拋售的美元如果能增加貨幣供給，則美元勢必下跌。伏克則認為沒有必要如此積極，因為美元無論如何都會貶值。如果市場充斥美元，則美元可能直線墜落而失控。伏克似乎比較關心如何防止美元崩跌，而不太在意引導美元下跌，我非常同情他的立場。

如果我處在他的職位，我會在公債標售完成前維持利率的穩定，賣美元給外國人供他們購買政府證券，而在標售完成之後調低利率。如此可以確保標售的成功，而且在美元大跌時，能提供我足夠的籌碼控制美元的跌勢。經濟非常疲弱，利率與美元都需要壓低。為等待公債標售之後的調降利率，我會以事後看起來不差的價格大規模而竭力地拋售美元。

這個觀點促使我在目前買進一些美元。如果利率沒有立即調降，市場會失望，而讓聯邦準備理事會以高價拋出美元。這時候，我希望進一步增加我的空頭部位。我也有意在公債標售時買進一些債券，除非價格太高。在股票市場，我雖然沒有採

取主要的動作，但我稍微翦除了多頭部位，並且增添了空頭部位，直到我的市場風險程度略微降低，但以實際金額來說，我的多頭部位仍遠超過空頭部位。我正在增加德州與加州銀行的空頭部位。

1985年11月2日星期六

我對時效的拿捏發生錯誤。我的美元空頭部位表現得不錯，但是當日本中央銀行調升短期利率卻令我和其它市場同感訝異。我將這種現象視為新階段的開始，五大工業國家對匯率的影響方式，將不僅採用直接干預，而且也配合利率的調整。因此，我投入日圓市場。日圓走勢發動時，我買回我先前賣出的德國馬克。該筆交易發生虧損，結果卻增加了我所希望建立的部位。以目前的價位來看，這筆交易已經得到利潤。

在趨勢的進行中增加風險程度似乎有些不妥當，因為趨勢一旦出現短暫的反轉，就容易造成傷害。我仍記得，在實驗剛開始時，趨勢反轉便幾乎迫使我在錯誤的時機吐出我的外匯部位。雖然如此，我仍然願意增加風險，理由是我相信反轉的機會不大。關於自由浮動匯率制度，我建立了通則，轉折點的價格振盪最嚴重，趨勢一旦出現，振盪便會緩和。我們已經不再處於自由浮動匯率制度之下，這項事實使得趨勢反轉的風險更低。市場參與者尚未察覺新規則；他們所願意承受的風險程度係受到他們過去對價格波動經驗的影響。我的情況也是如此，否則我會在更早建立起目前的風險水準，而且獲利也可以提昇。當所有參與者都經過調整，遊戲規則將會再度改變。如果有關當局能夠妥善地處理情況，則外匯投機將呈現合理的報酬

圖 11-7

				Nov. 1, 1985			
	Closing 11/1/85	*% Change* *from 10/18*			*Closing* 11/1/85	*% Change* *from 10/18*	
DM	2.5910	+ 1.4		S&P 500	191.48	+ 2.4	
¥	208.45	+ 2.9		U.S. T-Bonds	78²³⁄₃₂	+ 2.6	
£	1.4415	+ .9		Eurodollar	92.07	+ .3	
Gold	326.10	− 10.1		Crude Oil	30.39	+ 2.9	
				Japanese Bonds	92.75		

QUANTUM FUND EQUITY $759,000,000
Net Asset Value Per Share $5,115
Change from 10/18/85 + 5.1%
Change from 8/16/85 + 16.8%

Portfolio Structure (in millions of dollars)

Investment Positions (1)	Long	Short	Net Change (2) from 10/18	Net Currency Exposure (6)	Long	Short	Net Change (2) from 10/18
Stocks				DM-related	630		− 50
US Stocks	546	(148)	+ 24	Japanese Yen	813		+ 267
US Index				Pound Sterling		(88)	− 16
Futures		(46)	+ 75	US Dollar		(596)	− 163
Foreign				Other			
Stocks	209		+ 57	Currencies	34		0
Bonds (3)							
US Gvt.							
Short							
Term (4)	28		+ 28				
Long							
Term	456		+ 456				
Commodities							
Oil		(186)	− 149				
Gold							

與風險。最後，投機行為會因為缺乏報酬而消寂，有關當局則達成了目標，而這也是我停止投機的時候。

我也錯失債券的起漲。當日本調高利率而德國小幅跟進，市場認為美國利率勢必下跌時，債券價格在預期中上揚了。安排妥當標購公債的計劃也因此胎死腹中。我只得順勢追價、盡我所能跳上列車。截至目前，我以不甚理想的價格建立了一半的部位。我打算在十一月份的標售加倍部位。我也必須考慮提高我在股票市場的風險，我將解釋其中的理由。

這是重新評估整體展望的適當時機。由於葛拉姆—魯特曼修正案（Gramm- Rudman amendment）所引發的爭議明確顯示了民意偏向於刪減預算。葛拉姆—魯特曼修正案是一項傑出的設計，它讓總統有權刪減先前所無法碰觸的計劃。刪減預算將於1986年大選之後生效。眾議院更進一步堅持，刪減應該由本會計年度開始，而且國防支出必須大幅刪減。就1986年的大選來說，參議院的版本對共和黨比較有利；民主黨眾議員卻用免除許多社會福利計劃來翻案，並將生效日提前。白宮進退兩難：它必須處理預算赤字，以便為降低利率舖路，但是在1986年大選之前增稅乃自殺行為。有一個脫困的方法：即在高峰會議上與蘇聯達成協議並裁減國防支出。預算的問題可以解決，且共和黨能夠以和平之黨的名義來參與1986年的大選。雷根對此解決方法是否有興趣，則尚待觀察。

如果方案能夠通過，我們將進入利率與美元雙雙走低的大繁榮，而股票市場也將看好。這些措施引發的熱烈情緒有助於經濟的運作，而最近在漢城舉行世界銀行年會所提議的貝克計

劃（Baker Plan）也要求協助債務沉重的國家免於瓦解。購併
狂潮會因為利率走低而得到最後一次的推動，但最終仍將失去
動力，因為股票價格走高將使新的交易變得不划算。由於企業
重整有利，企業獲利在良性的環境下將激增，加上淨值資本萎
縮已經發生，股票價格可能試探新高。最後，隨著不划算合併
交易的瓦解，繁榮之後出現了崩解，而國際債務問題將再度浮
現，但是股票價格在崩盤之前會先上漲。這便是我考慮增加股
票市場風險的理由。

真理的時刻已近。如果雷根錯失良機，後果可能十分嚴
重。我們正徘徊在經濟衰退的邊緣，而且我們同時需要低利率
與弱勢美元，以便防止信用問題的浮現。即便如此，我們可能
還需要許多的貨幣刺激才能推動經濟。美元貶值需要一段時間
才能緩和進口的競爭。最初，物價上揚的預期會將需求導向進
口產品。唯有短期利率劇降，伴隨著債券與股票價格上揚，才
能及時激發情緒防止經濟衰退。如果沒有葛拉姆—魯特曼修正
案，債券市場的表現可能令人失望，聯邦準備理事會也將因此
而不願意積極地調降利率，而抵押品價值的下滑將持續下去。

國際錫會議（International Tin Council）的瓦解便是抵押
品價值流失的良好例證。石油輸出國家組織的瓦解也只是時間
的問題。我增加了一月份與三月份交割的石油空頭部位。同
理，我正在買進煉油類股，因為石油產量增加可以提升它們的
獲利。就整體情況而言，未來數週即可分曉。高峰會議將於11
月19日舉行，預算赤字的辯論也必須在下一次公債標售之前解
決。這便是我決定在公債標售時才建立債券部位的理由。

1985年11月9日星期六

　　我對外匯的觀點正在接受測試。日圓劇揚之後，星期四大幅反轉。我得知德國中央銀行在2.60馬克以下的價位買進美元，但星期五又在2.645馬克的價位拋售美元。根據我個人的看法，市場中並沒有太大的風險，於是我拒絕恐慌。

　　債券市場準備向上突破。公債期貨有相當大的選擇權部位將於下星期五到期。如果期貨價格能在此之前上漲到80以上，則我打算拋出部份或全部的部位，因為我認為行情十分脆弱。在11月19日的高峰會議之前，白宮無法就預算案取得妥協，而民主黨議員一直乘勝追擊。這意味下週將仍陷於僵局，一旦僵局打開，隨之將舉行公債標售。我十分樂於獲利了結，使我在標售時有更強的買進力量。

　　股票市場也十分強勁。雖然持續有背離，但星期五的成交量擴大了。債券的突破可能和股票市場暫做頭同時發生，然後才會拉回整理。我希望利用機會來回補空頭部位，準備建立多頭部位。如果價格不拉回，我將認賠空頭部位，而且如果高峰會議十分成功，我將以更高的價格做多。

1985年11月23日星期六

　　市場行情一直先我而行。在高峰會議之前，股票與債券雙雙上揚，我所等待的公債標購機會也沒有實現。我不但沒有賣出我所持有的債券，反而增加了部位，而且買進一些股票指數期貨，因為我不希望戰術上的錯誤使我錯失戰略上的機會。

圖 11-8

Nov. 8, 1985					
	Closing 11/8/85	*% Change from 11/1*		*Closing* 11/8/85	*% Change from 11/1*
DM	2.6220	− 1.2	S&P 500	193.72	+ 1.2
¥	205.50	+ 1.4	U.S. T-Bonds	79²¹/₃₂	+ 1.2
£	1.4170	− 1.7	Eurodollar	92.14	+ .1
Gold	324.20	− 0.6	Crude Oil	30.45	+ .2
			Japanese Bonds	93.70	+ 1.0

QUANTUM FUND EQUITY $782,000,000
Net Asset Value Per Share $5,267
Change from 11/1/85 + 3.0%
Change from 8/16/85 + 20.3%

Portfolio Structure (in millions of dollars)

Investment Positions (1)	Long	Short	Net Change (2) from 11/1	Net Currency Exposure (6)	Long	Short	Net Change (2) from 11/1
Stocks				DM-related	654		+ 24
US Stocks	569	(127)	+ 44	Japanese Yen	806		− 7
US Index				Pound Sterling		(86)	+ 2
Futures			+ 46	US Dollar		(592)	+ 4
Foreign				Other			
Stocks	206		− 3	Currencies	42		+ 8
Bonds (3)							
US Gvt.							
Short							
Term (4)	82		+ 54				
Long							
Term	498		+ 42				
Commodities							
Oil		(187)	− 1				
Gold							

　　我同時也建立了相當規模的日本債券期貨部位。這是新的市場，以往對它並沒有經驗，但我的競爭對手必然更缺乏經驗。日本政府調高短期利率時，日本債券期貨市場崩跌（由102跌到92）。經驗告訴我，長期債券的最佳買進機會是殖利率曲線發生逆向時──日本目前的情況便是如此。日本利率上揚必屬短暫現象：五大工業國家希望刺激全球經濟活動，而不是要壓抑它。美國調降利率會得到其它主要工業國家的配合，只要它對匯率的衝擊維持中性，則利率的調降幅度可能遠大於目前所能夠想像者。我基於相同理由而下注於日本與美國，但日本的勝算似乎更大。

　　我現在已經把資金全數投入各個市場：股票、債券與外匯。如果我的精心設計奏效、或者說如果我沒曾精心計劃過，那麼我可能取得更好的價格──但重點是：我達成我所希望的組合。我雖然還在尋找機會將債券轉換爲股票，但我認爲進一步提高整體風險水準並不是謹慎的做法。

　　事件的發展大致上依據我的預期。唯一的問題是葛拉姆─魯特曼修正案。國會同意讓負債上限延長一個月，好讓公債標售得以遂行，但葛拉姆─魯特曼的命運仍在未定之天。

　　高峰會議完全符合我的預期。我相信美、蘇關係的激變正在醞釀。雙方都需要刪減軍事支出，更密切的合作可以使雙方均霑利益。機會就在那裏，雷根總統也攫取了。雷根並未在星戰計劃（Star War）中讓步，卻能夠開啓國際關係低盪的時代，且不會承擔出賣美國利益給蘇聯的罵名。在這種氣氛下，葛拉姆─魯特曼修正案成了有效的機能，能夠名正言順地刪減

軍事支出。最能夠被刪除的軍事預算是退休金———史脫克曼（Stockman）在離職之前曾就此議題提出熱烈的請求———而葛拉姆—魯特曼則充當完美的藉口。我預料付諸實施的葛拉姆—魯特曼修正案將是相當嚴格的版本———更類似於眾議院的版本，而非參議院的版本。和數週之前相比，目前它並不會損及共和黨在1986年大選的勝算。

葛拉姆—魯特曼通過後將立即宣布調降重貼現率。這便是目前我接受債券最大風險水準的理由。我瞭解公債標售之後，市場可能會有點消化不良，但如果我的分析正確，則仍有投入債券市場的理由。

在重貼現率調降之後，我打算降低債券的風險程度，而增加股票的部位。股票的上檔空間大過債券。如果經濟出現反彈，則股票的表現會優於債券。如果經濟持續低迷不振，則短期利率可能進一步調降，其幅度可能比目前的預期更大，但美元也會因此而承受到相當大的壓力，殖利率曲線將變得更為陡峭。我們必須記住，相對於歐洲貨幣，國際關係緩和是美元的利空因素。如果有人打算停滯在債券市場，則適當的立場是空方。

股票市場可能立刻要展開大多頭行情。製造業公司蒙受價格低迷與需求不足的雙重打擊。不利的條件造成了美國企業界大規模的重整。許多企業都被收購或融資購併所吞噬。殘存的企業都已勒緊腰帶，處分其虧損的部門，刪減其管理費用。產能不增反減，股票籌碼集中在少數人手中。美元貶值使產品訂價的壓力逐漸鬆弛；需求一旦增加，最壞的情況就會打住。利

圖 11-9

Nov. 22, 1985					
	Closing 11/22/85	% Change from 11/8		Closing 11/22/85	% Change from 11/8
DM	2.5665	+2.1	S&P 500	201.52	+4.0
¥	201.00	+2.2	U.S. T-Bonds	80²⁷/₃₂	+1.5
£	1.4640	+3.3	Eurodollar	92.02	−.1
Gold	326.90	+.8	Crude Oil	30.91	+1.5
			Japanese Bonds	94.80	+1.2

QUANTUM FUND EQUITY	$841,000,000
Net Asset Value Per Share	$5,669
Change from 11/8/85	+7.6%
Change from 8/16/85	+29.5%

Portfolio Structure (in millions of dollars)

Investment Positions (1)	Long	Short	Net Change (2) from 11/8	Net Currency Exposure (6)	Long	Short	Net Change (2) from 11/8
Stocks				DM-related	668		+14
US Stocks	664	(83)	+139	Japanese Yen	827		+21
US Index				Pound Sterling		(87)	−1
Futures	126		+126	US Dollar		(567)	+25
Foreign				Other			
Stocks	251		+45	Currencies	40		−2
Bonds (3)							
US Gvt.							
Short							
Term (4)	105		+23				
Long							
Term	969		+471				
Japanese							
(5)	354		+354				
Commodities							
Oil		(214)	−27				
Gold							

率下降與通貨膨脹趨緩會使既定的盈餘水準更有價值。在前一段期間，工業類股的價格都低於其清算價值，但我是可能即將進入股價呈現溢價的時期。但是，在此之前，我們很可能再經歷另一波的收購熱潮，而它是由利率下降所引發的。

第一階段結束：1985年12月8日星期日

這可能是結束臨場實驗的好地方。我在各個市場承受了最大的風險水準，我也宣佈我打算將債券逐漸轉換爲股票，但得在謹慎的限制之下。目前，我的股票部位大部份是指數期貨。隨著時間，我將試圖發展特定股票的投資概念，我的投資績效也會愈來愈受到這些概念之有效性的影響。除此之外，如果進一步細述我的投資活動，則會偏離實驗的主題，亦即，預測大循環的未來。我將繼續定期的日記，惟目的在於控制，而非預測。換言之，我目前希望「凍結」（freeze）我對大循環前途的預期，而讓它接受事件的測試。當然，在我認爲適宜時，我仍會變動我的投資組合。

從我所願意承擔的風險水準判斷，我對未來事件的發展有極堅定的信念。在實驗開始時，我曾經說過，我的水晶球對未來長期的展望被雲霧所籠罩。實驗帶來明顯的轉變：我對未來已經有了相當清晰的看法，而此看法與當初我所持的短暫觀點差異極多。我當初認爲大循環是權宜之計，其內部矛盾將使它無法延續，而我的前題是大循環所欲解決的問題會在它解體之後，以更兇猛的氣燄捲土重來。明確地說，大循環是信用擴張期一種人爲的延伸，其中美國政府扮演了：「最後借款者」的角色。當大循環無法再大量吸引國外資本，則刺激經濟的最後

圖 11-10

Dec. 6, 1985						
	Closing *12/6/85*	*% Change* *from 11/22*			*Closing* *12/6/85*	*% Change* *from 11/22*
DM	2.5115	+2.1	S&P 500		212.02	+5.2
¥	202.10	−.5	U.S. T-Bonds		83²⁸/₃₂	+3.7
£	1.4425	−1.5	Eurodollar		92.33	+.3
Gold	322.30	−1.4	Crude Oil		28.74	−7.0
			Japanese Bonds		99.21	+4.7

QUANTUM FUND EQUITY　　$867,000,000
Net Asset Value Per Share　$5,841
Change from 11/22/85　　　+3.0%
Change from 8/16/85　　　+33.4%

Portfolio Structure (in millions of dollars)

Investment Positions (1)	Long	Short	Net Change (2) from 11/22	Net Currency Exposure (6)	Long	Short	Net Change (2) from 11/22
Stocks				DM-related	729		+61
US Stocks	724	(72)	+71	Japanese Yen	826		−1
US Index				Pound Sterling		(119)	−32
Futures	368		+242	US Dollar		(569)	−2
Foreign				Other			
Stocks	271		+20	Currencies	33		−7
Bonds (3)							
US Gvt.							
Short							
Term (4)	90		−15				
Long							
Term	661		−308				
Japanese							
(5)	300		−54				
Commodities							
Oil		(150)	+64				
Gold							

一座引擎便熄火了，而信用緊縮將造成無法支撐的情況。如果貨幣供給不能大幅擴張，則債務負擔將無法忍受；貨幣供給若大幅擴張，則美元會呈現自由落體的跌勢。

目前，我開始歸納出另一項短暫解決方法的雛型，它可以解決大循環的過度現象，而不致於使我們陷入惡性循環。解決方法是由美國以貨幣刺激政策取代財政政策，並透過國際合作防止美元下跌。新結構與大循環完全相反：弱勢美元與疲弱的經濟，伴隨著低的預算與貿易赤字，而最重要的是低利率。由於美元貶值，物價水準上升的速度將快於先前的時期，這將促使實質利率出現更明顯的變化。實質利率下跌、加上出口的可能增加，兩者將取代預算赤字而成為經濟的主要驅動力量。物價上漲可以彌補抵押品價值的侵蝕，並防止自我增強，通貨緊縮過程的發展。同時，透過經濟政策的協調，美元跌幅將可以侷限在某個範圍之內，因此而消除自我增強、通貨膨脹過程的可能性。相對於布列敦森林瓦解之後所經歷的經濟情況，結果將是更穩定的經濟體系。

利用先前所採用的符號，我們可以把新體系的關鍵關係描述如下：

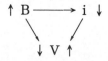

因為匯率趨於穩定，所以情況會比大循環更單純。利率的調降幅度取決於防止經濟滑入衰退所需要的刺激程度。

　　雖然新結構與大循環幾乎完全相反，但兩者之間存有一項重要差異。新結構是協調式經濟政策所計劃的結果，大循環則是衝突式經濟政策所始料未及的後果。大循環會自我增強，直到它呈現出過度，終致反轉；而反轉也會自我增強，除非它有計劃地被控制。控制機能首重匯率的管理，其次是貨幣與財政政策的協調。

　　在實驗過程中，協調式經濟政策的出現使我改變了我的預期。我知道這種政策出現的可能性，而且我強調在雷根第一任與第二任執政期間的差異。在從事實驗的三個月內，發生了數起歷史事件，它們將單純的可能性轉化成為歷史的事實：五大工業國家會議、貝克在漢城的演講、葛拉姆—魯特曼修正案以及日內瓦高峰會議。

　　新經濟方向的出現令人迷惑，以致於無法擬定實際政策所構成的措施。五大工業國家僅承諾遵循協調式的匯率政策，但未同意該政策的內容；解決國際債務問題的貝克計劃當然不是一項計劃，而只是宣布了計劃的必要性；高峰會議可能是規範超級強權之間關係的新里程碑，但未獲得實質結果；葛拉姆—魯特曼修正案在本文撰寫時，其命運仍然未定。

　　實際的政策尚待擬定。政策的功效一方面得取決於政策制定者的遠見，但主要得取決於必然的壓力。此處所謂的必然乃定義為保存金融與貿易制度完整的需要，換言之，即防止信用崩潰並壓抑保護主義。這項定義十分高尚：它並不排除個別的無力償債或特殊貿易限制的案例；關鍵在於無力償債與保護主義不可以到達自我增強的地步。

　　距離成功仍十分遙遠。過去的經驗不令人振奮。類似情況
曾經出現在1930年代，導致了信用與國際貿易的瓦解。但是，
正因爲1930年代的記憶猶新，我們很可能可以避免觸犯類似的
錯誤。若干政策目標已經獲得普遍的認同：控制美元下跌與協
調調降利率。其它問題則比較沒有共識：如何刪減美國的預算
赤字以及如何刺激債務國的經濟。即使是普遍認同的目標，一
致的行動也很難達成。比方說，日本必須調高利率，因爲美國
無法及時解決預算赤字的問題。在缺乏共同目標的領域內，如
何讓人能夠相信會採取適當的行動？

　　顯然地，情況並非沒有風險，而且我們即將瞭解，短期內
的風險最大。正因爲風險極高，嚴重程度受到認同，使人相信
將會採取必要的措施。並非只有我持這種觀點：金融市場已經
明確地爲新政策的出現背了書。債券與股票價格的上漲具有兩
方面的功能：它鼓勵主管當局繼續推行已經著手的行動，也提
高了成功的機會。比方說，債券市場的強勁力道使聯邦準備理
事會擁有更大的利率調降空間。我們正在處理反射過程，其中
經濟政策的方向與金融市場的方向會相互強化。

　　金融市場的反應使我有勇氣承受如此高的市場風險。我仍
記得外匯的案例，趨勢變化不明確時，我十分傾向於試探，而
當市場不利於我，我幾乎要放棄我的部位。事實上，臨場實驗
是幫助我堅持在場內的工具，因爲清楚地看到我觀點的成形強
化了我的信念。我在市場上的成功，使我對進一步預測事件發
展的能力更具有信心。1985年是量子基金破記錄的一年：一年
之內增值超過100％是令人陶醉的。我必須小心。利用反射的概
念預測未來事件的進展，其本身也是反射的過程，高度成功通

常是嚴重挫敗的前兆。從實驗中可以明顯地發現，我的認知是片面的，而且會被事件加以修正。如果我從一開始便非常重視長期的預期——更糟的是，如果我對外公布——則我可能陷自己於嚴重的挫敗。這是我所有意要預防的。當我們進入實驗的控制階段，我目前的遊戲計劃能保留多少，是一項有趣的問題。

事實上，相對於預測目前所擬定政策的最終結果，在此時保有高市場風險並不危險。只要有意肩負起世界經濟問題，這項事實便足以推動金融市場，即使結果令人失望，失敗也需要一段時間才會彰顯；而協調式政策的嘗試也足以暫時維繫目前的上漲行情。最終的結果則是另一回事。事件的發展未必保證符合市場的預期。我必須警覺，不可以讓我對多頭市場的信心影響我對現實世界的判斷。我在市場的涉足程度使我難以維持對未來的看法。

我將嘗試以兩種不同的方法評估大循環的未來：一是判定目前上漲行情所涵蓋的「論點」，並評估其成功的機會；第二，在我試圖建立之信用擴張與收縮的理論架構中，判定目前所處的位置。這兩種方法均運用了反射的概念，但前者與金融市場所蘊涵的反射密切相關，後者則探索信用與抵押品價值之間的反射關連。當然，我對第一種方法比較有把握。

經濟基本面十分疲弱且無通貨膨脹壓力，我相信這是市場所持的見解。今年夏初，景氣循環類股的短暫漲勢已經耗竭，而股價仍未突破先前所創的高點。該漲勢是基於錯誤的預期，認為經濟即將轉趨活絡，且該漲勢所涵蓋的範圍很窄：景氣循

環類股雖然上漲，其它類股仍然下跌。隨後，大盤走跌，但跌勢受到購併與庫存股等活動的支撐。商品也創新低，其表現落後目前的經濟復甦。相對於外匯，金屬的表現尤其差勁。

與稍早的追逐景氣循環類股相比，最近股票市場的漲勢比較具有寬廣的基礎；在美元貶值之後，它緊跟著債券市場的上漲而揚升。顯然地，市場已經去化了經濟的衰退。經濟是否繼續惡化仍有待觀察。幾乎所有的經濟學家都排除經濟衰退的可能，但是債券與股票市場的表現似乎已經將經濟衰退視為既存的事實：股票價格能夠上漲是因為投資者的「高瞻遠矚」。去年的經濟弛緩可能被視為經濟衰退；或者，尚有進一步的疲弱現象還會出現。無論如何，事件的先後次序極為不尋常，投資人也處於訝異之中：股票市場處於上升趨勢通常所呈現的技術指標卻不曾出現。11月27日的《華爾街日報》曾經刊載一篇標題為「詭異的上漲」（Strange Rally）的文章，凸顯了這項事實。

第二次世界大戰結束以來，每一次的經濟衰退都發生在聯邦準備理事會緊縮貨幣供給之後，而且在某段期間會造成殖利率曲線的逆轉。1982年夏天漲勢發動之前，曾經出現逆轉的殖利率曲線，此後再也不曾見到逆向的殖利率曲線。目前事件的先後次序必須在其它地方尋找解釋。這便是第二種方法發揮效用之處，它利用的是我對信用循環所擬定的假說。

我認為放款行為與抵押品價值之間存在著反射關係。新的淨放款做為刺激因素，能夠提高借款者的償債能力。當流通在外的負債不斷增加，新放款中有愈來愈大的部份必須用來償還

流通在外的負債，信用則必須呈指數式成長才能夠維持其刺激效果。最後，信用的成長必然會緩和，卻對抵押品價值產生負面的效用。如果抵押品已經充分利用，則抵押品價值下跌將導致信用的進一步清算，形成典型的繁榮／崩解事件序列。

利用這個模型，我認為戰後的信用擴張時期已經走到盡頭，就實質經濟來說，我們已經處於信用緊縮的時期。在以往，所有戰後的經濟衰退都發生在擴張階段：這便是貨幣緊縮必然引發經濟衰退的理由。我們目前處於緊縮階段，經濟弛緩無需被引發：如果沒有新的刺激——例如，預算赤字的增加——則抵押品價值的流失便足以發揮作用。

問題是現實生活並不像我所處理的模型那般簡單。明確地說，從信用擴張轉型到信用緊縮並不是發生在某一個時間，因為這會造成有關當局決心阻止的爆裂。官方的干預使事情趨於複雜。轉折點不會發生在特定的時刻，而是信用結構的不同部份會遵循不同的時間表。為了確定我們在信用循環中所處的位置，則必需將過程加以切割，分別考慮信用的主要構成因素。

這個方法將1982年視為負債沈重國家的轉折點，1984年為美國金融機構的轉折點，1986年為美國預算赤字的轉折點。低度開發國家的信用緊縮大致上在1984年到達高峰；基本商品的超額供給主要是由調整過程所造成的。美國銀行與儲貸機構的調整過程近來才在房地產、土地、航運業、石油業的抵押品價值上產生影響。預算赤字的刪減尚未產生影響，預料其影響會被利率的調降抵銷。還有兩項重要因素必須湊到拼圖中：購併狂潮與消費者支出。

融資購併與購併狂潮的其它症狀都大量使用信用，但它們也會產生相對數量的流動資產。表面上，它們似乎是擴張的，但實際上是信用循環下降階段的現象：它們增加了債務的總量，卻不曾刺激經濟。現金流量是用來償債，而非用來購買實質資產；資產的處分更加重抵押品價值的跌勢；垃圾債券的銷售使殖利率曲線更形陡峭：對經濟的淨效果是壓抑的、而非刺激的。

消費者支出是最大的未知數。消費者負債近幾年來不斷上升，清償期間已經極度延伸，再延長的可能性並不大。截至近期，購買房屋僅需支付5％的頭款，汽車貸款的清償期間為五年。在1985年間，消費者貸款的無力清償有增加之勢，但利率與美元同步下跌應可紓解這種情況。但這些發展是否只能紓解無力清償的問題，還是它們能夠刺激新的需求？這便是近期展望的關鍵。

如果消費者支出依然低迷不振，則債券與股票的多頭行情將會有可觀的持續力；事實上，我們可能遭遇歷史上最大的多頭行情之一。國內儲蓄率上升可以抵銷國外資本流入的減少，即使美元貶值，利率仍有下降空間。兩項發展均有利於股票市場。利率調降可以提升既定盈餘水準的價值；美元貶值可以消除進口物價的壓力，提高盈餘水準。經濟情況低迷，勞動成本將受到壓抑。在惡劣經濟條件與企業購併的威脅下，管理階層已經重新佈署資產、降低管理費用；經濟好轉時，利益便能立即顯現。利率下降後，會產生最後一波的企業收購與融資購併，在此過程中，可能出現極高的股價；但最近的事件使得過去的收購更可行，過去看似不健全的交易，現在也變得更健康

了。最後，股票價格的上漲將使融資購併不再划算，合併的活動也會逐漸消失。這種發展將對實質經濟具有非常正面的作用，因為它會提升實質資產的投資，不僅會刺激需求、也會刺激供給。如果我們能夠到達這個地步，則經濟會變得比以往更健全。繁榮最後可能失控，迫使我們面對另一次大崩解，但在崩解發生前，股票價格會大幅上揚。這便是目前買進股票的理由。

另一方面，如果消費者支出在低利率的激勵下開始上揚，金融市場的榮景將很短暫。實質經濟很可能遵循英國的前例而呈現走走停停的模式。因為國內儲蓄與國內投資不足，超額信用與消費必須由國外來彌補，而我們又將退回到大循環末期的情況。我們可以調高利率，重新啓動大循環，並扼殺國內經濟；或者，我們印製鈔票，啓動相反方向的惡性循環。

實際情況可能介於這兩種極端的情況之間，但這項結論等於沒有結論，因為兩個極端之間幾乎存有無限的可能。相對於實驗之初，我仍然沒有資格對消費者行為的預測置喙。我所能做的只是評估不同方案的結果。

消費者支出在經過低迷期之後，可以大幅修正以往信用過度的兩個主要領域。股票價格上漲時，購併狂潮會喪失動能；以及儲蓄增加和放款者提高貸款標準時，對消費者過度負債的改善。經過一陣子，經濟條件會適合更均衡的成長。

當以往的過度現象被修正時，便是風險最高的期間。目前的情況也是如此。許多小災難已經發生：在EPIC瓦解之後，房地產放款業出現了類似事件；聯邦儲蓄貸款保險公司與農業信

用制度浮現了問題；國際錫會議無法履行債務，倫敦金屬交易所（LME）也暫停錫交易，許多金屬交易員也破產了；日本最大的海運公司宣布倒閉；目前新加坡股票交易所宣布休市數日；顯然還有其它事件即將來臨。我們至少正面臨兩項衝擊，影響所及將超過我們過去的經驗。一個與石油有關，另一個則與國際債務有關。

石油價格的崩跌只是時間問題。一旦開始下跌，其跌勢便不會自行停頓。大多數國家都根據逆向的供給曲線來生產：石油價格愈低，它們需要銷售得更多來滿足其需求。如果不加干預，油價可能暫時挫跌到個位數字，但不可能發生放手的情況。油價跌到22美元以下時，國內產業便需要保護，否則損失將超過銀行所能吸收的程度。我預料會出現某種形式的保護，並擴及墨西哥與加拿大。我懷疑北海油田的生產者將如何被保護。這將是歐洲經濟共同體所必須解決的難題。如何解決此一問題將決定共同市場的未來。

國際債務的問題尚未消散。事實上，低度開發國家的債務繼續在成長，雖然有些國家的債務比率已經有所改善。負的資源移轉可能在1984年到達巔峰，在債務國堅持刺激其經濟的情況下，負的資源移轉正開始下降。集體放款者的凝聚力正逐漸鬆散。南非事件尤其使美國與歐洲銀行之間產生嫌隙。在美國，貨幣中心銀行與地區性的銀行之間的利益並不一致。貝克計劃透露出對問題的認識，但完全沒有解決的方法。在擬定解決方案之前，金融體系隨時可能發生意外，雖然我們不知道下一次意外會發生在何處。銀行體系目前已經有力量承擔單一的衝擊；但危險在於數個衝擊同時發生。

　　此處還有第三個危險，即股票市場的榮景蓄集了動能：股票市場崩盤的危險。目前，市場參與者仍然瞭解問題之所在，因此也保留相當的流動性。但是，不斷吸收大量的信用是繁榮的本質。許多股票市場的參與者處於過度延伸狀態時，一旦金融衝擊產生，保證金的清算將造成股價的爆裂。我們距離此階段尚很遙遠：就目前而言，突發的金融衝擊，例如另一家銀行宣布破產，便可能造成股價短期的暴跌，但市場仍然復甦。唯有當參與者不再擔心這些問題時，多頭市場才會被這些衝擊所截斷。這便是股票市場崩盤的時機了。

　　金融體系曾經受到嚴厲的測試，但測試尚未結束。事實上，體系存活了下來，經濟管道方面最近的變化也增加了它繼續生存的機會。信用緊縮的過程發展到目前，尚未導致崩解，我們現在發覺，在沒有崩解的情況下完成信用緊縮的方式，但其代價是漫長的低經濟成長。

　　根據定義，低經濟成長並非所欲者，但它可能完全符合目前政府當局的政策目標。相對於資源充分就業的情況，更充裕的財貨與勞務，對資本財的所有者更為有利。不僅國民生產中有較大的比率會歸於資本財的所有者，企業家也有更大的自由活動空間。目前便是這種情況。政府控制在相信自由企業的人民手中，他們儘可能鼓勵自由企業，甚至超越了合理的限度。

　　非常巧合地，日本也認為斷然以低於其潛能的速度擴張經濟比較有利，惟其理由不同。日本希望成為世界強權，但其所使用的方法並非鼓勵國內消費。而是維持國內的高儲蓄率，日本最初乃利用它來建立國內的產能，然後利用它取得國外的資

產。日本屈服於美國的壓力，使日圓升值，但日本只會在支撐日圓的範圍內改變其國內的經濟政策。

預期經濟成長持續低迷的最重要理由之一是，它符合兩個領導國家的政策目標。在大循環之後所呈現的結構應該描述為資本主義的黃金時代。

我們很難相信資本主義的黃金時代會再度來臨。畢竟，自由放任的企業曾經造成可怕的結果。我們是否會重覆相同的經驗？希望不會。或許我們已經從過去的錯誤學習到一些教訓。

自由市場制度的致命缺陷在於其本質上的不穩定。金融市場具有自我調節功能的信念是錯誤的。非常幸運地，財政部長貝克瞭解這項事實，上任之後，政府當局已經開始施展積極的經濟領導力。當然，帶領我們跨越資本主義新黃金時代的並非自由放任，而是協調式的經濟政策，是設計用來制衡自由市場制度之過度者。我們所得到的教訓為何，仍有待觀察。

無論如何，新黃金時代的利益分配極不平均。這便是資本主義的本質，贏家與輸家間的距離很大。大部份產業，尤其是金融、科技、服務、與國防部門，都相當繁盛。其它產業，尤其是老舊的產業、農業、與福利部門則苦不堪言。金融交易所創造的財富而股東所揮舞的權力非過去五十年所能比擬；同時，破產的規模與家數也居於五十年來的高點。債務國沉淪在經濟蕭條，整個非洲大陸陷於飢餓狀態；同時，中國正全速轉型為自由市場制度，而蘇聯也準備朝相同的方向前進，雖然其態度比較謹慎。

　　爲什麼雷根政府能夠如此成功地達成目標，是一個非常有趣的問題。就各方面來說，民主黨已經被矮化爲輸的政黨，這顯示在民主黨企圖在國會中推動保護主義，而雷根總統則擁有不容爭辯的天賦，令美國人自認爲是贏家。但是，改善情緒的代價卻是根本實體的巨幅惡化，如國家債務所顯示者。

　　坦白說，我十分訝異資本主義復甦的生命力。我認爲大循環是臨時的權宜，勢必會瓦解。由新的安排即所謂資本主義的黃金時代取替之，而我必須承認該體系的適應力與生存能力。政策制定者是否能夠掌握其弱點，仍有待觀察：金融市場本質上的不穩定，以及不穩定所導致的不當。

附註：1985年12月9日星期一晚間

　　我決定提前將債券轉換成股票。我一方面受到前文所說明「千載難逢多頭行情」的影響，一方面則是更實際的考量。在葛拉姆—魯特曼修正案通過後，重貼現率可能不會立即調降。行情十分堅挺，且聯邦準備理事會的態度相當謹慎。12月份的經濟數據可能相當不錯，一方面是因爲聖誕節的購物季已近，另一方面則是投資訂單可能在年前發出以避免稅法的改變。下一次公布的領先指標可能很不錯，因爲它們包括股票價格與貨幣供給在內。在此情況之下，債券很脆弱，而股票上檔空間比較大。我剛才擬定的主張正開始進入投資人的意識，但謹慎的態度仍然瀰漫。年底會出現季節性的強勁表現：在未來四、五週，可能會出現火花。

圖 11-11

Dec. 9, 1985					
	Closing 12/9/85	% Change from 12/6		Closing 12/9/85	% Change from 12/6
DM	2.5345	−.9	S&P 500	204.25	−3.7
¥	203.55	−.7	U.S. T-Bonds	82¹⁶/₃₂	−1.6
£	1.4575	+1.0	Eurodollar	91.87	−.5
Gold	316.20	−1.9	Crude Oil	27.51	−4.3
			Japanese Bonds	97.00	−2.2

QUANTUM FUND EQUITY $890,000,000
Net Asset Value Per Share $5,998
Change from 12/6/85   +2.7%
Change from 8/6/85   +37.0%

Portfolio Structure (in millions of dollars)

Investment Positions (1)	Long	Short	Net Change (2) from 12/6	Net Currency Exposure (6)	Long	Short	Net Change (2) from 12/6
Stocks				DM-related	693		−36
US Stocks	739	(66)	+21	Japanese Yen	828		+2
US Index				Pound Sterling		(115)	+4
Futures	277		−91	US Dollar		(516)	+53
Foreign				Other			
Stocks	270		−1	Currencies	45		+12
Bonds (3)							
US Gvt.							
Short							
Term (4)	90						
Long							
Term	717		+56				
Japanese							
(5)	253		−47				
Commodities							
Oil		(157)	−7				
Gold							

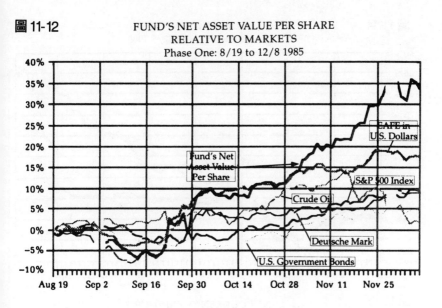

圖 11-12

FUND'S NET ASSET VALUE PER SHARE
RELATIVE TO MARKETS
Phase One: 8/19 to 12/8 1985

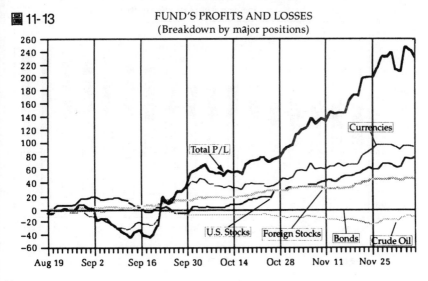

圖 11-13

FUND'S PROFITS AND LOSSES
(Breakdown by major positions)

Notes:
(1) All prices are calculated as percent change over the first day shown.
(2) EAFE is Morgan Stanley's Capital International Index in U.S. dollars for European, Australian, and Far Eastern stock markets.
(3) The Oil and the Government Bond prices are the closing prices of the nearest futures contracts.
(4) Currency profits and losses include only forward and futures contracts. P&L on foreign stocks includes the currency gain or loss on the positions.

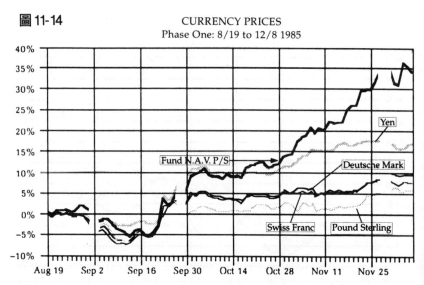

圖 11-14

CURRENCY PRICES
Phase One: 8/19 to 12/8 1985

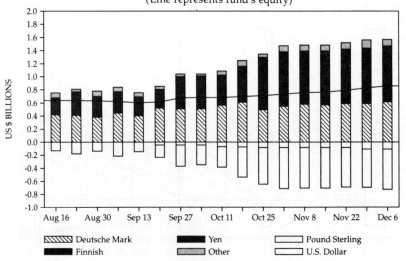

圖 11-15

NET CURRENCY EXPOSURE
(Line represents fund's equity)

Notes:
(1) Prices in U.S. dollars shown as percent change over the first day shown. New York closing prices are used.
(2) Net currency exposure includes stock, bonds, futures, forwards, cash, and margins, and equal the total equity of the fund. A short position in U.S. dollars indicates the amount by which the currency exposure exceeds the equity of the fund.
(3) Currency exposure shown as of end of week.

圖 11-16

U.S. STOCK MARKET
Phase One: 8/19 to 12/8 1985

圖 11-17

U.S. STOCK MARKET POSITIONS

圖 11-18

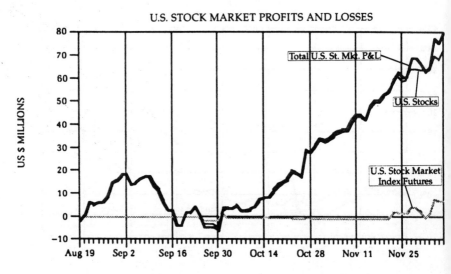

U.S. STOCK MARKET PROFITS AND LOSSES

Note:
(1) Total U.S. stock market profits and losses include stock positions and index futures.

11-19

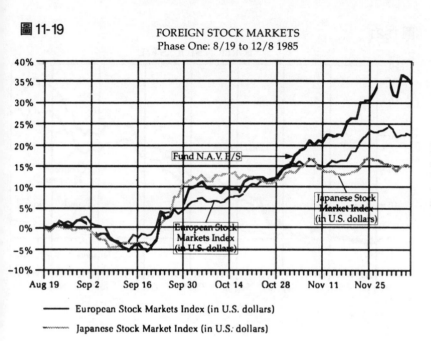

FOREIGN STOCK MARKETS
Phase One: 8/19 to 12/8 1985

—— European Stock Markets Index (in U.S. dollars)

········ Japanese Stock Market Index (in U.S. dollars)

 11-20

FOREIGN STOCK POSITIONS

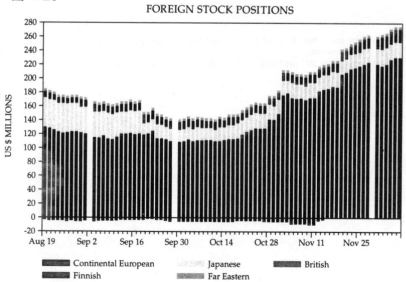

圖 11-21

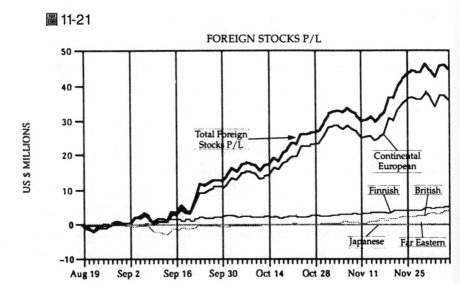

FOREIGN STOCKS P/L

Notes:
(1) Total foreign stock market profits and losses include foreign exchange gains or losses on foreign stock positions.
(2) Far Eastern positions include Hong Kong, Korea, Taiwan, Australia, and Thailand.

圖 11-22

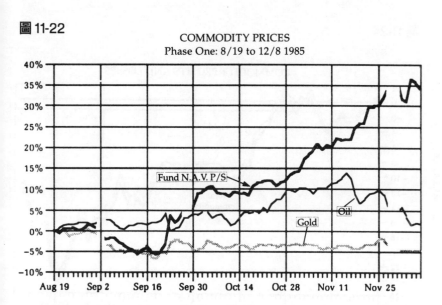

圖 11-23

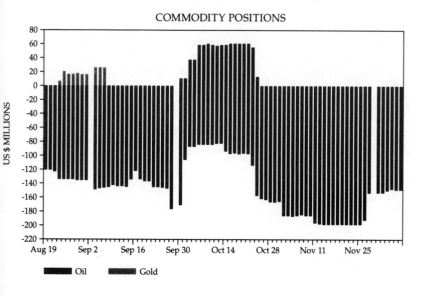

圖 11-24

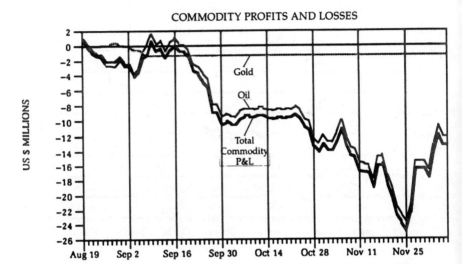

COMMODITY PROFITS AND LOSSES

圖 11-25

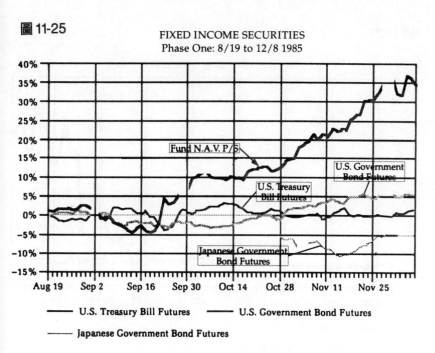

FIXED INCOME SECURITIES
Phase One: 8/19 to 12/8 1985

——— U.S. Treasury Bill Futures ⋯⋯⋯ U.S. Government Bond Futures

- - - - Japanese Government Bond Futures

圖 11-26

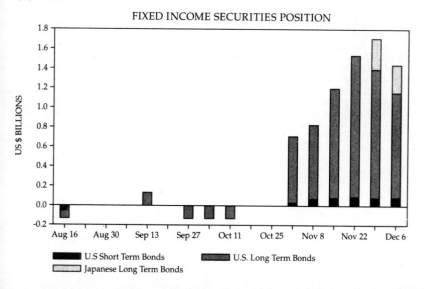

FIXED INCOME SECURITIES POSITION

U.S Short Term Bonds　　U.S. Long Term Bonds
Japanese Long Term Bonds

圖 11-27

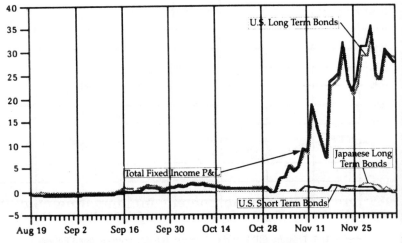

FIXED INCOME SECURITIES P&L

U.S. Long Term Bonds

Japanese Long Term Bonds

Total Fixed Income P&L

U.S. Short Term Bonds

——— U.S. Short Term Bonds ∞∞∞∞∞ U.S. Long Term Bonds

.... Japanese Long Term Bonds

Notes:
(1) U.S. Short Term Bond positions and P&L include Treasury Bills, Treasury Bill and Eurodollar Futures, and Treasury Notes up to two years to maturity.
(2) All U.S. Government Bonds are reduced to a common denominator of 30-year Government Bonds. The basis of the conversion is the effect on price of a given change in yield. For instance, $100 million in face value of 4-year Treasury Notes are equivalent to $28.5 million in market value of 30-year Government Bonds.
(3) Japanese Government Bond Futures have considerably less volatility than U.S. Government Bonds. For instance, as of June 30, 1986, $100 million in face value of Japanese Government Bonds had the same volatility as roughly $66.2 million in 30-year U.S. Government Bonds. We have *not* adjusted for this difference.
(4) Positions shown as of end of week.

第十二章
控制期間：1986年1月—1986年7月

1986年1月11日星期六

　　股票與債券市場出現了惱人的挫跌，我身陷其中。12月份期貨到期時——相當於股票短暫高峰——我在股票市場中承擔了最大的風險水準，而且沒有處分我的債券部位。因此，市場暴挫時，我的股票與債券處於完全風險的狀態。我曾試圖減碼一半的債券部位，行情下挫時，我實際上拋出約1億美元的債券，但我不想殺低。隨後，我又過早把拋出的債券買回來。唯有在外匯與歐洲股票上，我做了正確的操作。我趁著短暫的強勁走勢拋售超額的外匯部位，因此我目前僅將淨值投資在外匯上——賣英磅買德國馬克的空頭部位——而不使用任何融資。我也趁著國外股票的勁揚而稍作調節，儘管價格上漲，但我整體的風險水準仍然十分穩定。

　　猶如往常，行情暴挫是許多因素所導致的。其中最重要的因素是強勁的就業報告，使市場相信重貼現率不會調降。對利比亞所採取的措施也造成未決的效果——市場謠傳阿拉伯國家正在賣股票、債券和美元。我也利用這些謠言減少我的外匯部位。垃圾債券保證金的規定也對股票市場造成影響。在挫跌開始之後的第三天，星期五下午，由於擔心葛拉姆—魯特曼的合

圖 12-1

	Closing 1/10/86	% Change from 12/9		Closing 1/10/86	% Change from 12/9
DM	2.4675	+2.6	S&P 500	205.96	+.8
¥	202.45	+.5	U.S. T-Bonds	83⁰⁴/₃₂	+.8
£	1.4880	+2.1	Eurodollar	91.85	0
Gold	341.70	+8.1	Crude Oil	25.79	−6.3
			Japanese Bonds	98.55	+1.6

*(Heading: **Jan. 10, 1986**)*

QUANTUM FUND EQUITY $942,000,000
Net Asset Value Per Share $6,350
Change from 12/9/85 +5.9%
Change from 8/16/85 +45.6%

Portfolio Structure (in millions of dollars)

Investment Positions (1)	Long	Short	Net Change (2) from 12/9	Net Currency Exposure (6)	Long	Short	Net Change (2) from 12/9
Stocks				DM-related	609		−84
US Stocks	1,011	(65)	+273	Japanese Yen	612		−216
US Index Futures	717		+440	Pound Sterling		(278)	−163
Foreign Stocks	318		+48	US Dollar		(1)	+515
Bonds (3)				Other Currencies	21		−24
US Gvt. Short Term (4)			−90				
Long Term	958		+241				
Japanese (5)	259		+6				
Commodities							
Oil		(224)	−67				
Gold							

法性，債券市場跌破重要支撐區，30年期公債殖利率跌破9.5％。

市場面對這些發展變得之所以如此脆弱，是因為在發生時，市場瀰漫於一片陶醉。不幸地，我也身陷其中。所以行情挫跌時，我也完全暴露在風險中。我認為目前的插曲是多頭行情的典型回檔整理。如果多頭行情持續延伸，回檔的激烈度——指數期貨在幾個小時之內下跌5％——乃暗示未來所會發生的。

通常而言，股票市場的繁榮會通過多次測試，如此的行情才會顯現強勢，而這時候才是崩解的成熟期。我們距離這一點還十分遙遠。人氣仍然十分謹慎。所發生的一切只是市場對重貼現率未立即調降的失望。短期債券已經修正——歐洲美元期貨下跌將近半點；長期債券則反應過度，果真如此，我倒預期它很快便回升。和先前一樣，我認為經濟並無實際的動能，而我的部位便是基於此一信念。聯邦準備理事會可能不會調降重貼現率，但它沒有理由讓聯邦基金利率由目前的水準上揚。同樣地，有關葛拉姆－魯特曼合法性的爭議並不重要——當爭議有所決定，過程自然會運作。如果這個觀點有錯誤，我便會蒙受可觀的損失，被迫調整部位。在此之前，我打算繼續留在場內。我預期債券市場的最大風險會出現明天：傷害有多大仍有待觀察。之後，股票市場的表現應該優於債券市場。

問題是我先前並未賣出，所以我現在也不能買進。我所能夠做的只是靜觀變化，希望情況不會失控。我的現金應該足以讓我渡過難關，但世上絕無必然之事。行情下挫耗盡了我的現

金，而我的風險程度也比挫跌之前升高了。既然我認為下跌只屬於短暫性質，目前沒有理由增加現金部位。同理，進一步地減少現金部位也不合理。

附註：1986年1月15日星期三

五大工業國家將於本週末舉行會議，如果處於它們的立場，我知道怎麼做：每一個國家都調降利率。這可以顯現各國主管當局的合作，並要控制大局。這有助於穩定外匯市場；如果不這麼做，美元將難以避免短暫的上漲。基礎工作都已經完全備妥：葛拉姆—魯特曼正在進行，垃圾債券也被遏止。日本正等待著美國率先調降利率。M1超過目標區域，第四季的經濟成長可能高達3.5％。在正常情況下，沒有必要採取行動；如果有關當局覺得需要維持主動，則正是採取行動的時機。調降重貼現率意味正式放棄貨幣主義，但是債券市場會接受，因為它是與其它國家配合的，匯率十分穩定，伏克身為穩健的貨幣人的名譽沒有損傷。問題是：他是否希望這麼做？

我不願相信有關當局會做我所希望它們做的。雖然如此，我這次仍然願意下賭注，但只以目前我所承擔的風險部位為限。這意味我會買進一些比較沒有風險的歐洲美元期貨。唯一的風險是我的風險水準將變得更高，而我可能在不適當的時機被迫降低我的風險程度。我願意接受風險，因為如果我賭輸了，我本來就是要降低風險水準。畢竟，我認為有關當局已經著手；如果它們不繼續做，則我有什麼理由繼續維持融資的部位而不願認賠？法國有一句軍事用語：撤退整頓再攻擊（reculer pour mieux sauter）。我的作法恰好相反：在前進中

整頓。在長期無法維繫的部位，我將降低其風險水準，但在短期內我反而會增加。

1986年1月21日星期二早晨

五大工業國家會議並未達成具體結果。在會議之前曾經出現大肆的宣傳和小道消息，因此人們並不預期會議會有任何驚人的宣布；簡潔的聲明一點也不具有啓發性。我只好自行揣測實際會發生的事。

我相信會議中已經就全球調降利率的目標取得了共識，但是兩個真正獨立的中央銀行，即德國央行及美國央行，卻拒絕承諾採取一致的行動。我懷疑聯邦準備理事會在會議前已經巧妙地跨入寬鬆的貨幣政策——下週二的數據應該有更具結論性的證據——但它希望由市場反應來決定重貼現率調降的時機，而不是透過多國政府會議來做決定。讓五大工業國家主導美國的貨幣政策，開此危險的先例絕非中央銀行所願意接受者，因爲央行希望保持其獨立性。

結果令人憂心者在於貝克與伏克之間意見紛歧所隱含的意義。過去，對垃圾債券的保證金規定，伏克與政府當局便有明顯的爭執。伏克似乎擔心過度積極調降利率，只會點燃股票市場的漲勢，然後以崩盤收場——而我將是最後一個反對他的人。他的憂慮使得多頭行情難以開展。無論如何，五大工業國家已經喪失了一些動能，而那是危險的發展。

我覺得我有義務在會議前降低我超額的風險水準，但我決定等到聯邦準備理事會公布其數據，再執行降低融資的計劃。

圖 12-2

			Jan. 20, 1986			
	Closing 1/20/85	*% Change from 1/10*			*Closing 1/20/85*	*% Change from 1/10*
DM	2.4580	+ .4	S&P 500		207.53	+ .8
¥	202.45	0	U.S. T-Bonds		83¹⁷⁄₃₂	+ .5
£	1.4125	− 5.1	Eurodollar		91.91	+ .1
Gold	354.10	+ 3.6	Crude Oil		21.27	− 17.5
			Japanese Bonds		98.00	− .6

QUANTUM FUND EQUITY $1,006,000,000
Net Asset Value Per Share $6,775
Change from 1/10/86   + 6.7%
Change from 8/16/85   + 55.4%

Portfolio Structure (in millions of dollars)

Investment Positions (1)	Long	Short	Net Change (2) from 1/10	Net Currency Exposure (6)	Long	Short	Net Change (2) from 1/10
Stocks				DM-related	559		− 50
US Stocks	1,014	(73)	− 5	Japanese Yen	612		0
US Index				Pound Sterling		(270)	+ 8
Futures	584		− 133	US Dollar	105		+ 106
Foreign				Other			
Stocks	314		− 4	Currencies	31		+ 10
Bonds (3)							
US Gvt.							
Short							
Term (4)	88		+ 88				
Long							
Term	1,026		+ 68				
Japanese							
(5)	261		+ 2				
Commodities							
Oil		(159)	+ 65				
Gold							

我沒有賣出先前買進的歐洲美元期貨，卻賣出一些史坦普500指數期貨，因為我認為股票市場走勢脆弱。

今天，能源價格的下跌轉劇，它已經出現了真正的崩跌。今天收盤之前，股票、債券與外匯均由低檔反彈。這構成了主要的事件。等待已久的石油價格崩盤終於發生了。

除非政府干預，否則油價必然崩盤；但政府唯有在緊急狀況才會干預。伏克與貝克之間不和的疑慮將更削弱及時行動的機會。我們因此將邁入銀行體系呈現最大風險的時期。所有能源放款與倚賴能源的債務國將會如何？

我相信主管當局不會聽任情況失控，因為有現成的解決辦法：課徵石油進口稅，並提供墨西哥特別條款。但是課稅會使雷根總統食言；唯有緊急狀況才能做為他的藉口：因此在採行救濟措施前，情況必然會惡化。這使我必須儘可能減少融資。石油價格下跌雖然對股票和債券頗具正面意義，但以融資方式從事這項投機並不恰當，更何況市場的最初反應可能與我的反應相同。

1986年2月22日星期六

我降低融資的速度太快：未能充分掌握股票與債券市場的強勁漲勢。我得知低等法院將判決葛拉姆—魯特曼違憲時，我甚至還暫時在放空債券期貨，但法院的判決延後了一週，而且油價崩跌的重要程度凌越其它一切因素，於是我被迫認賠回補。總之，我交易的表現很差勁。雖然如此，基金的表現不錯，因為石油與美元的空頭部位有獲利。我們的選股也發揮了

圖 12-3

			Feb. 21, 1986			
	Closing 2/21/86	% Change from 1/20			Closing 2/21/86	% Change from 1/20
DM	2.2960	+ 6.6	S&P 500		224.62	+ 8.2
¥	182.20	+ 10.0	U.S. T-Bonds		90⁰⁶/₃₂	+ 8.0
£	1.4545	+ 3.0	Eurodollar		92.10	+ .2
Gold	341.00	− 3.7	Crude Oil		13.53	− 36.4
			Japanese Bonds		101.60	+ 3.7

QUANTUM FUND EQUITY $1,205,000,000
Net Asset Value Per Share $8,122
Change from 1/20/86 + 19.9%
Change from 8/16/85 + 86.2%

Portfolio Structure (in millions of dollars)

Investment Positions (1)	Long	Short	Net Change (2) from 1/20	Net Currency Exposure (6)	Long	Short	Net Change (2) from 1/20
Stocks				DM-related	783		+ 224
US Stocks	1,064	(185)	− 62	Japanese Yen	726		+ 114
US Index				Pound Sterling		(343)	− 73
Futures		(92)	− 676	US Dollar	39		− 66
Foreign				Other			
Stocks	426		112	Currencies	81		+ 50
Bonds (3)							
US Gvt.							
Short							
Term (4)			− 88				
Long							
Term	215		− 811				
Japanese							
(5)			− 261				
Commodities							
Oil		(55)	+ 104				
Gold							

作用。

　　如果目前我的風險程度過高，則我會感覺非常的不舒服——或許這就是我在持有融資之部位，而表現卻如此差勁的理由。我認為石油價格下跌具有雙重影響：經濟刺激與金融衝擊。市場對第一項影響做出了反應，而我對第二項影響則十分敏感。

　　國際債務問題已經瀕臨關鍵時刻。油價跌破15美元，墨西哥的償債資金將短缺100億美元。為了彌補短缺，有許多事情會發生。墨西哥必須進一步的勒緊腰帶；銀行必須承受衝擊；美國必須以捐贈或對墨西哥石油實施保護價格措施等方式挹注資金。問題可以解決，但這是複雜而細膩的運作。銀行的讓步必須擴及其它債務國。貨幣中心銀行全體必須大幅調低對低度開發國家的貸款利率，但是美國商業銀行很可能會陷入財務危機。政府會伸出援手，猶如大陸銀行的案例，存款人也會受到保護。存款人可能甚至不會恐慌，但股票市場或許會。市場的力道十分強勁，加上期貨與選擇權交易所涉及的龐大信用，使市場很容易出現突然的反轉。在一月份，兩小時內下跌了5％；下一次可能是10％或15％。我認為崩盤的風險已經從銀行體系移轉到金融市場，如果身陷其中，便會自覺十分愚蠢。謹慎的態度使我付出了可觀的代價，卻能夠確保我的存活。

　　當我聽說墨西哥總統馬德里（President de la Madrid）將於今晚發表演講，我便拋掉一些S & P期貨並放空若干美元，為週末買保單。

1986年3月27日星期四

自從一月底減少融資以來，我在總體面上並未採取重大行動。回顧過去，部位的調整過度迅速，因此錯失了債券市場漲勢中的最美好的部份。顯然地，我低估了油價下跌的多頭涵意。坦白說，我沒有想到油價會跌到如此低的水準，政府卻不干預。除了政府干預，沒有任何因素能阻止油價崩跌，因爲供給曲線是反轉的形態：價格愈低，銷售量愈要大才能符合生產國的基本需求。最後，國內生產者必須加以保護。這便是我將西德州中級原油的空頭部位轉換成布侖特契約的理由──結果，我爲這項動作付出了昂貴的代價，因爲陷入了軋空行情。

我減少融資的決策只能用主觀的理由加以合理化。以融資來操作牽涉到壓力，我最近獲利頗豐，因此不想繼續承受壓力。但是，錯失良機也會有痛苦的感受。非常幸運地，我並未錯失行情：我只是不能完全掌握。

在外匯市場上，我仍然未積極行動。我只進一步擴大德國馬克／英鎊的交叉部位。我承認外匯市場的本質開始出現了變化：五大工業國家第一次會議所凝聚的合作精神，在第二次會議便逐漸消散，有關當局正喪失其對市場的控制力。美元的跌勢加速且超過有關當局的預期目標。日本與德國均開始擔憂。美國主管當局的意見則相當分歧：伏克贊同其它國家的觀點，但其它行政單位則認爲日本的憂慮是好徵兆，美元貶值已經開始產生效果。美元因本身的動能而下跌，但我們並不十分瞭造成美元貶值的理由：這和油價下跌必然有關。部份的衝擊並非經常性質者──融通石油交易所需的美元更少──但該趨勢

圖 12-4

	Mar. 26, 1986					
	Closing 3/26/86	% Change from 2/21		Closing 3/26/86	% Change from 2/21
DM	2.3305	− 1.5	S&P 500	237.3	+ 5.6
¥	179.65	+ 1.4	U.S. T-Bonds	98¹⁵⁄₃₂	+ 9.2
£	1.475	+ 1.4	Eurodollar	92.83	+ .8
Gold	344.40	+ 1.0	Crude Oil	12.02	− 11.2
			Japanese Bonds	105.50	+ 3.8

QUANTUM FUND EQUITY	$1,292,000,000
Net Asset Value Per Share	$8,703
Change from 2/21/86	+ 7.2%
Change from 8/16/85	+ 99.6%

Portfolio Structure (in millions of dollars)

Investment Positions (1)	Long	Short	Net Change (2) from 2/21	Net Currency Exposure (6)	Long	Short	Net Change (2) from 2/21
Stocks				DM-related	1,108		+ 325
US Stocks	1,272	(170)	+ 223	Japanese Yen	492		− 234
US Index				Pound Sterling		(389)	− 46
Futures	124		+ 216	US Dollar	81		+ 42
Foreign				Other			
Stocks	536		+ 110	Currencies	63		− 18
Bonds (3)							
US Gvt.							
Short							
Term (4)							
Long							
Term	326		+ 111				
Japanese (5)							
Commodities							
Oil		(28)	+ 27				
Gold							

十分凸顯足以吸引投機的部位。

我持續保有美元的空頭部位不加以變更，這並非基於任何偉大的信念，而是因為我沒有堅定的觀點，我認為我從事外匯交易的獲利機會不高，不值得自找麻煩或動氣。相對於改變部位，持有原部位讓我覺得更舒坦，而且缺乏信念使我在必要時，能夠居於有利地位重新評估情況。

之後，布列斯敦・馬丁（Preston Martin）辭職，有關利率在檯面下的爭執逐漸上浮。外匯市場美元劇揚。英鎊兌德國馬克也大漲，我的外匯部位出現巨額虧損——這是骯髒浮動匯率制度實施以來首次的虧損。我被迫重新評估總體經濟的情況。

我發覺的情況是經濟持續停滯。強弱因素十分平衡。經濟力道主要來自於低利率以及企業毛利改善所引發的樂觀氣氛；營建、存貨、與新業務正在形成，服務業就業人口的增加也有正面的影響。經濟疲弱的主要來源在於石油業。石油是資本支出的主要部份之一，或許和汽車業有相同的重要性。其它形式的資本支出也相當疲軟，雖然它們會隨著時間而逐漸改善。另一項經濟疲弱的因素：預算赤字的刪減尚需一段時間才會產生衝擊。儲蓄率似乎正在改善，將壓抑消費者支出。利率下降使投資人將資金移往股票與長期債券。就股票與債券來說，所有這些現象均十分偏多。

經濟疲軟之下，我看不出理由減少我的美元空頭部位。反之，我將美元目前的強勁表現視為利率將進一步下跌的理由。因此，我決定重新建立債券多頭部位。我先前在9％到9.25％的殖利率水準出清債券，現在卻必須在7.5％的水準買回，這種決

策並不容易做成；但事情的邏輯性卻迫使我這麼做。放空美元而不做多債券，這是不一致的行爲——而我認爲現在買進美元是錯誤的。其中所涉及的融資又如何？畢竟，不願意持有融資的部位，是我最初降低風險程度的理由。毫無疑問地，融資會加重壓力，卻會紓解放空美元而不做多債券所隱含的壓力。我必須以更機警的態度處理。

股票與債券同時重跌的可能性又如何？當我觀察市場內部的動態，我認爲繁榮尚處於輕勁的階段，還不致於其本身的重量而下跌。投資人，包括我在內，仍十分的謹慎。就融資購併而言，股票價格才剛開始變得有點昂貴，在石油價格處於崩盤時，實質利率依然太高。美元或／和利率必然會下跌。既然美元走勢趨於穩定，利率將進一步下降。

單就內部因素來說，繁榮還會持續很久：股票價格在危險出現之前可能會成長愈倍。若干小型股票市場的風險程度更嚴重。義大利便是其中之一。如果我們會面臨崩盤，則發生在美國之前，首先會影響義大利。

目前，唯一的危險在於外部衝擊。潛在的起源十分明顯：石油價格已步入崩跌之路。油價將持續下跌，直到它引發啓動災難事件，下跌趨勢才會停止或反轉。我們可以區分兩種類型的狂瀉事件：軍事與金融。

軍事／政治的發展極難預測眾所周知。中東緊張情勢有上升的趨勢。埃及幾乎出現了革命；兩伊戰爭逐漸升高；美國艦隊進入西德拉灣（Bay of Sidra）未引起嚴重關切，但我們預期其它事件會陸續發生。既然無法預測，我僅能警戒地加以應

付。溫和的融資可以加強這種認知。

油價下跌對金融面的衝擊比較明顯。尤其是墨西哥,它正是蓄勢待發的事件。它能夠順利解決還是會引發對立呢?墨西哥所提出利息寬減的要求已經被拒絕了。可能的情況是發行某種以石油計價的有價證券來掩飾墨西哥所需求的,而且藉此避免寬減效應蔓延到其它債務國。

市場會出現何種反應則更難測度。順利解決可以增強市場的多頭趨勢,但是對順利解決產生疑惑則會使市場遭受到測試。目前,市場通過測試的勝算比較大,但在爭議求解的過程中,最好不要暴露在市場中。

1986年4月6日星期日

上週二,我放空S & P期貨契約,數量相當於我在債券上的多頭部位。如此便已有效地降低了我做多的融資風險。我目前正在尋找追加空頭部位的進場點,以便進一步降低我的淨風險水準。

副總統布希宣布,在訪問沙烏地阿拉伯期間,希望討論油價問題。這引發了政府當局的負面反應,反應無疑是由其宿敵黎根所策動。事件的淨效果降低了課徵石油進口稅的可能。石油輸出國家組織集會並且降產的可能性始終存在,但我評估機會十分渺茫。既然該組織已經分崩離析,需要出現宣洩的事件才能重建新結構。油價已經崩跌,沙烏地阿拉伯為何要承擔風險提出另外的解決之道?美國是高成本的產油國;情況維持不變,美國將永久地減產。美國預料會保護其生產,但最近的事

12-5

FUND'S NET ASSET VALUE PER SHARE
RELATIVE TO MARKET
Control Period: 12/9 1985 to 7/20 1986

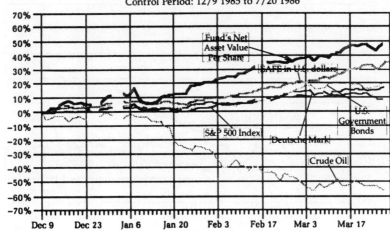

 12-6

FUND'S PROFITS AND LOSSES
(Breakdown by major positions)

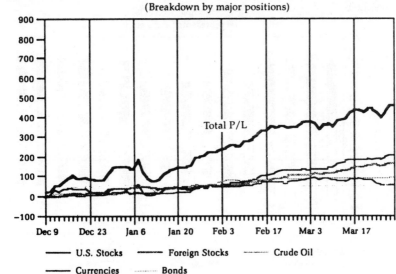

Notes:
(1) All prices are calculated as percent change over the first day shown.
(2) EAFE is Morgan Stanley's Capital International Index in U.S. dollars for European, Australian, and Far Eastern stock markets.
(3) The Oil and the Government Bond prices are the closing prices of the nearest futures contracts.
(4) Currency profits and losses include only forward and futures contracts. P&L on foreign stocks includes the currency gain or loss on the positions.

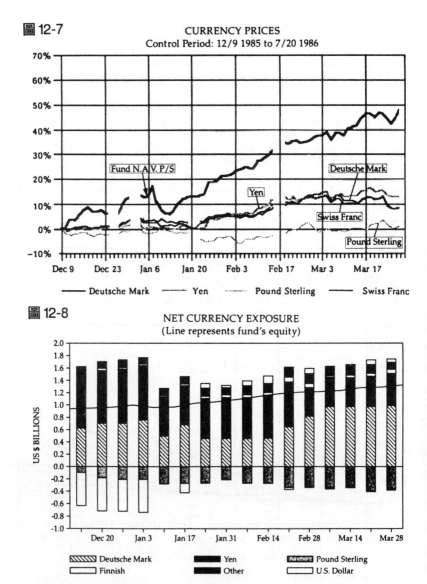

圖 12-7

CURRENCY PRICES
Control Period: 12/9 1985 to 7/20 1986

Fund N.A.V. P/S

Deutsche Mark

Yen

Swiss Franc

Pound Sterling

—— Deutsche Mark ······ Yen ········ Pound Sterling —— Swiss Franc

圖 12-8

NET CURRENCY EXPOSURE
(Line represents fund's equity)

US $ BILLIONS

Deutsche Mark   Yen   Pound Sterling
Finnish   Other   U.S. Dollar

*Notes:
(1) Prices in U.S. dollars shown as percent change over the first day shown. New York closing prices are used.
(2) Net currency exposure includes stock, bonds, futures, forwards, cash, and margins, and equals the total equity of the fund. A short position in U.S. dollars indicates the amount by which the currency exposure exceeds the equity of the fund.
(3) Currency exposure shown as of end of week.

圖 12-9

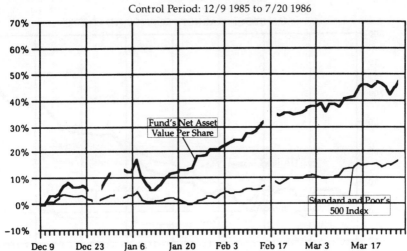

U.S. STOCK MARKET
Control Period: 12/9 1985 to 7/20 1986

圖 12-10

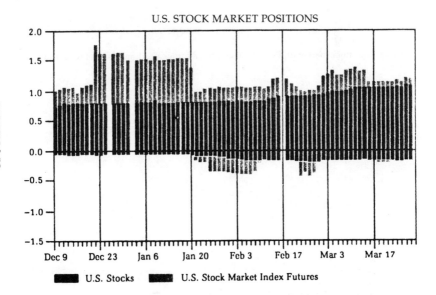

U.S. STOCK MARKET POSITIONS

圖 12-11

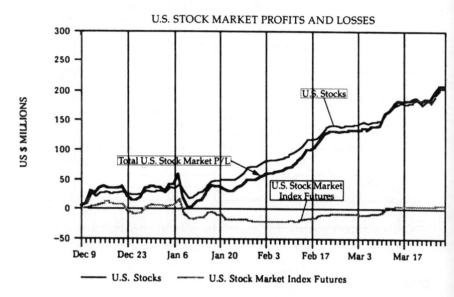

Note:
(1) Total U.S. stock market profits and losses include stock positions and index futures.

圖 12-12

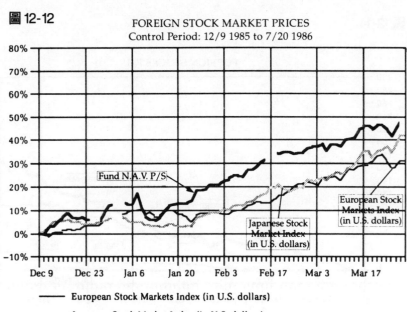

FOREIGN STOCK MARKET PRICES
Control Period: 12/9 1985 to 7/20 1986

Fund N.A.V. P/S

Japanese Stock Market Index (in U.S. dollars)

European Stock Markets Index (in U.S. dollars)

—— European Stock Markets Index (in U.S. dollars)

······· Japanese Stock Market Index (in U.S. dollars)

圖 12-13

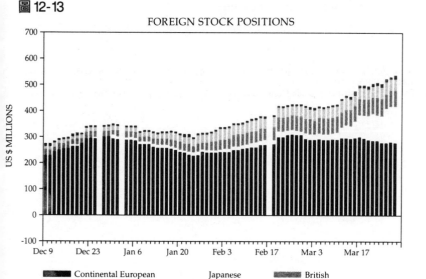

FOREIGN STOCK POSITIONS

US $ MILLIONS

Continental European   Japanese   British
Finnish   Far Eastern

圖 12-14

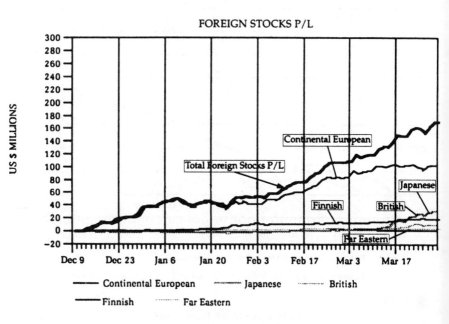

FOREIGN STOCKS P/L

Notes:
(1) Total foreign stock market profits and losses include foreign exchange gains or losses on foreign stock positions.
(2) Far Eastern positions include Hong Kong, Korea, Taiwan, Australia, and Thailand.

圖 12-15

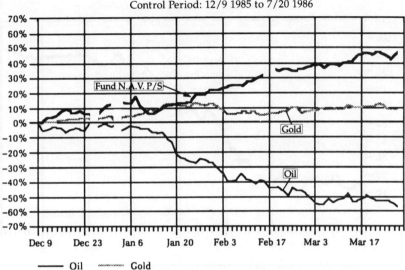

COMMODITY PRICES
Control Period: 12/9 1985 to 7/20 1986

圖 12-16

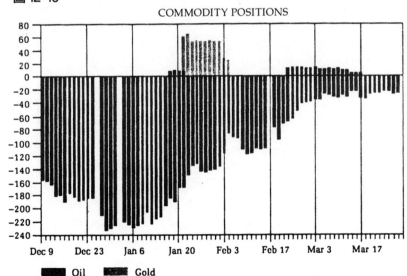

COMMODITY POSITIONS

圖 12-17

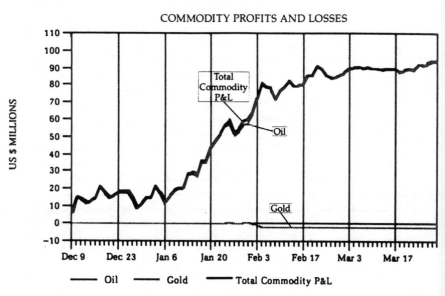

COMMODITY PROFITS AND LOSSES

圖 12-18

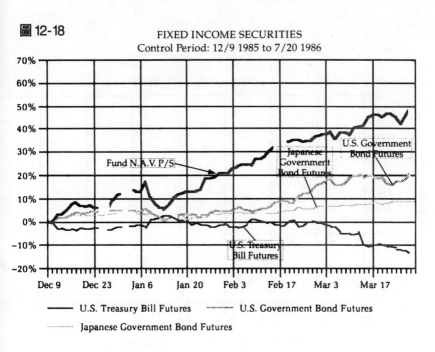

FIXED INCOME SECURITIES
Control Period: 12/9 1985 to 7/20 1986

— U.S. Treasury Bill Futures　～～～ U.S. Government Bond Futures

.... Japanese Government Bond Futures

圖 12-19

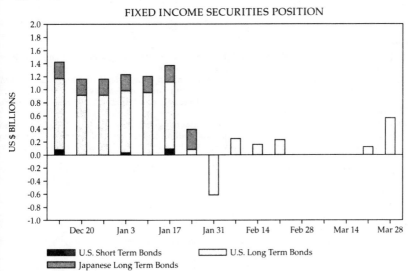

FIXED INCOME SECURITIES POSITION

■ U.S. Short Term Bonds　□ U.S. Long Term Bonds
▨ Japanese Long Term Bonds

圖 12-20

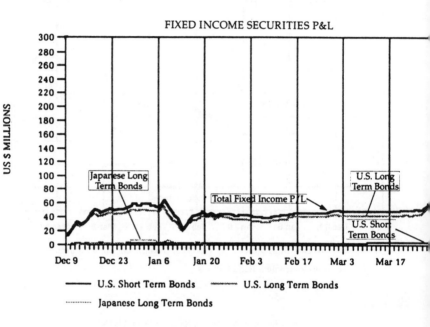

FIXED INCOME SECURITIES P&L

—— U.S. Short Term Bonds　　····· U.S. Long Term Bonds

·········· Japanese Long Term Bonds

Notes:
(1) U.S. Short Term Bond positions and P&L include Treasury Bills, Treasury Bill and Eurodollar
Futures, and Treasury Notes up to two years to maturity.
(2) All U.S. Government Bonds are reduced to a common denominator of 30-year Government
Bonds. The basis of the conversion is the effect on price of a given change in yield. For instance
$100 million in face value of 4-year Treasury Notes are equivalent to $28.5 million in market
value of 30-year Government Bonds.
(3) Japanese Government Bond Futures have considerably less volatility than U.S. Government
Bonds. For instance, as of June 30, 1986, $100 million in face value of Japanese Government
Bonds had the same volatility as roughly $66.2 million in 30-year U.S. Government Bonds. We
have *not* adjusted for this difference.
(4) Positions shown as of end of week.

件降低了這種可能性。我預期油價的壓力會持續。

　　油價下跌在出現空頭效應前是一項利多。看起來似乎令人訝異，大多數預測都未考慮美國石油的減產。最初的衝擊不僅不會刺激經濟，實際上反而是負面的。整體來說，經濟的表現遠遜於目前的預期。這便是我不願意減少美元空頭部位的理由。事實上，我打算增加美元空頭部位並回補英鎊的空頭部位。我似乎在英鎊部位中停留過久。利率差的因素將資金引導到英鎊，而我又沒有充足的理由與趨勢抗衡。

　　我對我所建立的交叉部位——做多債券／放空S＆P期貨——十分滿意，但對股票的淨多頭部位則不甚滿意。我正在尋找機會降低風險。我並未期待股價會崩盤，但我期待幅度未知的回檔整理。石油再開始下跌時，則是適當的進場點。對股票與債券來說，最初的反應都是正面的。這可能就發生在4月15日石油輸出國家組織會議之後。

1986年4月9日星期三

　　過去兩天，市場巨幅震盪，我的心情也是如此。星期一，油價劇升，而債券、股票、與外匯紛紛挫跌；星期二，所有市場出現反轉。星期一的走勢在各方面都對我造成傷害。我發覺我的投資組合竟然對油價如此敏感；我也發覺其所蘊涵的融資效應超出了我所想像的程度。我疏忽了我德國馬克／英鎊的交叉部位，它對我造成報復式的傷害。自從回檔整理，我損失了1億美元，雖然我在S＆P期貨上有避險，但它只為我挽回了2,000萬美元。

　　星期一，我將德國馬克／英鎊以及石油的空頭部位都減半，並且回補40％的Ｓ＆Ｐ空頭部位；星期二，我回補其餘的Ｓ＆Ｐ空頭部位，並且逢低承接了一些股票。總之，我增加了股票與債券的風險水準，而降低了外匯與石油的部位。

　　根據在星期一所得到的資訊，我修正了我對油價的短期看法。兩個正面事件引起了我的注意：汽車駕駛人今年夏天可能會使用更多的汽油，尤其是恐怖活動將衝擊境外航空旅遊；石油公司很可能因為延長維修時間而關閉北海油田的生產，因為它們與沙烏地阿拉伯所簽訂的淨退佣協定仍能使它們賺得幾乎等額的錢。所以，在石油輸出國家組織於下週舉行會議之前，油價仍有上漲的空間。我買進布侖特原油而建立起布侖特／西德州中級原油（國內石油）的交叉部位。由於課徵進口關稅的前景欠佳，該部位對我而言十分合理。

　　我對英鎊並沒有明確的觀點。目前英鎊隨著有利的利率差起舞，而非油價。油價轉強之後，由於英國政府不准許英鎊升值，利率差將會縮小。這將侷限英鎊的上檔空間，但這並非繼續持有英鎊空頭部位的好理由。實際情況是我疏忽了該部位而且未能獲利了結；我現在必須在沒有獲利的情況下回補。我立即平倉一半的部位，並希望在更有利的價格回補其餘的部位。事實上，英國於星期二調降放款利率0.5％，引發美國股票與債券的漲勢。

　　油價上漲使得股票與債券市場出現負面反應，但這使更偏多。根據我的觀點，真正的危險在於油價進一步下挫。我認為這一波下跌是多頭行情中健康回檔整理，而且是買進的良機，

我決定在謹慎的限制下利用這一波的回檔。我的資金目前已全數投入。

這項策略運作得似乎相當不錯。經濟根本上的疲弱現在已經得到認同，各國對協調進一步調降利率的看法也趨於一致。這項預期強烈到足以暫時掩蓋對利比亞情勢的關切，雖然美國的報復幾乎不可避免。

在積極行動一段時間之後，我希望稍退幾步，我希望降低融資，但調整速度不會太快。我希望讓獲利擴大一陣子。

1986年5月21日星期三

在四月份，我並不很積極，我只稍微調降我的風險水準。我放空一些股票、較多的外匯、以及幾乎全部的債券部位。五月份開始，我的行動轉趨積極。在公債每季的標售中，我搶進債券，起初看來相當不錯，結果卻不理想。我迅速認賠，當債券價格持續下跌，我又開始在低檔承接。另一方面，我在S＆P期貨上建立了規模相當龐大的空頭部位，因此我在股票上承擔了些負面的風險，大致上可以平衡我在債券上正面的暴露。我也在漲勢中建立了石油的空頭部位，目前則處於虧損狀態。另外，我著手建立黃金的空頭部位。我的交易活動讓我付出了一些代價，卻使我居於坦然的地步。我的目標是限制虧損，而非獲取龐大的利潤。

美元展望相當不確定；採取一半對一半的立場似乎是最安全的。美元跌幅已經超過有關當局所希望的；經濟強權之間的意見分歧也超出我所樂見的程度。另外，聯邦準備理事會，仍

圖 12-21

	Apr. 4, 1986					
	Closing 4/4/86	% Change from 3/26			Closing 4/4/86	% Change from 3/26
DM	2.3955	− 2.8	S&P 500		228.69	− 3.6
¥	180.42	− .4	U.S. T-Bonds		100¹¹⁄₃₂	+ 1.9
£	1.4500	− 1.7	Eurodollar		93.13	+ .3
Gold	335.40	− 2.6	Crude Oil		12.74	+ 6.0
			Japanese Bonds		104.15	− 1.3

QUANTUM FUND EQUITY $1,251,000,000
Net Asset Value Per Share $8,421
Change from 3/26/86   + 24.3%
Change from 8/16/85   + 93.1%

Portfolio Structure (in millions of dollars)

Investment Positions (1)	Long	Short	Net Change (2) from 3/26	Net Currency Exposure (6)	Long	Short	Net Change (2) from 3/26
Stocks				DM-related	1,094		− 14
US Stocks	1,171	(167)	− 98	Japanese Yen	474		− 18
US Index				Pound Sterling		(380)	+ 9
Futures		(572)	− 696	US Dollar	63		− 18
Foreign				Other			
Stocks	499		− 37	Currencies	50		− 13
Bonds (3)							
US Gvt.							
Short							
Term (4)							
Long							
Term	652		+ 326				
Japanese							
(5)							
Commodities							
Oil		(29)	− 1				
Gold							

然處於貨幣主義的影響之下，預期經濟將在下半年好轉。所有
這些事都降低了利率進一步調降的可能。

1986年7月21日星期一：控制期結束

　　自從臨場實驗結束，我首次改變主要的策略。我並沒有放
棄：「我們正處於千載難逢大多頭行情」的命題，我又採納了
新的命題：油價崩盤所引發的通貨緊縮螺旋可能會縮短多頭行
情。第二項假設將在未來幾個月內受到測試；如果通過測試，
則「千載難逢大多頭行情」將仍然有效──事實上，期間可能
延伸。因此，在短期的未來，我將在一組相互矛盾的命題下操
作。這是另一個臨場實驗的合適主題；因此，我將在此結束控
制期。

　　自從發表前一次的報告，在股票投資組合的範圍之外，我
甚少有所做為。我的主要行動在外匯，而且代價不菲。首先，
我回補了全部的美元空頭部位，然後在較低的價位再建立充分
避險的部位。引發我第一項行動的若干跡象是美國經濟有轉強
的徵兆：五月份的領先指標與採購經理人報告表面上都十分強
勁。我對外匯並沒有明確的觀點，而且我不想失去我累積的獲
利。我心中盤算著，對以美元計值的基金而言，持有半數的美
元與半數的外幣和全數持有美元都可以稱為中性基金。不用
說，美元部位是在外匯交易區間的頂部回補的。

　　其實，在震盪的外匯市場極難維持「中性的」部位。市場
參與者必須做出存在的選擇，而且如果他們不具有明確的觀
點，則必然會陷入錯誤的選擇。當然，我們可以透過購買外匯

圖 12-22

Apr. 8, 1986					
	Closing 4/8/86	% Change from 4/4		Closing 4/8/86	% Change from 4/4
DM	2.3325	+2.6	S&P 500	242.38	+6.0
¥	179.80	+.3	U.S. T-Bonds	101³¹⁄₃₂	+1.6
£	1.4650	+1.0	Eurodollar	93.30	+.2
Gold	340.00	+1.4	Crude Oil	12.47	-2.1
			Japanese Bonds	103.58	-.5

QUANTUM FUND EQUITY $1,290,000,000
Net Asset Value Per Share $8,684
Change from 4/4/86   +3.1%
Change from 8/16/85   +99.1%

Portfolio Structure (in millions of dollars)

Investment Positions (1)	Long	Short	Net Change (2) from 4/4	Net Currency Exposure (6)	Long	Short	Net Change (2) from 4/4
Stocks				DM-related	810		-284
US Stocks	1,231	(169)	+58	Japanese Yen	504		+30
US Index				Pound Sterling		(177)	+203
Futures			+572	US Dollar	153		+90
Foreign				Other			
Stocks	578		+79	Currencies	57		+7
Bonds (3)							
US Gvt.							
Short							
Term (4)							
Long							
Term	656		+4				
Japanese (5)							
Commodities							
Oil		(12)	+17				
Gold							

選擇權達到部位的中性化，但必須為此付出可觀的代價。猶如在實驗期，在控制期的最後幾個月，我並未與市場保持密切接觸。我利用這段期間從事本書中比較理論的部份，而且在五月份與六月份停留於歐洲。在控制期，我的總體面行動反應出：它們在整體績效上沒有明顯的貢獻；如果我將外匯交易包含在內，其淨貢獻為負值。從下表可以看出，大部份的獲利來自於股票。

量子基金 盈餘與虧損 1986年上半年 （單位：億美元）	
股票	＋341.2
債券	＋ 22.3
外匯	＋ 53.3
石油	＋ 82.0
黃金	－ 2.2
其他	－ 16.8
總計	＋479.8

詳細討論股票投資組合的內容，將使我們偏離主題，但至少有兩個主要的投資命題值得強調，一是芬蘭股票，另一則是日本的鐵路與房地產股票，它們都與「千載難逢多頭行情」有關。房地產的概念也延伸到香港。這些股票投資約占我外國股

票部位的三分之二，而且占整體股票部位的40％。

　　「千載難逢多頭行情」是否能夠渡過未來幾個月，這將是新實驗的主題；不論結果如何，這項命題使我截至目前能夠安穩地管理我的投資基金。我希望重新開始進行的實驗，能夠協助我集中心力，就像前一次一樣。

圖 12-23

May 20, 1986					
	Closing 5/20/86	% Change from 4/8		Closing 5/20/86	% Change from 4/8
DM	2.3100	+1.0	S&P 500	236.11	−2.6
¥	168.18	+6.5	U.S. T-Bonds	96⁰⁵/₃₂	−5.7
£	1.5215	+3.9	Eurodollar	92.96	−.4
Gold	339.00	−.3	Crude Oil	16.04	+28.6
			Japanese Bonds	102.42	−1.1

QUANTUM FUND EQUITY $1,367,000,000
Net Asset Value Per Share $9,202
Change from 4/8/86 +6.0%
Change from 8/16/85 +111.0%

Portfolio Structure (in millions of dollars)

Investment Positions (1)	Long	Short	Net Change (2) from 4/8	Net Currency Exposure (6)	Long	Short	Net Change (2) from 4/8
Stocks				DM-related	485		−325
US Stocks	1,208	(58)	88	Japanese Yen	159		−345
US Index				Pound Sterling		(21)	+156
Futures		(770)	−770	US Dollar	744		+591
Foreign				Other			
Stocks	573		−5	Currencies	148		+91
Bonds (3)							
US Gvt.							
Short							
Term (4)							
Long							
Term	313		−343				
Japanese (5)							
Commodities							
Oil		(75)	−63				
Gold		(29)	−29				

圖 12-24

<table>
<tr><th colspan="9">July 21, 1986</th></tr>
<tr><th></th><th>Closing
7/21/86</th><th colspan="2">% Change
from 5/20</th><th></th><th>Closing
7/21/86</th><th colspan="2">% Change
from 5/20</th></tr>
<tr><td>DM</td><td>2.1195</td><td colspan="2">+ 8.2</td><td>S&P 500</td><td>236.22</td><td colspan="2">0</td></tr>
<tr><td>¥</td><td>179.65</td><td colspan="2">− 6.8</td><td>U.S. T-Bonds</td><td>99³¹⁄₃₂</td><td colspan="2">+ 4.0</td></tr>
<tr><td>£</td><td>1.4995</td><td colspan="2">− 1.4</td><td>Eurodollar</td><td>93.64</td><td colspan="2">+ .7</td></tr>
<tr><td>Gold</td><td>355.00</td><td colspan="2">+ 4.7</td><td>Crude Oil</td><td>13.09</td><td colspan="2">− 18.4</td></tr>
<tr><td></td><td></td><td colspan="2"></td><td>Japanese Bonds</td><td>103.32</td><td colspan="2">+ .9</td></tr>
</table>

QUANTUM FUND EQUITY $1,478,000,000
Net Asset Value Per Share $9,885
Change from 5/20/86 + 7.4%
Change from 8/16/85 + 126.7%

Portfolio Structure (in millions of dollars)

Investment Positions (1)	Long	Short	Net Change (2) from 5/20	Net Currency Exposure (6)	Long	Short	Net Change (2) from 5/20
Stocks				DM-related	795		+ 310
US Stocks	1,089	(86)	− 147	Japanese Yen	549		+ 390
US Index				Pound Sterling		(25)	− 4
Futures		(950)	− 180	US Dollar	159		− 585
Foreign				Other			
Stocks	604		+ 31	Currencies	202		+ 54
Bonds (3)							
US Gvt.							
Short							
Term (4)	29		+ 29				
Long							
Term		(570)	− 883				
Japanese							
(5)	1,334		+ 1,334				
Commodities							
Oil		(43)	+ 32				
Gold		(34)	− 5				

圖 12-25

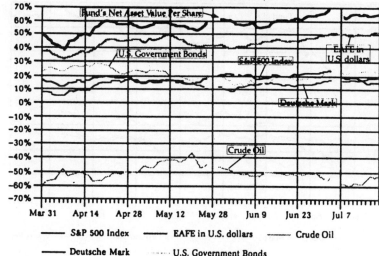

FUND'S NET ASSET VALUE PER SHARE
RELATIVE TO MARKETS
Control Period: 12/9 1985 to 7/20 1986

—— S&P 500 Index　—— EAFE in U.S. dollars　—— Crude Oil
—— Deutsche Mark　······ U.S. Government Bonds

圖 12-26

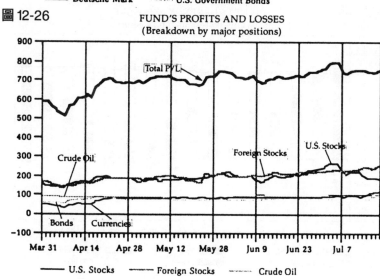

FUND'S PROFITS AND LOSSES
(Breakdown by major positions)

US $ MILLIONS

—— U.S. Stocks　—— Foreign Stocks　—— Crude Oil
Currencies　　Bonds

Notes:
(1) All prices are calculated as percent change over the first day shown.
(2) EAFE is Morgan Stanley's Capital International Index in U.S. dollars for European, Australian, and Far Eastern stock markets.
(3) The Oil and the Government Bond prices are the closing prices of the nearest futures contracts.
(4) Currency profits and losses include only forward and futures contracts. P&L on foreign stocks includes the currency gain or loss on the positions.

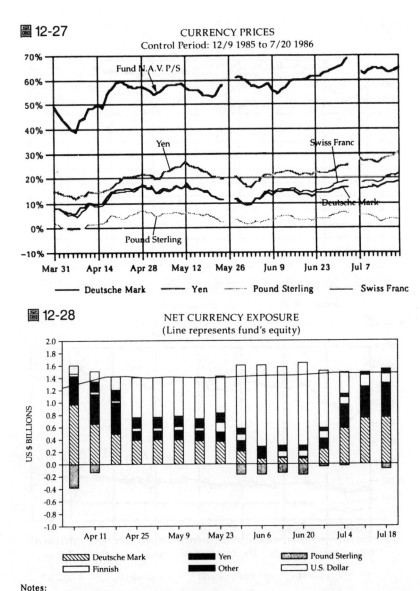

圖 12-27

CURRENCY PRICES
Control Period: 12/9 1985 to 7/20 1986

Fund N.A.V. P/S

Yen

Swiss Franc

Deutsche Mark

Pound Sterling

— Deutsche Mark ⋯⋯ Yen —·— Pound Sterling — Swiss Franc

圖 12-28

NET CURRENCY EXPOSURE
(Line represents fund's equity)

US $ BILLIONS

Deutsche Mark   Yen   Pound Sterling
Finnish   Other   U.S. Dollar

Notes:
(1) Prices in U.S. dollars shown as percent change over the first day shown. New York closing prices are used.
(2) Net currency exposure includes stock, bonds, futures, forwards, cash, and margins, and equals the total equity of the fund. A short position in U.S. dollars indicates the amount by which the currency exposure exceeds the equity of the fund.
(3) Currency exposure shown as of end of week.

圖 12-29

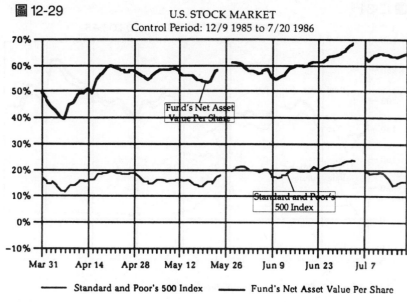

U.S. STOCK MARKET
Control Period: 12/9 1985 to 7/20 1986

Fund's Net Asset Value Per Share

Standard and Poor's 500 Index

Standard and Poor's 500 Index   Fund's Net Asset Value Per Share

圖 12-30

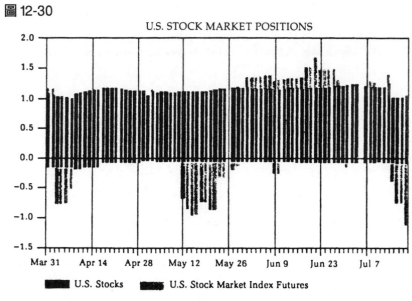

U.S. STOCK MARKET POSITIONS

US $ BILLIONS

U.S. Stocks   U.S. Stock Market Index Futures

圖 12-31

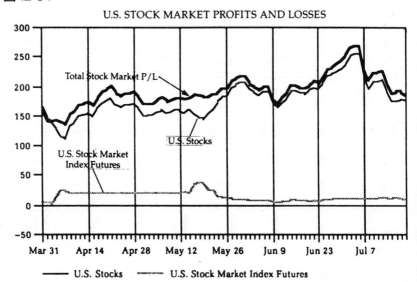

U.S. STOCK MARKET PROFITS AND LOSSES

Note:
(1) Total U.S. stock market profits and losses include stock positions and index futures.

圖 12-32

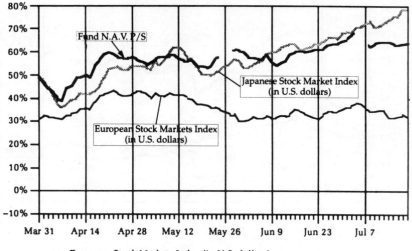

FOREIGN STOCK MARKET PRICES
Control Period: 12/9 1985 to 7/20 1986

Fund N.A.V. P/S

Japanese Stock Market Index
(in U.S. dollars)

European Stock Markets Index
(in U.S. dollars)

―――― European Stock Markets Index (in U.S. dollars)

·········· Japanese Stock Market Index (in U.S. dollars)

圖 12-33

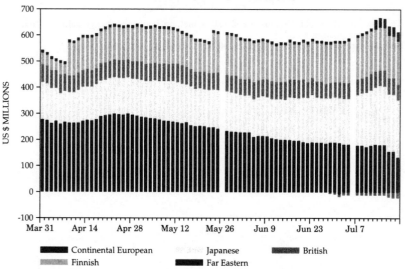

FOREIGN STOCK POSITIONS

US $ MILLIONS

Continental European　　Japanese　　British

Finnish　　Far Eastern

圖 12-34

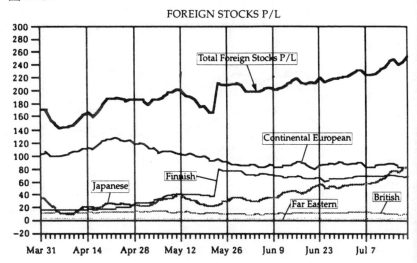

FOREIGN STOCKS P/L

Notes:
(1) Total foreign stock market profits and losses include foreign exchange gains or losses on foreign stock positions.
(2) Far Eastern positions include Hong Kong, Korea, Taiwan, Australia, and Thailand.

圖 12-35

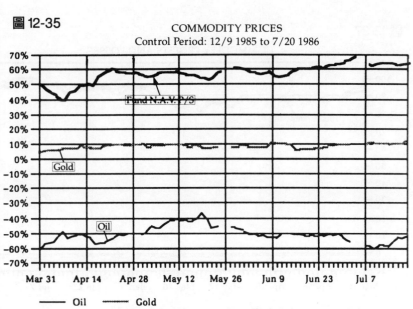

圖 12-36

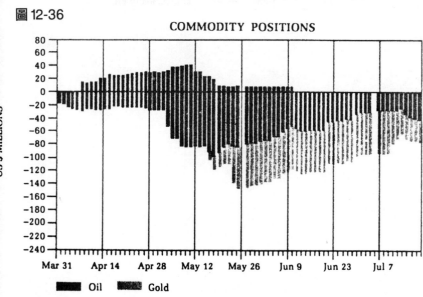

圖 12-37

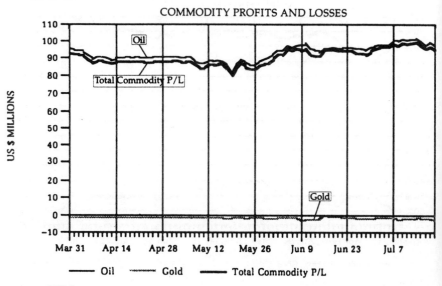

COMMODITY PROFITS AND LOSSES

圖 12-38

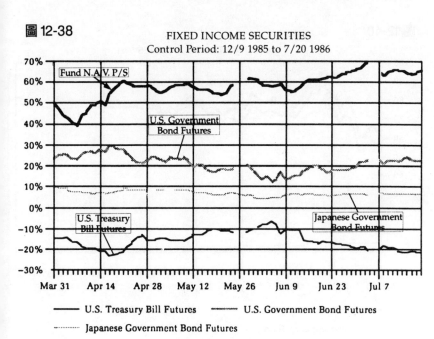

FIXED INCOME SECURITIES
Control Period: 12/9 1985 to 7/20 1986

——— U.S. Treasury Bill Futures　　〜〜〜 U.S. Government Bond Futures

·········· Japanese Government Bond Futures

圖 12-39

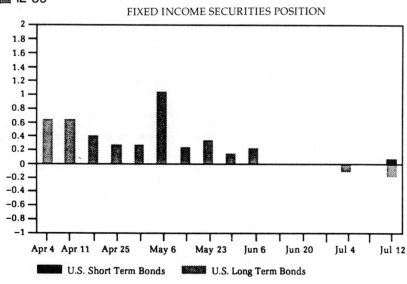

FIXED INCOME SECURITIES POSITION

■ U.S. Short Term Bonds　　▨ U.S. Long Term Bonds

圖 12-40

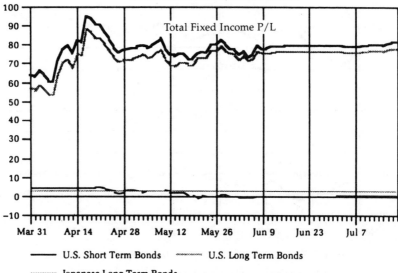

Notes:
(1) U.S. Short Term Bond positions and P&L include Treasury Bills, Treasury Bill and Eurodollar Futures, and Treasury Notes up to two years to maturity.
(2) All U.S. Government Bonds are reduced to a common denominator of 30-year Government Bonds. The basis of the conversion is the effect on price of a given change in yield. For instance, $100 million in face value of 4-year Treasury Notes are equivalent to $28.5 million in market value of 30-year Government Bonds.
(3) Japanese Government Bond Futures have considerably less volatility than U.S. Government Bonds. For instance, as of June 30, 1986, $100 million in face value of Japanese Government Bonds had the same volatility as roughly $66.2 million in 30-year U.S. Government Bonds. We have *not* adjusted for this difference.
(4) Positions shown as of end of week.

第十三章
第二階段：1986年7月－1986年11月

1986年7月21日星期一

通貨緊縮螺旋發生的可能從未在我的心中消失。事實上，在我著手臨場實驗時，它便是我心中最重要的主題。最後，我捨棄了它而接納了多頭行情的主題，但是在控制期，我仍不斷地思考，偶爾也根據它採取行動。

依據目前的觀點，這項主題來自於石油價格崩盤。長期而言，低油價應該會刺激經濟，因爲它可以降低生產成本，增加可支配所得。它的效果類似減稅，但尚有一項額外的優點，即它是由石油輸出國家組織而非美國財政部承擔其代價。但是，就短期而言，它具有負面的衝擊。

首先，它會直接打擊石油生產與探勘的支出。更重要者，當生產國的售價處於下跌狀態，則會出現延遲採購的強烈誘因。美國的名目利率約7％，日本爲4％，美國的石油價格卻以8.5％的速度下跌，日本的下跌速度更快，還有什麼方式會比握有現金部位，尤其是持有日圓，更有利呢？通貨緊縮的壓力應該只是短暫的，因爲採購無法永遠延遲，尤其是消費者需求，會受到低利率與低物價的刺激而增加。但是，只要延遲採購的現象持續存在，累積債務的重擔便有崩垮的危險，這將抹煞需

求終究會增加的希望。

上週，LTV Corp.宣布自願重整，這便是一個例子。在法院保護下進行重整，LTV Corp.能夠降低成本結構而有效地提升競爭力，截至伯利恆鋼鐵公司（Bethlehem Steel）也被逼到破產邊緣，而且最後整個產業都將瓦解。只要過程在進行，客戶便不願意下採購單。戲劇化的情節正在經濟體系中的許多領域逐一的進行。德州與其它產油區正迅速地淪為災區。賦稅改革法案有摧毀商業不動產產業的威脅；同時打擊了原本已經疲弱不堪的資本財產業。農業處於蕭條的深淵。原本是經濟的主要驅動力量之一的國防工業也被裁減了。消費者支出是最終的主要力量來源。一旦消費者信心動搖，則所希求的需求增加將永遠不會出現。如同凱恩斯所說的，長期而言，我們都死了。

外匯市場不穩定使得情況更加惡化。美元貶值大幅削弱刺激貨幣政策的運作。臨場實驗開始以來，惡性循環發展成形的可能以目前最大，疲弱的經濟與弱勢的美元將會相互自我增強。

近期的負面影響與長期的正面影響結合在一起便是所謂的J曲線。本術語通常運用在外匯市場，但也可以運用在油價。它描述了價值一次下跌所產生的效果。如果繼續貶值，則J曲線的下傾斜率將延伸，最後將不宜再稱之為J曲線，而應該稱為滑溜的斜率。

早在市場開始瞭解油價崩盤所蘊涵的危險之前，我已經對它有所認識，但由於市場持續地忽略，我也受引誘而退縮到錯誤的安全感中。實際上，在最近市場表現給了我當頭棒喝之

前，我更注意經濟轉強的可能徵兆。7月7日，股票市場滑落時，我的第一個反應是將其視爲多頭行情中的典型技術性回檔整理，而且在每一季初通常都會出現。我瞭解我們當時所處的情況是，股票市場的任何巨挫都會自我有效化；但是，我難以相信大跌會恰巧發生在技術性回檔時。另外，就大多數技術分析師的觀點，這一波的股價下跌非常不尋常，連大多數技術分析師也無法正確的辨識。一週後，當跌幅超過技術性回檔的幅度，我才嚴肅地看待這項問題。

我接受空頭的題材的原因，並非因爲它是我們所處情況的有效預測，而是因爲它會強力影響金融市場。同時，我看不出任何理由放棄多頭的題材。相反地，如果股票市場能夠渡過目前所遭遇的嚴厲測試，則它的勁道會增強，生命期也會延伸。因此，我發覺我處於非常尷尬的情境，必須在相互矛盾的題材下運作，至少短期內是如此。空頭的題材現在比較有力，但我不能宣稱我在目前或未來會據此而採取行動。因此，當空頭觀點充分地影響市場，我若據此而採取行動，則存在著危險——換言之，我會在谷底拋出。

在此之前，我經常發現自己處於類似的情況，也因此而發展出應付它們的一些技巧。事實上，在兩個至少互帶矛盾的題材下從事投資，對我而言是比較常見的情況，而採取單一的觀點——猶如第一階段的情況——則比較罕見。

一般來說，如果投資部位所倚賴的題材仍然有效，我不會減少部位；反之，我會根據新的題材而在相反的方向建立額外的部位。結果會形成巧妙的平衡，但需要隨時加以調整。如果

平衡措施無法保護投資組合，則我必須全面撤退以確保存活。如果平衡措施奏效，則我可以取得流動性，且無需犧牲我所希望的部位。爲了說明：假定我以完全投資的部位做起點，則我會建立等量的空頭部位，20％的跌幅，即使它對多、空產生相同的影響，我仍可維持80％的多頭部位。如果我在正確的時機回補空頭部位，則整體投資部位有斬獲；即使空頭回補產生虧損，情況也會比在錯誤的時機中出清多頭部位要來得有利。在實務上，作業情況更爲複雜，因爲平衡措施非僅侷限於股票市場。

以目前的案例來說，我反應得很遲。跌勢持續了一星期，我開始採取行動時，行情已經從高峰下跌了5％。7月14日星期一，我買進了一些S＆P期貨，認爲如果我們處於技術性盤面，則大盤應該收高。道瓊工業股價指數在7月7日星期一下跌了63點，空頭預期本週一仍會劇跌，形成狂瀉式的空頭市場。行情實際上收低時，隔日我即將部位反轉，而在本週結束前，我所建立的空頭部位或許超過了多頭部位。我也放空一些長期債券，做多一些國庫券期貨。然後，我大舉進軍日本債券期貨市場，並加倍放空美國公債。這些行動所依據的觀點是，我預期各國最後會採取聯手措施調降利率，而美元處於跌勢，所以美國債券會有負面的反應，日本債券卻會上揚。投資組合結構的日常變化細節列於表13-1到表13-6。

目前，我已經建立了我所希望的部位，但我的態度隨時可能有變。在兩個相互衝突題材的爭戰趨於明朗之前，我必須採取比以往更積極、更靈活的行動。舉例來說，萬一狂瀉式的空頭走勢並未持續，而失望之餘又引發軋空秀，則爲了能夠在更

高的價位放空，我在今天（7月21日星期一）回補了500口的S
＆P期貨契約。

　　接下來我要如何運作，則取決於下週一召開石油輸出國家
組織會議的結果。如果會議與時下的預期相違，不歡而散，則
我將要應付最惡劣的情況；如果會議達成了協議，則我必須重
新評估情況。

1986年7月28日星期一

　　我很難逐一詳列我的每項投資。我將上週的交易概括說明
如下：我以些微虧損將S＆P期貨的空頭部位降到5,000口（5億
8,700萬美元）；我以些許利潤回補美國公債期貨的部份空頭部
位；我也獲利了結一部份最近所建立的美元空頭部位。淨效果
是在各方面稍微降低我所承擔的風險，並達到我所認為充分避
險的部位。

　　今天，星期一，我獲利出清了剩餘的美國公債期貨空頭部
位。隨後，美元因為不詳的理由挫跌到新低點，我覺得必須躍
入空方的行列。我也加入拋售債券與股價指數期貨的群眾。我
出清了一週前以高價買回的S＆P指數期貨，並以更高價在今
天早晨回補債券期貨。我並不清楚市場是否正在預期石油輸出
國家組織會議的正面或負面結論；我所看見的只是美元因某種
原因挫跌，這是不利於股票與債券的因素。行情沒有明確的原
因則更為嚇人。我決定先採取行動，然後再尋找理由。我明天
會重新檢討情況，如果有必要，我會反轉今天的交易。

圖 13-1

				July 28, 1986			
	Closing *7/28/86*	*% Change* *from 7/21*			*Closing* *7/28/86*	*% Change* *from 7/21*	
DM	2.1515	− 1.5		S&P 500	240.23	+ 1.7	
¥	158.30	+ 11.9		U.S. T-Bonds	97	− 3.0	
£	1.4795	− 1.3		Eurodollar	93.43	− .2	
Gold	347.9	− 2.0		Crude Oil	10.90	− 16.7	
				Japanese Bonds	103.31	0	

QUANTUM FUND EQUITY $1,514,000,000
Net Asset Value Per Share $10,126
Change from 7/21/86   2.4%
Change from 8/16/85   132.2%

Portfolio Structure (in millions of dollars)

Investment Positions (1)	Long	Short	Net Change (2) from 7/21	Net Currency Exposure (6)	Long	Short	Net Change (2) from 7/21
Stocks				DM-related	678		− 117
US Stocks	1,020	(99)	− 82	Japanese Yen	434		− 115
US Index				Pound Sterling		(25)	0
Futures		(1,053)	− 103	US Dollar	427		+ 268
Foreign				Other			
Stocks	581		− 23	Currencies	341		+ 139
Bonds (3)							
US Gvt.							
Short							
Term (4)	59		+ 30				
Long							
Term		(572)	− 2				
Japanese							
(5)	1,663		+ 329				
Commodities							
Oil		(37)	+ 6				
Gold			+ 34				

1986年7月31日星期四晚間

星期二，我以些微的利潤了結星期一所放空的Ｓ＆Ｐ期貨，而我也回補了我的債券期貨，隨後又以更高的價格賣出一部份。

星期三，股票市場創新低，但突破的幅度不大。我嘗試回補更多的Ｓ＆Ｐ期貨，但期貨市場上漲，我只補了1,100口契約。我也趁油價上揚而放空石油。

今天早晨，美元再創新低，我打算在股票指數期貨建立更偏空的部位。石油輸出國家組織會議除了記錄各方的歧見，似乎無法達成具體結果。油價接下來應該下跌。這正是我所等待的訊號，以便決定朝那個方向出擊。

經濟衰退也似乎轉趨惡化。除了通貨緊縮螺旋所造成的短期情況，資本支出的下降也構成了長期的情況。在全球各地，金融市場的不穩定成為固定資本形成強而有力反向誘因。在美國，賦稅改革增加了不確定；在歐洲與日本，美元貶值使企業毛利吃緊。問題是政府並不像以往具有轉圜空間，推動反循環的政策。美國所受到的限制尤其嚴重，因為需要它來維繫國外投資者的信心。日本與歐洲可以發揮得更多，但行動過於遲緩。同時，債務累積的壓力十分緊迫：伯利恆鋼鐵公司已經暫停發放其優先股的股息。

下檔空間似乎非常開闊，上檔則十分有限。經歷昨天的反彈，股票市場仍處於正常技術性回檔的模式中；今天可能是突

圖 13-2

				July 31, 1986			
	Closing 7/31/86	% Change from 7/28			Closing 7/31/86	% Change from 7/28
DM	2.1040	+2.2		S&P 500	236.59	−1.5
¥	155.30	+1.9		U.S. T-Bonds	97	0
£	1.4928	+.9		Eurodollar	93.46	0
Gold	352.00	+1.2		Crude Oil	11.73	+7.6
				Japanese Bonds	103.64	+.3

QUANTUM FUND EQUITY $1,503,000,000
Net Asset Value Per Share $10,050
Change from 7/28/86 −.8%
Change from 8/16/85 +130.5%

Portfolio Structure (in millions of dollars)

Investment Positions (1)	Long	Short	Net Change (2) from 7/28	Net Currency Exposure (6)	Long	Short	Net Change (2) from 7/28
Stocks				DM-related	679		+1
US Stocks	983	(106)	−44	Japanese Yen	431		−3
US Index				Pound Sterling		(15)	+10
Futures		(973)	+80	US Dollar	408		−19
Foreign				Other			
Stocks	582	(44)	−43	Currencies	171		−170
Bonds (3)							
US Gvt.							
Short							
Term (4)	124		+65				
Long							
Term		(442)	+130				
Japanese							
(5)	1,686		+23				
Commodities							
Oil		(73)	−36				
Gold							

破該模式的日子，情況果真如此，我的行為無疑地會對它有所
貢獻。

1986年8月4日星期一晚間

上週四我所建立的空頭部位似乎有所表現了：指數期貨在
上週五以新低價收盤，蘊釀著另一個黑色星期一。今天，股票
市場開低，油價卻開高走高。我十分關心石油輸出國家組織可
能達成某種協議，我嘗試回補一半的空頭部位。隨後，協議細
節逐漸傳出，股票市場也開始反彈。我勉強回補四分之一的空
頭部位。在所完成的交易中，我實現了些微的利潤，卻在無法
回補的部位上出現未實現的虧損。我目前傾向於認賠了結，因
為今天的石油生產配額協議已經破壞不了空頭的基礎。伊朗與
沙烏地阿拉伯之間所達成的協議極具意義：它意味任憑油價繼
續下跌將不利於沙烏地阿拉伯在政治與軍事上的利益。這項協
議可能破裂，但這是以後的事。這時候，放空石油或股票均非
明智之舉。不幸地，我卻同時放空這兩者。我希望脫困，但必
須有耐心：有太多人處於我的立場，在第一波漲勢結束後，或
許有再思考的空間。不論情況如何，我必須準備認賠。

1986年8月9日星期六

在本週，我降低了所有投資的風險程度。

星期二，我回補指數期貨、以及石油與銀行類股的空頭部
位；我也拋出一些外匯與短期債券。星期三，在第一波空頭回
補消退之後，我開始回補石油的空頭部位。星期四，我回補債

圖 13-3

Aug. 4, 1986					
	Closing 8/4/86	% Change from 7/31		Closing 8/4/86	% Change from 7/31
DM	2.0865	+ .8	S&P 500	236.00	− .2
¥	154.30	+ .6	U.S. T-Bonds	97²⁵/₃₂	+ .8
£	1.4695	− 1.6	Eurodollar	93.57	+ .1
Gold	360.30	+ 2.4	Crude Oil	13.29	+ 13.3
			Japanese Bonds	104.11	+ .5

QUANTUM FUND EQUITY $1,504,000,000
Net Asset Value Per Share $9,834
Change from 7/31/86   − 2.1%
Change from 8/16/85   + 125.5%

Portfolio Structure (in millions of dollars)

Investment Positions (1)	Long	Short	Net Change (2) from 7/31	Net Currency Exposure (6)	Long	Short	Net Change (2) from 7/31
Stocks				DM-related	601		− 78
US Stocks	1,015	(96)	+ 42	Japanese Yen	421		− 10
US Index				Pound Sterling		(15)	0
Futures		(703)	+ 270	US Dollar	497		+ 89
Foreign				Other			
Stocks	562	(44)	− 20	Currencies	197		+ 26
Bonds (3)							
US Gvt.							
Short							
Term (4)	122		− 2				
Long							
Term		(383)	+ 59				
Japanese							
(5)	2,388		+ 702				
Commodities							
Oil		(85)	− 12				
Gold							

圖 13-4

Aug. 8, 1986					
	Closing 8/8/86	% Change from 8/4		Closing 8/8/86	% Change from 8/4
DM	2.0660	+1.0	S&P 500	236.88	+.4
¥	153.75	+.4	U.S. T-Bonds	99⁰³⁄₃₂	+1.3
£	1.4765	+.5	Eurodollar	93.61	0
Gold	375.60	+4.2	Crude Oil	14.83	+11.6
			Japanese Bonds	104.01	−.1

QUANTUM FUND EQUITY $1,472,000,000
Net Asset Value Per Share $9,628
Change from 8/4/86 −2.1%
Change from 8/16/85 +120.8%

Portfolio Structure (in millions of dollars)

Investment Positions (1)	Long	Short	Net Change (2) from 8/4	Net Currency Exposure (6)	Long	Short	Net Change (2) from 8/4
Stocks				DM-related	164		−437
US Stocks	1,002	(47)	+36	Japanese Yen	141		−280
US Index				Pound Sterling		(25)	−10
Futures			+703	US Dollar	1,192		+695
Foreign				Other			
Stocks	593	(30)	+45	Currencies	177		−20
Bonds (3)							
US Gvt.							
Short							
Term (4)	49		−73				
Long							
Term		(552)	−169				
Japanese							
(5)	2,385		−3				
Commodities							
Oil			+85				
Gold		(15)	−15				

券期貨的空頭部位。今天，我賣出大量的外匯。

我僅保留的主要部位是股票與日本債券期貨。唯一的新風險是放空美國公債期貨。這是今天在空頭回補的大幅反彈之後，我所採取的戰術動作，此一部位受到日本債券期貨的保護。

自從一月初，基金淨值首度下跌：在本週內，基金的每股淨值下跌了4.2％。虧損主要來自於石油賭局和某些股票部位。市場環境的變化終於逮到我們：幾個股票的投資概念因此中斷，在缺乏有效的避險措施下，我們的資產價值蒙受虧損。我們或許尚未承受到最惡劣的衝擊：通常一切會出錯的事會同時出錯。這便是情況開始出差錯時，我希望全面撤退的理由。兩個禮拜的熱絡交易並未產生具體結果：現在是轉趨平靜的時候。我仍然十分關切每天的行情變化，但我應該重新掌握我的觀點。在降低風險程度之後，我能夠更輕易地重新評估與重新整頓。

我承認石油輸出國家組織的協議是重要事件。產油國家瀕臨懸崖時，卻能及時勒馬：它們在一段時間內可能遠離懸崖。逆向的石油供給曲線朝兩個方向運作：一旦油價上揚，不計成本開採石油的壓力便會消失。總之，石油卡特爾展現了新生命。它的時間長度雖然不確定，但它必然足以讓我依據它來擬定投資決策。我預料油價不會跌破15美元，而年底很可能會超過18美元。

這樣的想法置我於何地？我的負面情節是以石油價格崩盤為前題；我是否應該放棄它，毫無保留地再轉向看多？這是我

的第一反應，但是我遲疑了一下，因為我察覺到太多的負面因素。在跨越了一道障礙，即石油，仍有其它障礙橫在後面。最重要的是弱勢美元，在美元走勢穩定之前，我寧可心存謹慎。

在不斷尋找負面的因素之後，我發覺自己又回到臨場實驗開始時所持的論證。當時，大循環已經逐漸鬆弛、而且有朝相反方向發展的危險：疲弱的經濟將導致弱勢的美元，而且會阻礙利率的下跌。目前，經濟與美元所展現的疲弱已經足以讓此情節實現。我們如何防止它發生呢？我認為唯有危險具體化之後才能挽救我們。股票市場正在告訴我們：我們正步入經濟衰退；壞帳的重擔正在累積；保護主義壓力到了十分嚴重的地步，國會只少幾票就能夠駁回總統的否決。主管當局必須理解非得採取行動不可。它們曾經在廣場飯店所舉行的五大工業國家會議中凝聚了共識。在目前情況的壓力下，再做一次並不困難。日本與德國可以調降利率，而美國可以配合支撐美元。週末，伏克前往德國參加艾明格（Emminger）的葬禮，這項議題一定會被討論。這便是我在昨天拋掉外匯的理由。放空美國債券期貨並非明智之舉，但可以做為避險。如果美元連創新低，則我打算建立該部位來取代美元的空頭部位；如果美元走穩，則我會以股價指數期貨的多頭部位制衡它。不論情況如何，我的日本債券期貨多頭部位與美國債券空頭部位，兩者可以相互抵銷。

總之，我繼續在兩種替代的情節下運作，但美元已經取代油價成為關鍵變數。如果有關當局成功地穩住美元，則我比較有信心回歸到多頭情節；如果失敗了，則惡性循環會浮現。就目前來說，我願意下注於正面的解決方案，但十分謹慎跨過一

道障礙，我們必須還能跨越下一個障礙。但是，如果回補美元部位最後證明是錯誤的，則我必須能做一些巧妙的交易，或接受失敗的事實。截至目前，我所採取的避險措施毫無成效，所以我可能選擇後者。畢竟，我的投資組合已經沒有使用融資而讓我擔憂了。

1986年8月18日星期一晚間

股票市場表現十分強勁，債券市場也很堅挺，外匯市場似乎趨於穩定。基金的資產價值創新高點。我現在能夠更有信心地採信多頭情節。

我們曾經瀕臨深淵，然後又撤回來。全球準備採取協調式的調降利率。油價逐步攀升，我們正邁向累積存貨的時期。由於外匯市場逐漸穩定，美元貶值的有利影響將開始顯現。這些短期的正面效果應該會超過長期的負面效果，如：營建業衰退與資本支出的疲弱不振。淨結果仍應該是我們所經歷的持續低成長。在這種背景之下，全球股市可能會繼續創新高。賦稅改革法案會對今年底構成抑制的影響，因為基於稅負的考量，不論長期資本利得或短期虧損，於今年提列都會勝於明年提列；但此項考量可能已經反應在市場上。專業投資人已經募集了大筆資金，而且採取了許多避險措施。如果發生意外，它會出現在上檔。相對於幾週前，目前情況截然不同，當時我認為上檔空間十分有限而下檔則相當遼闊。

現在，我已經可以為第二階段的實驗做成結論。它並非轉折點，只是一段插曲，我依然抱持多頭的看法。我將恢復平素

圖 13-5

	Aug. 18, 1986				
	Closing 8/18/86	% Change from 8/8		Closing 8/18/86	% Change from 8/8
DM	2.0170	+2.4	S&P 500	247.38	+4.4
¥	154.32	−.4	U.S. T-Bonds	101^{04}/32	+2.0
£	1.4900	+.9	Eurodollar	93.81	+.2
Gold	376.40	+.2	Crude Oil	15.61	+5.3
			Japanese Bonds	105.08	+1.0

QUANTUM FUND EQUITY $1,594,000,000
Net Asset Value Per Share $10,423
Change from 8/8/86 +8.3%
Change from 8/16/85 +139.0%

Portfolio Structure (in millions of dollars)

Investment Positions (1)	Long	Short	Net Change (2) from 8/8	Net Currency Exposure (6)	Long	Short	Net Change (2) from 8/8
Stocks				DM-related	169		+5
US Stocks	1,088	(40)	+93	Japanese Yen	199		+58
US Index				Pound Sterling		(19)	+6
Futures	347		+347	US Dollar	1,245		+53
Foreign				Other			
Stocks	677	(19)	+95	Currencies	223		+46
Bonds (3)							
US Gvt.							
Short							
Term (4)	43		−6				
Long							
Term		(465)	+87				
Japanese							
(5)	2,427		+42				
Commodities							
Oil	28		+28				
Gold	11		+26				

的管理方式，也不會經常評估。基金的投資組合相當不錯，雖然我會因為持有更大的股票多頭部位，並冒險建立石油的多頭部位而感到高興。

上個月的熱絡交易乃摘要說明於圖13-6到圖13-21。

1986年9月8日星期一

上週一，黃金受到白金漲勢的拉拔而突破400美元關卡，股票與債券則雙雙重挫。我忽略了賣壓，在星期四我似乎找到了理由：道瓊指數再創新高。但是，其它指數並未跟進，大盤於星期五轉弱。領導類股出現了變化：景氣循環類股與石油類股成為主力，原先的領導股則因為漲幅大而表現很差。我認為賦稅法案是主要因素：明年的長期資本利得稅之稅率會提高。市場也相當關心通貨膨脹。我的戰略觀點仍然未變：如果有關當局能夠協調其政策，我們應該會繼續處在低度的成長中。美元相當穩定鼓勵我不少。雖然如此，股票市場似乎仍需要測試下檔支撐。就目前，我不認為道瓊指數的跌幅會超過40點。但是，我仍然減少一半的S＆P期貨部位，以便取得主導權。

日本股票和債券的挫敗頗有傷害，但是我無計可施。

1986年9月11日星期四早晨

我已經決定採取比較中性的部位。這意味要賣出剩餘的S＆P期貨，或許甚至對我所持有股票部位放空，或增加政府債券空頭部位。我也決定放空美元，主要是做多德國馬克。

圖 13-6

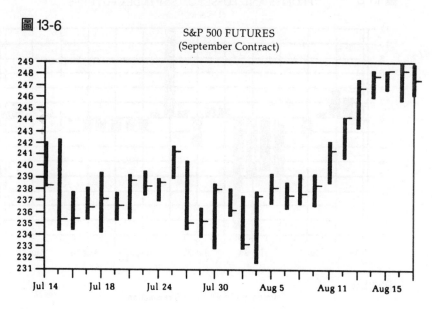

S&P 500 FUTURES
(September Contract)

圖 13-7

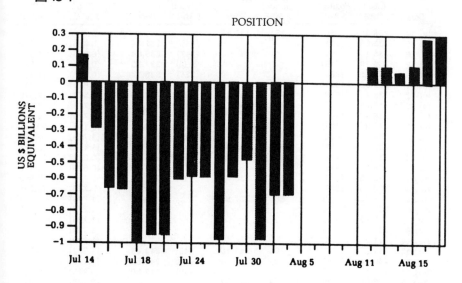

POSITION

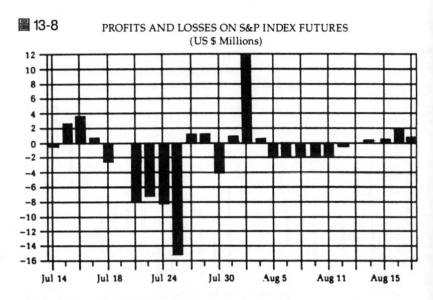

圖 13-8

PROFITS AND LOSSES ON S&P INDEX FUTURES
(US $ Millions)

圖 13-9

Summary of S&P Index Transactions

Date	Close Price	Outst. Position $ Mill.	Bought Amount $ Mill.	Bought Price	Sold Amount $ Mill.	Sold Price	Cum. Real. P&L $ Mill.	Unreal. P&L $ Mill.
Jul 14	238.3	153	153	238.98				(0.435)
Jul 15	235.05	(301)			(456)	237.44	(0.986)	3.059
Jul 16	235.1	(647)			(347)	236.04	(0.986)	4.377
Jul 17	236.15	(655)			(6)	237.50	(0.986)	1.523
Jul 18	236.85	(982)			(324)	236.12	(0.986)	(1.421)
Jul 21	236.35	(921)	59	236.10			(0.884)	0.613
Jul 22	238.4	(929)	35	235.45	(36)	237.50	(0.576)	(7.376)
Jul 23	237.95	(602)	334	238.75			(3.709)	(3.607)
Jul 24	238.4	(595)					(3.709)	(4.732)
Jul 25	240.9	(602)					(3.709)	(10.982)
Jul 28	234.85	(939)			(353)	235.20	(3.709)	4.668
Jul 29	235.1	(588)	374	234.58	(22)	255.20	(1.417)	2.215
Jul 30	237.7	(484)	156	234.79	(47)	235.61	(0.623)	(3.565)
Jul 31	235.95	(952)			(473)	236.68	(0.623)	1.458
Aug 1	233.15	(671)	360	233.76	(35)	234.93	2.713	8.893
Aug 4	237.05	(682)					2.713	(2.334)
Aug 5	237.75	0	685	237.80			(1.779)	
Aug 6	237.3	0					(1.779)	
Aug 7	237.45	0					(1.779)	
Aug 8	238.1	0					(1.779)	
Aug 11	241.3	0					(1.779)	
Aug 12	244.2	61	103	241.18	(43)	243.45	(1.382)	0.755
Aug 13	246.45	55			(6)	246.62	(1.246)	1.186
Aug 14	247.55	37			(19)	247.50	(0.772)	0.955
Aug 15	248.05	70	32	247.97			(0.772)	1.041
Aug 18	248.25	256	185	247.11			(0.772)	1.951
Aug 19	247.4	292	37	246.44			(0.772)	1.220

圖 13-10

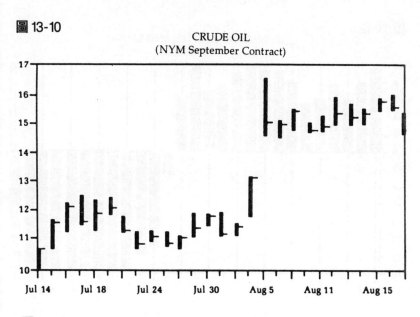

圖 13-11

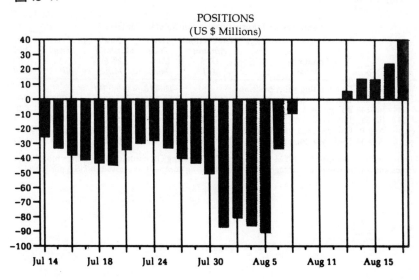

圖 13-12

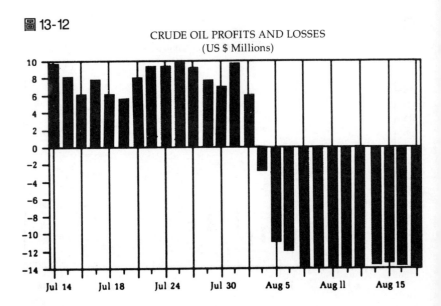

CRUDE OIL PROFITS AND LOSSES
(US $ Millions)

圖 13-13

Summary of Transactions in Oil-Related Contracts[1]

From	To	Transaction Made	Transaction Amount US $ Mill.	Avg. Price US $/ Barr.	Total Outstand. US $ Mill.	Real P&L In Period US $ Mill.	Total P&L US $ Mill.
	Jul 14	Outstanding short position		15.478	(25.534)		7.750
Jul 15	Jul 17	Increased short position	(14.029)	13.038	(41.924)	0.000	7.466
Jul 21	Jul 24	Bought back	13.737	12.455	(26.535)	3.090	9.032
Jul 25	Jul 31	Increased short position	(49.679)	11.449	(87.654)	0.877	9.395
Aug 1	Aug 8	Covered short position	99.156	15.271	0.000	(19.824)	(13.186)
Aug 12	Aug 19	Built new long position	29.44	15.405	28.837	0.000	(13.789)

[1] Figures include positions in NYM-Crude and NYM-Heating Oil contracts for various months. Prices shown are weighted averages for all outstanding contracts expressed in US $ per barrel.

圖 13-14

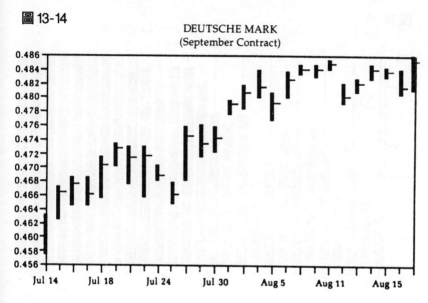

DEUTSCHE MARK
(September Contract)

圖 13-15

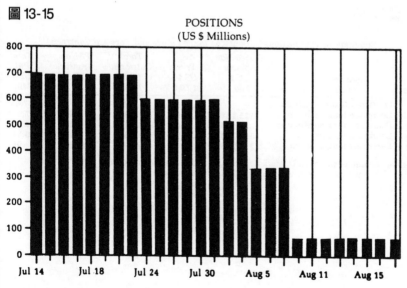

POSITIONS
(US $ Millions)

圖 13-16

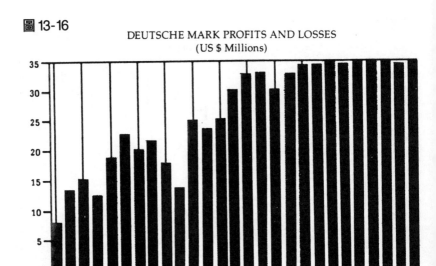

DEUTSCHE MARK PROFITS AND LOSSES
(US $ Millions)

圖 13-17

Summary of Transactions in Deutsche Mark Future and Forward Contracts[1]

Date	Transaction Mode	Transaction Amount US $ Mill.	Avg. Price US $/ 1 DM	Total Outstand. US $ Mill.	P&L on Transac. US $ Mill.	Total P&L US $ Mill.
Jul 14	Outstanding long position		0.4580	712.067		7.855
Jul 24	Decreased long position	125.182	0.4692	598.683	2.990	17.108
Aug 1	Decreased long position	81.000	0.4809	530.133	3.857	32.103
Aug 5	Decreased long position	150.380	0.4784	377.627	6.418	29.977
Aug 8	Decreased long position	297.205	0.4843	84.431	16.131	33.986

[1] Figures include positions in D. Mark Sep. futures and forward contracts due 9/17.
Price of forward contracts is assumed equal to price of futures.

圖 13-18

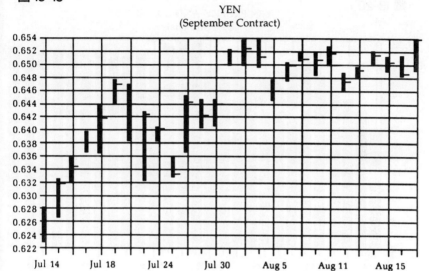

YEN
(September Contract)

圖 13-19

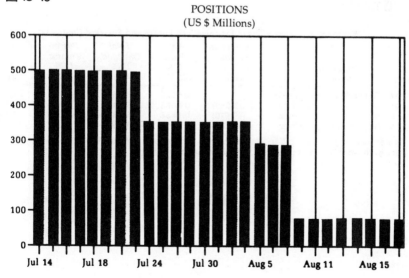

POSITIONS
(US $ Millions)

圖 13-20

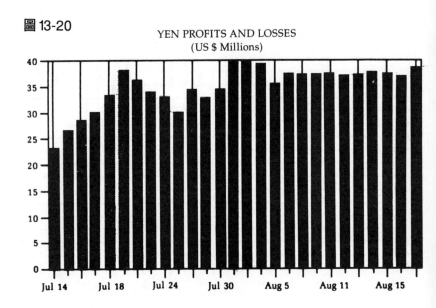

YEN PROFITS AND LOSSES
(US $ Millions)

圖 13-21

Summary of Transactions in Japanese Yen Future and Forward Contracts[1]

Date	Transaction Made	Transaction Amount US $ Mill.	Avg. Price US $/ 100 Yen	Total Outstand. US $ Mill.	P&L on Transac. US $ Mill.	Total P&L US $ Mill.
Jul 14	Outstanding long position		0.6122	486.666	16.742	23.634
Jul 24	Decreased long position	(132.040)	0.6408	364.170	5.215	33.178
Aug 5	Decreased long position	(96.870)	0.6458	269.812	3.140	35.747
Aug 8	Decreased long position	(188.307)	0.6507	83.977	8.382	38.161

[1] Figures include positions in Yen Sep. futures and forward contracts due 9/17.
Price of forward contracts is assumed equal to price of futures.

圖 13-22

Sept. 5, 1986					
	Closing 9/5/86	% Change from 8/18		Closing 9/5/86	% Change from 8/18
DM	2.0487	−1.6	S&P 500	250.48	+1.3
¥	155.40	−.7	U.S. T-Bonds	97¹²⁄₃₂	−3.7
£	1.4940	+.3	Eurodollar	94.09	+.3
Gold	422.80	+12.3	Crude Oil	16.37	+4.9
			Japanese Bonds	105.15	+.1

QUANTUM FUND EQUITY $1,638,000,000
Net Asset Value Per Share $10,606
Change from 8/18/86 +1.8%
Change from 8/16/85 +143.2%

Portfolio Structure (in millions of dollars)

Investment Positions (1)	Long	Short	Net Change (2) from 8/18	Net Currency Exposure (6)	Long	Short	Net Change (2) from 8/18
Stocks				DM-related	153		−16
US Stocks	1,214	(33)	+133	Japanese Yen	162		−37
US Index				Pound Sterling	5		+24
Futures	499		+152	US Dollar	1,318		+73
Foreign				Other			
Stocks	654		−4	Currencies	247		+24
Bonds (3)							
US Gvt.							
Short							
Term (4)	11		−32				
Long							
Term			+465				
Japanese							
(5)	2,385		−42				
Commodities							
Oil	76		+48				
Gold			−11				

圖 13-23

Sept. 8, 1986							
	Closing 9/8/86	% Change from 9/5				Closing 9/8/86	% Change from 9/5
DM	2.0750	−1.3		S&P 500		248.14	−.9
¥	156.00	−.4		U.S. T-Bonds		96²⁴/₃₂	−.6
£	1.4835	−.7		Eurodollar		94.04	−.1
Gold	411.00	−2.8		Crude Oil		15.62	−4.6
				Japanese Bonds		104.30	−.8

QUANTUM FUND EQUITY $1,592,000,000
Net Asset Value Per Share $10,304
Change from 9/5/86 −2.8%
Change from 8/16/85 +136.3%

Portfolio Structure (in millions of dollars)

Investment Positions (1)	Long	Short	Net Change (2) from 9/5	Net Currency Exposure (6)	Long	Short	Net Change (2) from 9/5
Stocks				DM-related	151		−2
US Stocks	1,189	(32)	−24	Japanese Yen	137		−25
US Index				Pound Sterling	6		+1
Futures	261		−238	US Dollar	1,298		−20
Foreign				Other			
Stocks	647		−7	Currencies	223		−24
Bonds (3)							
US Gvt.							
Short							
Term (4)	8		−3				
Long							
Term							
Japanese							
(5)	2,360		−25				
Commodities							
Oil	72		−4				
Gold							

圖 13-24

Sept. 10, 1986					
	Closing 9/10/86	% Change from 9/8		Closing 9/10/86	% Change from 9/8
DM	2.0630	+ .6	S&P 500	247.06	− .4
¥	154.60	+ .9	U.S. T-Bonds	97²¹/₃₂	+ .9
£	1.4812	− .2	Eurodollar	94.05	0
Gold	404.70	− 1.5	Crude Oil	14.88	− 4.7
			Japanese Bonds	104.01	− .3

QUANTUM FUND EQUITY　　　$1,586,000,000
Net Asset Value Per Share　　$10,269
Change from 9/8/86　　　　　− .3%
Change from 8/16/85　　　　　+ 135.5%

Portfolio Structure (in millions of dollars)

Investment Positions (1)	Long	Short	Net Change (2) from 9/8	Net Currency Exposure (6)	Long	Short	Net Change (2) from 9/8
Stocks				DM-related	153		+ 2
US Stocks	1,098	(30)	− 89	Japanese Yen	135		− 2
US Index Futures	259		− 2	Pound Sterling	5		− 1
Foreign Stocks	673		+ 26	US Dollar	1,293		− 5
Bonds (3)				Other Currencies	277		+ 54
US Gvt. Short Term (4)	1		− 7				
Long Term		(96)	− 96				
Japanese (5)	2,377		+ 17				
Commodities							
Oil	96		+ 24				
Gold							

我預料美國經濟會在第三季轉強，而我所擁有的資訊顯示，德國經濟在第二季勁揚。美國與日本聯手調降利率之路已經舖設好，藉以換取穩定美元的聯手動作，我相信德國雖然不願意，最後仍會參與。儘管目前貨幣當局姿態甚高，但在美元遭到新的攻擊時，它們則被迫按下按鈕。但我要規避買進德國馬克的可能風險。當然，如果美元持續走強，則我可能在德國馬克與日本債券上雙雙虧損；但我認為這樣的風險有限。

股票市場越來越受租稅考量的支配。市況難以解讀，但平心而論，我認為大盤未來幾個月有下檔的壓力，以蘊釀年底的強勁多頭行情。我對此並沒有太大的信心，希望減少風險程度。

1986年9月13日星期六

兩天來的重挫出奇不意。在星期四開盤前我擬定了計劃，但計劃顯然無法保護我的投資組合：我們遭到嚴重的挫敗。我不願意再採取任何進一步行動，因為它們可以輕易地使損傷加大。我們的風險水準並不高：我無需立即撤退。另一方面，我也沒有太多彈藥進一步纏鬥。我打算儘可能少做。這與七月份／八月份的挫跌形成強烈對比，當時我很成功地脫逃了。就某個層面而言，我被這波跌勢所瞞騙。針對此做避險動作，使我在情緒上十分疲憊，一旦跌勢加重，我卻在部位轉換中睡著了。

事後回想，我應該事先察覺賦稅改革法案會使市場錯愕，發生時機恰巧是市場處於盤整狀態。我很難抵抗立即賣出而在

圖 13-25

Sept. 12, 1986						
	Closing 9/12/86	% Change from 9/10			Closing 9/12/86	% Change from 9/10
DM	2.0597	+.2	S&P 500		230.68	−6.6
¥	155.30	−.5	U.S. T-Bonds		94²²∕₃₂	−3.0
£	1.4772	−.3	Eurodollar		93.96	−.1
Gold	416.50	+2.9	Crude Oil		15.06	+1.2
			Japanese Bonds		103.05	−.9

QUANTUM FUND EQUITY	$1,484,000,000
Net Asset Value Per Share	$9,610
Change from 9/10/86	−6.4%
Change from 8/16/85	+120.4%

Portfolio Structure (in millions of dollars)

Investment Positions (1)	Long	Short	Net Change (2) from 9/10	Net Currency Exposure (6)	Long	Short	Net Change (2) from 9/10
Stocks				DM-related	905		+752
US Stocks	1,109	(42)	−1	Japanese Yen	355		+220
US Index				Pound Sterling	3		−2
Futures	55		−204	US Dollar	221		−1,072
Foreign				Other			
Stocks	629		−44	Currencies	249		−28
Bonds (3)							
US Gvt.							
Short							
Term (4)			−1				
Long							
Term			+96				
Japanese							
(5)	2,348		−29				
Commodities							
Oil	97		+1				
Gold							

稍後買回的誘惑。目前的問題是：行情下跌會有多快？幅度會有多大？所需要觀察的數據是共同基金的贖回金額。非常有趣地，我感覺下檔空間並不如七月份那麼遼闊：不論未來三個月的跌幅有多深，都會蘊釀年底的一波強勁漲勢，我相信價格會衝破目前的水準。

1986年9月28日星期日

市場已經逐漸恢復穩定，我能夠平心思索，以建立長期策略。我所面臨的主要問題是，我所謂資本主義黃金時代的結構是否仍然在運作，或是我們正轉型到另一個階段；就後者而言，未來的結構又是什麼？這項問題與我在臨場實驗開始時所面臨的問題十分類似：大循環的後果將會如何？事實上，這項問題能夠以另一種方式表示：「資本主義黃金時代」是持續的現象，或者它只是全程中暫時的權宜？

許多跡象顯示後者的可能性比較高。我在此僅列出部份：殖利率曲線十分陡峭；金價上漲；五大工業國家充滿歧見。股票市場也出現主要頂部的跡象，雖然它尚未到達千載難逢多頭行情的陶醉狀態；換言之，泡沫尚未到達破裂的成熟期。事實上，這便是我不願意承認其為頭部走勢，而寧可將其視為技術性回檔的理由。我們無法確認多頭行情已經結束，但這一波跌勢過於兇猛，以致於很難將其視為多頭行情的一部份。目前情況較宜宣佈「資本主義黃金時代」告終，而要嘗試辨識下一個階段。即使它成為「千載難逢多頭行情」的新階段，則它必然會有許多不同的特色，因此而必須用另一個名稱來稱呼。目前，我十分不確定情況會如何演變。即使它是原階段的持續走

圖 13-26

<table>
<tr><th colspan="6">Sept. 26, 1986</th></tr>
<tr><td></td><td>Closing
9/26/86</td><td>% Change
from 9/12</td><td></td><td>Closing
9/26/86</td><td>% Change
from 9/12</td></tr>
<tr><td>DM</td><td>2.0530</td><td>+.3</td><td>S&P 500</td><td>232.23</td><td>+.7</td></tr>
<tr><td>¥</td><td>154.60</td><td>+.5</td><td>U.S. T-Bonds</td><td>95²¹⁄₃₂</td><td>+1.0</td></tr>
<tr><td>£</td><td>1.4360</td><td>−2.8</td><td>Eurodollar</td><td>94.01</td><td>+.1</td></tr>
<tr><td>Gold</td><td>427.20</td><td>+2.6</td><td>Crude Oil</td><td>14.43</td><td>−4.2</td></tr>
<tr><td></td><td></td><td></td><td>Japanese Bonds</td><td>103.36</td><td>+.3</td></tr>
</table>

QUANTUM FUND EQUITY $1,503,000,000
Net Asset Value Per Share $9,728
Change from 9/12/86 +1.2%
Change from 8/16/85 +123.1%

Portfolio Structure (in millions of dollars)

Investment Positions (1)	Long	Short	Net Change (2) from 9/12	Net Currency Exposure (6)	Long	Short	Net Change (2) from 9/12
Stocks				DM-related	990		+85
US Stocks	1,071	(53)	−49	Japanese Yen	295		−60
US Index				Pound Sterling		(10)	−13
Futures		(275)	−330	US Dollar	228		+7
Foreign				Other			
Stocks	623		−6	Currencies	238		−11
Bonds (3)							
US Gvt.							
Short							
Term (4)							
Long							
Term		(180)	−180				
Japanese							
(5)	1,986		−362				
Commodities							
Oil	94		−3				
Gold							

勢，我也應該宣佈新階段的開始，如此我才能夠避免凍結在不適當的模式，而迫使自己維持開放的心胸。下任何明確結論言之過早。

先前階段是基於國際合作，使得美元貶值的管制與利率調降的聯手行動成為可能。

全球經濟持續低迷，貨幣政策的刺激才能導致金融資產的大多頭行情。「實質」與「金融」經濟之間的差異不斷擴大，造成了緊張情況，它威脅到國際間的合作，如果要避免國際合作的瓦解，則必須重新出發。不幸地，各國之間除了不斷爭論，並未出現提出新政策的跡象。預測如何擺脫困境目前尚言之過早。我可以看出三種主要的可能：

1.船到橋頭自然直：J曲線最後會開始運作，美國經濟因此可以得到一些刺激，而削弱我們主要的貿易伙伴。全球經濟持續低迷，並採取適當的貨幣政策。一旦瞭解到國際貿易與金融制度瓦解危機消失，即可恢復信心，而這段期間所累積的龐大資金又會投入金融資產。情況如此發展，則我們又可見到「千載難逢的大多頭行情」。

2.惡性循環：疲弱的經濟與弱勢的美元相互增強，導致高利率與高預算赤字。保護主義爭得上風，引發報復行動，包括拒絕清償債務。

3.新政策方案：在金融市場的壓力下（美元貶值、股票與債券市場下跌、金價上揚），主管當局被迫採取一致的行動。在穩定美元的同時，發出另一波的調降利率。美國與蘇聯達成

限武協定，使軍事預算得以刪減。國際債務問題終於被視為政治問題，並採取步驟刺激低度開發國家的經濟。

既然惡性循環出現必然會引起政策上的反應，我們可以區分出兩種主要的替代方案：船到橋頭自然直以及惡性循環之後隨之出現的新政策方案。實際的發展過程應該包含上述兩種可能。不論情況如何發展，金融市場在近期內仍然會遭受壓力。

在石油輸出國家組織集會後，我曾經認為德國與美國間的爭議將會弭平，我們將可以混過難關。近來，我開始針對賭注採取避險措施；但是，最近所舉行的五大工業國家會議，其結論卻證明我犯了錯誤。我打算積極採取行動。

我能夠理解僵局是如何造成的。貝克需要一隻代罪羔羊，而德國拒絕扮演這項角色。交易條件十分明顯：美國承諾要以穩定美元匯價交換德國調降利率的承諾。我有一種感覺，阻擾成交的人就是貝克。果真如此，便洩露出其所處立場的困境：他不能同意在十一月份總統大選之前穩定美元匯率，如此一來他將沒有籌碼抗拒保護主義的壓力。在大選之前尚有充裕的時間讓金融市場引出更適當的政策反應。我打算完成我這一部份的工作：我計劃增加5億的德國馬克部位，美國公債空頭部位由1億8,000萬美元增加到5億美元，股價指數期貨的空頭部位由2億7,500萬美元增加到7億5,000萬美元。我同時打算做多1億5,000萬美元的黃金。相對於幾個禮拜之前，下檔空間似乎更寬廣：在政策分歧解決之前，惡性循環可能已經如火如荼地在進行。

1986年10月1日星期三晚間

戰術的錯誤導致另一項錯誤：除了買進德國馬克，我在星期一所做的每一件事都是錯誤的。我並未忽視昨天所宣布高峰會議預備會議的重要性，但我必須謹慎以免自己陷入惡性循環。我會暫時堅持目前的部位。雖然虧損不少，但我認為我的投資組合相當平衡。我準備靜待股票與債券的反彈，特別是我將去中國大陸一個月。

1986年10月22日星期三

我縮短了中國大陸的行程，因為我擔憂投資組合內有關日本的部位。我在東京停留一天，即返回紐約。

日本股票市場跌勢過去幾天來已經更明確了。大盤約跌了15％，但我所擁有的股票全部為不動產類股，它們從近期的高點回跌了25％到40％。債券市場也十分疲軟，我也持有相當大的債券部位。

我曾經留意這個問題，現在則瞭解事情的始末。日圓升值幅度過高：日本拼不過太平洋盆地新興工業國家，出口產業遭受到重大的打擊。寬鬆的貨幣政策並不足以應付此一困境；事實上，反而會出現負面的作用，形成勢必瓦解的投機熱潮。有鑑於此，有關當局不再進一步調降利率，決定積極地鼓勵資本外流，以紓解日圓的升值壓力。政策成功了，日圓逐漸走穩，但股票市場崩潰了。

圖 13-27

<table>
<tr><th colspan="5">Oct. 1, 1986</th></tr>
<tr><td></td><td>Closing
10/1/86</td><td>% Change
from 9/26</td><td>Closing
10/1/86</td><td>% Change
from 9/26</td></tr>
<tr><td>DM</td><td>2.0175</td><td>+1.7</td><td>S&P 500</td><td>233.60</td><td>+6</td></tr>
<tr><td>¥</td><td>153.85</td><td>+.5</td><td>U.S. T-Bonds</td><td>96²²⁄₃₂</td><td>+1.1</td></tr>
<tr><td>£</td><td>1.4450</td><td>+.6</td><td>Eurodollar</td><td>94.03</td><td>0</td></tr>
<tr><td>Gold</td><td>425.20</td><td>-.5</td><td>Crude Oil</td><td>15.16</td><td>+5.1</td></tr>
<tr><td></td><td></td><td></td><td>Japanese Bonds</td><td>103.02</td><td>-.3</td></tr>
</table>

QUANTUM FUND EQUITY	$1,511,000,000
Net Asset Value Per Share	$9,562
Change from 9/26/86	-1.7%
Change from 8/16/85	+119.3%

Portfolio Structure (in millions of dollars)

Investment Positions (1)	Long	Short	Net Change (2) from 9/26	Net Currency Exposure (6)	Long	Short	Net Change (2) from 9/26
Stocks				DM-related	1,415		+425
US Stocks	1,014	(83)	-87	Japanese Yen	282		-13
US Index				Pound Sterling	1		+11
Futures		(575)	-300	US Dollar		(187)	-415
Foreign				Other			
Stocks	635		+12	Currencies	240		+2
Bonds (3)							
US Gvt.							
Short							
Term (4)							
Long							
Term		(466)	-286				
Japanese							
(5)	1,987		+1				
Commodities							
Oil	99		+5				
Gold	150		+150				

圖 13-28

	Closing 10/21/86	% Change from 10/1		Closing 10/21/86	% Change from 10/1
DM	1.9845	+1.6	S&P 500	235.88	+1.0
¥	155.10	−.8	U.S. T-Bonds	94²²⁄₃₂	−2.1
£	1.4340	−.8	Eurodollar	93.92	−.1
Gold	425.20	0	Crude Oil	15.19	+.2
			Japanese Bonds	101.35	−1.6

Oct. 21, 1986

QUANTUM FUND EQUITY $1,488,000,000
Net Asset Value Per Share $9,422
Change from 10/1/86 −1.5%
Change from 8/16/85 +116.1%

Portfolio Structure (in millions of dollars)

Investment Positions (1)	Long	Short	Net Change (2) from 10/1	Net Currency Exposure (6)	Long	Short	Net Change (2) from 10/1
Stocks				DM-related	1,316		−99
US Stocks	1,104	(108)	+65	Japanese Yen		(104)	−386
US Index				Pound Sterling	3		+2
Futures		(579)	−4	US Dollar	273		+460
Foreign				Other			
Stocks	572		−63	Currencies	235		−5
Bonds (3)							
US Gvt.							
Short							
Term (4)							
Long							
Term		(466)					
Japanese							
(5)	1,607		−380				
Commodities							
Oil	102		+3				
Gold	122		−28				

　　我曾經積極參與這個典型的繁榮／崩解事件序列，卻未能及時脫身。我現在身陷其中。我顯然應該出場，但如何出場？何時出場？由於對日本市場的瞭解十分有限，我不知道如何處理。我準備為我的無知付出慘痛的代價。

　　當我正在撰寫有關「千載難逢的繁榮」，卻陷入了「千載難逢的崩解」，這似乎令我十分尷尬。但是，事情的發展便是如此。我相信日本股市崩盤將是當代金融史上的地標。類似典型的崩盤恐怕難以在我們本身的市場上目睹。日本股票市場已經嚴重高估，市場瀰漫在安逸之下，這可以從我的行為上驗證。日本央行總裁澄田智（Satoshi Sumita）一再提出警告，但市場不予以理會。我目前聽說共同基金口頭上保證投資人9％的報酬率——如果確有其事，應該是很不健全的做法。我早就應該注意到這種過度投機的跡象，卻忽略了。

　　我唯一的藉口是我不會長期投入日本股市：前一次進軍日本市場是在十五年前。當時，我是提供國外投資人顧問服務的經紀人；因此我有內線，能夠全身而退。現在，我是外國投資人，我的命運是受到榮景所吸引之國外業餘投資人的典型：我在漲勢中買進，而被迫在跌勢中賣出；雖曾擁有龐大的帳上利潤，最後卻面臨實際的虧損。

　　吸引我投資於日本市場的題材不再有效，因為它是基於造成股票市場與土地榮景的超額流動性。鐵路類股歷經1973年的榮景之後便一直沉寂，股票成交價格只是其資產增值的一小部份。鐵路公司有方法不增加盈餘而累積資產：既然商業不動產的報酬率通常低於利率水準，它們便以借款方式投資額外的不

動產，以隱藏其盈餘。因此，它們能同時享受實質的成長和土地的增值，其瑕疵是股東並未因此而受益：鐵路是受管制的企業，即使它們提高費率，也不能調高股息。但是，情況逐漸出現變化。國家鐵路公司（National Railroad）將改爲民營，爲了將股票銷售給大眾，則需要改善盈餘狀況。此外，爲了刺激國內需求，土地開發的步調也需要加速。這意味鐵路公司需要外部資金。因此，公司與股票承銷商都希望股價上揚，事實上，許多鐵路公司不斷在股價漲勢中發行附認股權的債券。國外投資人首先察覺此反射題材，要付諸實現則需要國內投資人的認同。情況也開始出現：在新的會計年度（10月1日）開始後，新成立的共同基金（即保證投資人9％報酬率的基金）以創記錄的成交量將不動產股拉抬到新高價。這卻成爲買盤力道的最高點。紐約的暴挫引發了富達國際投資信託基金（Fidelity International Investment Trust）的贖回潮，其所持有的龐大日本不動產類股被迫賣出。我當時即瞭解事件的發展，也打算在下一波的漲勢中減碼；漲勢卻不曾出現，下跌走勢卻演變成爲崩跌。我不曾瞭解的事是，日本政府的政策轉向鼓勵資本輸出。我應該從日圓走穩的現象中發現線索，卻太過自得意滿。就這點來說，我毫無推託的藉口。現在，反射觀點朝相反方向運作。促成股票漲勢中斷的因素很可能會使房地產的榮景降溫。雖然營建工程會擴大，但土地價格漲勢很可能已經不再了。這便是我必須儘可能出清部位的理由。

我必須非常謹慎而不讓情緒反應指使情況惡化。我在離開美國之前所做的避險並未防止我免於在日本所遭受的慘敗，事實上，它讓我付出一些代價。我能夠吸收日本方面的虧損；如果再出現其它虧損，我便會受重傷。可是，我不能視若無睹。

我必須根據變動的環境做調整。它們是什麼？

　　首先，日圓似乎已經做頭了，如果它下跌10％，我也不會覺得意外。資本外流遠超過了經常帳的盈餘，只是因爲大部份的資本交易都做了避險，所以過去兩個月的日圓供需情況尚能維持平衡。一旦市場參與者認爲日圓的頭部已經出現，則持有美元的意願會更強，將導致趨勢的反轉。然而，因爲擔心引發政治風暴，日本政府不太可能讓日圓跌得太深。

　　我昨天出清了我所有的日圓部位，而且打算放空它，其規模大約等於德國馬克多頭部位的一半。如果德國馬克兌日圓不貶值，我甚至可能增加德國馬克的多頭部位———半兌美元，一半兌日圓。同時，在看得更清楚之後，我也正在減少一半黃金多頭部位。

　　爲了爭取一些彈性，我也賣出20％的日本債券，但是我認爲以目前偏低的價格了結部位是一項錯誤。殖利率已經上升了約50到70個基本點。目前的情況與先前不同，尤其是只要股票市場跌勢未停，且日圓處於弱勢，日本政府很可能會壓制利率的上揚。

　　同理，持有美國公債空頭部位也沒有太大的意義了：日本投資人很可能在下一次的公債標售時大量湧進。那時候，石油輸出國家組織協議的效果也會爲人所充分認識，在那種情況下，我打算回補我的空頭部位，甚至可能做多。

　　目前，我的美國股票投資組合似乎做了合理的避險，我希望繼續保持。我偏向於空方，但我克制自己以免情況更形惡

化。我毫不猶豫獲利了結了香港的不動產類股，它們目前正因為日本的買盤而處於高峰。

我也很希望能夠在十一月下旬到期前賣出石油契約。事實上，我準備在較高的價位放空，做多一月份契約，並且在相同的價位放空三月份契約。我預料價格上漲後，遠月份契約的折價會擴大。

我現在確信「千載難逢的多頭行情」已經過去了。偶爾可能會出現一波投機行情，但主要的衝勁已經耗盡了。盲從的信心，即多頭行情成熟期所應該具備的基本要素，無法立刻重建。就「千載難逢的多頭行情」而言，其死亡並不光彩，只是義大利與法國曾經出現了典型的反轉，現在輪到了日本。美國所出現的類似情況是九月份的共同基金贖回潮。我覺得相當愚蠢，竟然沒有察覺到這些跡象。多頭行情在充分發揮之前，其實已經被貨幣主管當局截短了。它們仍可以調降利率，但效果已經不同。多頭行情的成因是資金從實質資產脫逃到金融資產；進一步的貨幣刺激政策很可能會使資金轉移到流動性的資產，其中包括黃金。

目前暫時風平浪靜：石油輸出國家組織雖然勉強維繫，但缺乏健全的基礎；外匯雖然趨於穩定，卻缺乏適當的國際合作；美國經濟在賦稅改革法案生效前則暫事休息；股票市場卻因為交易必須在年底稅制改變之前完成，反而顯得熱絡。明年的情況又如何？

1986年10月25日星期六

圖 13-29

Oct. 24, 1986					
	Closing 10/24/86	% Change from 10/21		Closing 10/24/86	% Change from 10/21
DM	2.0355	−2.6	S&P 500	238.26	+1.0
¥	161.7	−4.3	U.S. T-Bonds	95²⁹/₃₂	+1.3
£	1.413	−1.5	Eurodollar	93.99	+.1
Gold	407.5	−4.2	Crude Oil	15.02	−1.1
			Japanese Bonds	101.95	+.6

QUANTUM FUND EQUITY $1,455,000,000
Net Asset Value Per Share $9,214
Change from 10/21/86 −2.2%
Change from 8/16/85 +111.3%

Portfolio Structure (in millions of dollars)

Investment Positions (1)	Long	Short	Net Change (2) from 10/21	Net Currency Exposure (6)	Long	Short	Net Change (2) from 10/21
Stocks				DM-related	792		−524
US Stocks	1,069	(123)	−50	Japanese Yen		(735)	−631
US Index				Pound Sterling	2		−1
Futures		(675)	−96	US Dollar	1,396		+1,123
Foreign				Other			
Stocks	523		−49	Currencies	216		−19
Bonds (3)							
US Gvt.							
Short							
Term (4)							
Long							
Term		(465)	+1				
Japanese							
(5)	1,234		−373				
Commodities							
Oil	99		−3				
Gold	80		−42				

日圓重跌之前，我放空了價值7億5,000萬美元的日圓。德國馬克無法阻擋美元升值時，我將德國馬克的部位降到7億5,000萬美元。我現在已經完全避險了。做多德國馬克放空日圓。交易雖未獲利，但我可以避免將已得的利潤回吐。

我也企圖在第一波反彈出脫一半的日本股票部位，但我失敗了：日本經紀人未能信守承諾，只接手了他所承諾買進股數的一半，這相當於我總風險水準的八分之一。最糟的是他知道了我的意圖了。這將是一場喋血戰。

至於美國公債與S＆P期貨的空頭部位，我開始感到如芒在背。由於美元上揚，反對利率走高的情況轉弱，一旦債券反彈，S＆P期貨的空頭也可能伺機而進。目前，人人都預期日本人會在十月份的政府公債標售中買進，我必須在此之前採取行動。星期二將舉行七年期公債的標售，我必須趁此時機採取行動。我預期公債標售成功會引發一波漲勢，我可以藉此賣出或減少我的多頭部位。

目前，股票市場受到程式交易與投資組合保險計劃（portfolio insurance schemes）所主控。計劃基本上並不健全。它們幾乎是用確定的虧損交換跌勢時的心安。唯有跌勢持續，或投資人有勇氣在弱勢市場中取消避險——這似乎不太可能，否則他當初便不會買投資組合保險——才能實現獲利。「投資組合保險」這個名詞是錯誤的譬喻，因為它藉用了「壽險」；但是死亡是確定的，但崩盤則否（譯按：所謂的「投資組合保險」採用了類似於買進選擇權的策略：下檔有限而上檔無窮。就股票來說，它可以購買買進選擇權以建立上檔的獲利潛力；購買

股票時，並購買賣出選擇權以設定下檔虧損的下限。事實上，它不會只用於股票操作，它是動態的資產分配策略）。

　　股票市場漲勢會凸顯投資組合保險的缺失；之後，行情下跌的可能更高。我預期這一波跌勢會跟在下一波短期利率調降之後。同時，股票市場也會再度測試近期的高點。其它情況若不變，年底應該出現一波強勁的漲勢，因爲基於稅負的考量的賣盤在之前已經完成了。當然，十一月份的大選也會影響行情，但我不知道會如何。

1986年11月1日星期六

　　這是熱絡而難熬的一週。首先是油價崩盤，因爲沙烏地決定從事新的「淨退式」（net-back）條件。在油價崩跌之前，我雖然勉強出脫了大部份的原油契約，但是油價下跌使我執行其它計劃的成本大爲增加。雖然如此，星期二下午之前，我回補了一半的股價指數空頭部位，並將原先5億美元的公債空頭部位轉成爲8億美元的多頭部位。但是，七年期公債的標售並不順利——我必定是最大的買家——而到星期二晚間，我全面陷入虧損。然後又出現兩件意外事件：沙烏地阿拉伯石油部長雅曼尼（Sheik Yamani）被解職，以及日本可能調降重貼現率。突然間，我的立場趨於光明。我趁此機會降低了日本不動產相關類股的部位，並且將美國公債的多頭部位調高到12億美元。我也將交叉部位——做多德國馬克、放空日圓——增加到10億美元。我另外買進2億5,000萬美元價值的德國馬克，使美元稍呈淨空頭部位。

圖 13-30

	Oct. 31, 1986					
	Closing 10/31/86	% Change from 10/24			Closing 10/31/86	% Change from 10/24
DM	2.0661	−1.5	S&P 500		243.98	+2.4
¥	163.25	−1.0	U.S. T-Bonds		98³/₃₂	+2.3
£	1.4065	−.5	Eurodollar		94.11	+.1
Gold	403.60	−1.0	Crude Oil		15.27	+1.7
			Japanese Bonds		102.96	+1.0

QUANTUM FUND EQUITY $1,469,000,000
Net Asset Value Per Share $9,296
Change from 10/24/86   +.9%
Change from 8/16/85   +113.2%

Portfolio Structure (in millions of dollars)

Investment Positions (1)	Long	Short	Net Change (2) from 10/24	Net Currency Exposure (6)	Long	Short	Net Change (2) from 10/24
Stocks				DM-related	1,280		+488
US Stocks	1,015	(99)	−30	Japanese Yen		(955)	−220
US Index				Pound Sterling	3		+1
Futures		(327)	+348	US Dollar	1,141		−255
Foreign				Other			
Stocks	460		−63	Currencies	201		−15
Bonds (3)							
US Gvt.							
Short							
Term (4)							
Long							
Term	1,073		+1,538				
Japanese							
(5)	1,232		−2				
Commodities							
Oil		(28)	−127				
Gold	79		−1				

　　由於新上任的沙烏地阿拉伯石油部長呼籲召開石油輸出國
家組織定價委員會緊急會議，造成了油價劇揚，使得我所額外
買進美國債券的時機變得很差勁。情況十分混亂，但時下的看
法認爲，這項變化代表伊朗勝利，而沙烏地阿拉伯即使減少石
油銷售量也要提高油價。我的看法不同，但我對自己的看法仍
無絕對的信心。根據我個人的觀點，沙烏地阿拉伯表面上會將
油價固定在18美元，但是它不會放棄淨退式的條件，而且它會
持續努力爭奪市場占有率。除非石油全面減產，否則油價不可
能維持18美元的價格，所以油價協議很可能破裂，而導致另一
波的價格戰。然而，沙烏地阿拉伯必須謹慎行事，避免觸怒伊
朗。我已經又開始放空石油，但數量不大，因爲我無法承受太
高的風險。我在債券部位上已經承擔了相當的風險程度。如果
我在債券上的構想成爲現實，我就有更大的勇氣放空石油——
如果時機不遲。

　　在本週的最後兩天，市場陸續公布許多強勁的經濟數據，
削弱了我的戰略立場。美元雖然反彈，但是美、日聯合聲明發
布後，德國馬克兌日圓的交叉部位則呈現了有利的形勢，星期
五的走勢更是如此（圖13-31）。聲明確認了交叉部位所根據的
題材：不論任何壓力不利於美元，它都會集中反應在歐洲貨幣
上——或許包含黃金。但是，如果美國經濟展現超乎我預期的
強勁表現，則德國馬克的跌幅可能超過日圓，因爲德國馬克的
匯價震盪幅度比較大。所以，該部位雖非沒有風險；但我看不
出美元有更強勢的條件。我的主要風險在於債券以及所演變成
的交叉部位上：做多債券、放空股價指數。對所公布的經濟數
據來說，我無需過度擔憂，因爲它們僅確認了賦稅改革前的短

暫擴張；我寧願在石油之上採取觀點；我唯一的憂慮是下週二的選舉，其衝擊是我無法評估的。問題是我對虧損的容忍度已經因為既有的損失而大幅削弱了，因為在總體面上操作不當——我在前往中國大陸之前所建立的避險部位變得十分昂貴——加上投資組合的虧損逐漸浮現。因此，我相當緊張，也有過度暴露在風險下的感覺。

圖 13-31

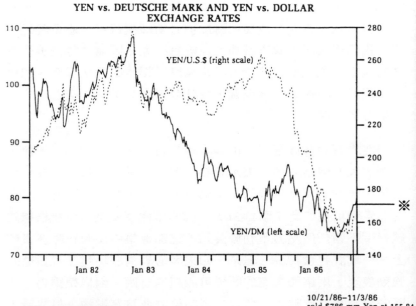

YEN vs. DEUTSCHE MARK AND YEN vs. DOLLAR
EXCHANGE RATES

※ 10/27/86–10/29/86
sold $250 mm Yen at 160.28
bought $250 mm DM at 2.0217
cross rate 79.28

10/21/86–11/3/86
sold $786 mm Yen at 155.84
bought $50 mm DM at 1.9931
implied cross rate 75.94

1986年11月8日星期六

　　公債標售的賭博並不成功：最初的獲利以虧損收場。我將認賠了結該部位。有關石油的消息大多相互矛盾，我決定退場觀望；我也退出黃金市場。我現在所擁有的只是交叉部位——做多債券、放空股價指數——而我視其爲臨時的權宜；日本債券的多頭部位，我可能逐步或將一部份轉爲德國債券；至於我的外匯部位，它們似乎還算穩健。

　　我最近在總體面上所做的決策大部份都失敗了，唯有放空日圓是正確的。我可以利用日圓的獲利彌補其它行動的虧損，或用它來保護德國馬克的獲利，但是無法同時完成。無論如何，我總體面的操作不能保護我，使我的投資部位免於惡化，基金的資產價值也因此而縮水。

　　這是結束臨場實驗的適當時機，因爲它已逐漸惡化而成爲記載每日短線交易的紀錄了。這些紀錄雖然不是毫無意義的——平心而論，我所採取的隨機、錯誤嘗試的方法似乎有些效果——但因爲錯誤太多而使整個過程顯得十分混亂，而且它也帶領我們偏離了實驗最初的目的。我有理由引領各位讀者暫時忍受我的總體面操作——如果沒有其它理由的話，至少可以讓讀者在第一階段以外取得比較平衡的觀點——但我必須畫清界限而回復到最初的問題，亦即解決大循環所蘊涵的矛盾。另外，我開始擔憂，記載我的思考供各位參考的過程會干擾我認識和即時修正錯誤的能力，因爲這會使紀錄更加混亂。我仍然在思考中國大陸之行前所採取的避險，其代價竟然如此昂貴。

圖 13-32

<table>
<thead>
<tr><th colspan="7" align="center">Nov. 7, 1986</th></tr>
<tr><th></th><th>Closing
11/7/86</th><th>% Change
from 10/31</th><th></th><th>Closing
11/7/86</th><th>% Change
from 10/31</th></tr>
</thead>
<tbody>
<tr><td>DM</td><td>2.0610</td><td>+.2</td><td>S&P 500</td><td>245.77</td><td>+.7</td></tr>
<tr><td>¥</td><td>163.00</td><td>+.2</td><td>U.S. T-Bonds</td><td>96^{10}/$_{32}$</td><td>−1.8</td></tr>
<tr><td>£</td><td>1.4310</td><td>+1.7</td><td>Eurodollar</td><td>93.92</td><td>−.2</td></tr>
<tr><td>Gold</td><td>388.60</td><td>−3.7</td><td>Crude Oil</td><td>15.17</td><td>−.7</td></tr>
<tr><td></td><td></td><td></td><td>Japanese Bonds</td><td>103.09</td><td>+.1</td></tr>
</tbody>
</table>

QUANTUM FUND EQUITY $1,461,000,000
Net Asset Value Per Share $9,320
Change from 10/31/86 +.3%
Change from 8/16/85 +113.7%

Portfolio Structure (in millions of dollars)

Investment Positions (1)	Long	Short	Net Change (2) from 10/31	Net Currency Exposure (6)	Long	Short	Net Change (2) from 10/31
Stocks				DM-related	1,334		+54
US Stocks	1,022	(71)	+35	Japanese Yen		(956)	−1
US Index				Pound Sterling	7		+4
Futures		(544)	−217	US Dollar	1,076		−65
Foreign				Other			
Stocks	436		−24	Currencies	201		0
Bonds (3)							
US Gvt.							
Short							
Term (4)							
Long							
Term	750		−323				
Japanese							
(5)	983		−249				
Commodities							
Oil			+28				
Gold	41		−38				

圖 13-33

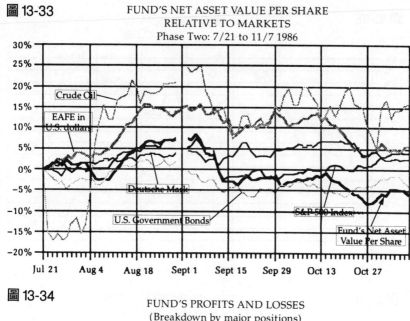

FUND'S NET ASSET VALUE PER SHARE
RELATIVE TO MARKETS
Phase Two: 7/21 to 11/7 1986

圖 13-34

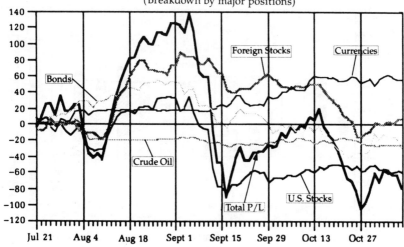

FUND'S PROFITS AND LOSSES
(Breakdown by major positions)

Notes:
(1) All prices are calculated as percent change over the first day shown.
(2) EAFE is Morgan Stanley's Capital International Index in U.S. dollars for European, Australian, and Far Eastern stock markets.
(3) The Oil and the Government Bond prices are the closing prices of the nearest futures contracts.
(4) Currency profits and losses include only forward and futures contracts. P&L on foreign stocks includes the currency gain or loss on the positions.

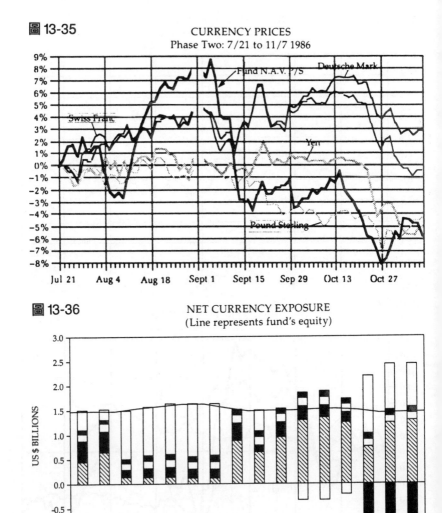

圖 13-35

CURRENCY PRICES
Phase Two: 7/21 to 11/7 1986

圖 13-36

NET CURRENCY EXPOSURE
(Line represents fund's equity)

Notes:
(1) Prices in U.S. dollars shown as percent change over the first day shown. New York closing prices are used.
(2) Net currency exposure includes stock, bonds, futures, forwards, cash, and margins, and equals the total equity of the fund. A short position in U.S. dollars indicates the amount by which the currency exposure exceeds the equity of the fund.
(3) Currency exposure shown as of end of week.

圖 13-37

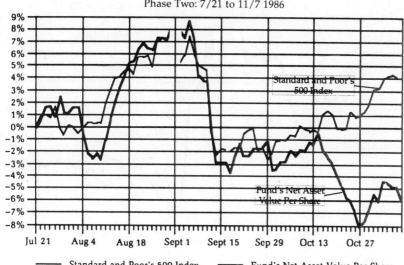

U.S. STOCK MARKET
Phase Two: 7/21 to 11/7 1986

——— Standard and Poor's 500 Index　━━━ Fund's Net Asset Value Per Share

圖 13-38

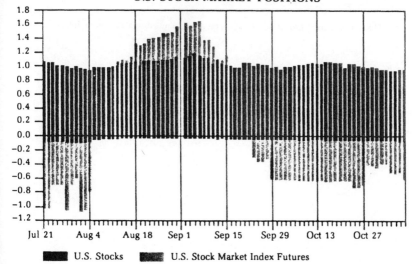

U.S. STOCK MARKET POSITIONS

■ U.S. Stocks　▨ U.S. Stock Market Index Futures

圖 13-39

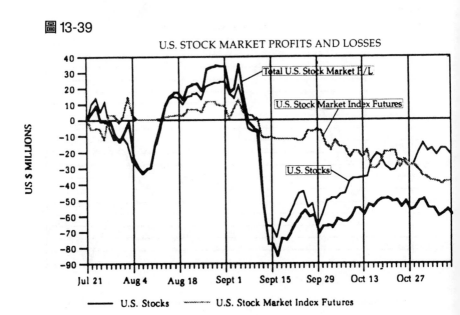

Note:
(1) Total U.S. stock market profits and losses include stock positions and index futures.

圖 13-40

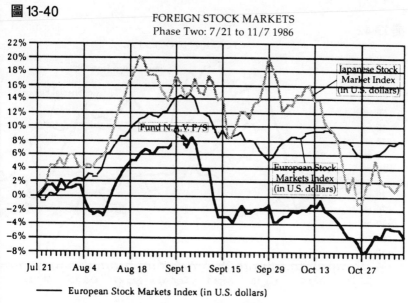

European Stock Markets Index (in U.S. dollars)

Japanese Stock Market Index (in U.S. dollars)

圖 13-41

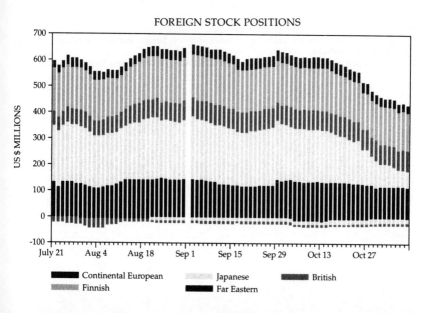

圖 13-42

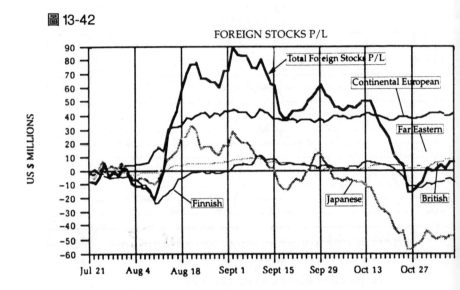

FOREIGN STOCKS P/L

Notes:
(1) Total foreign stock market profits and losses include foreign exchange gains or losses on foreign stock positions.
(2) Far Eastern positions include Hong Kong, Korea, Taiwan, Australia, and Thailand.

圖 13-43

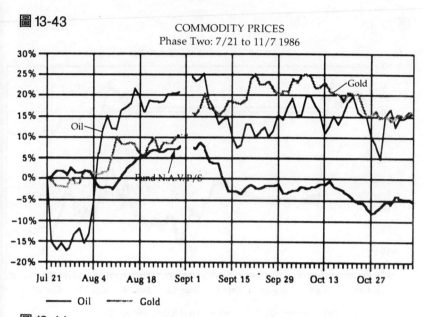

圖 13-44

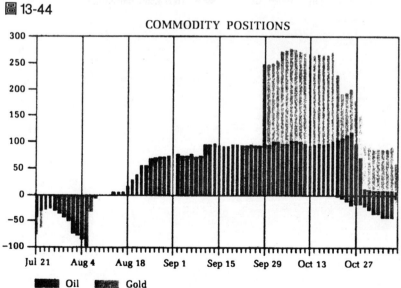

圖 13-45

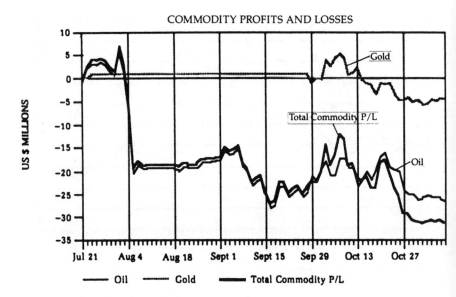

圖 13-46

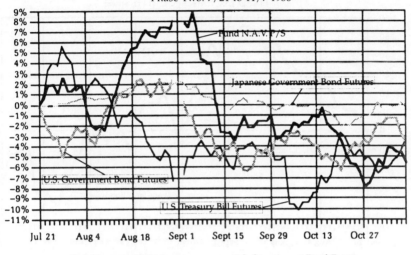

FIXED INCOME SECURITIES
Phase Two: 7/21 to 11/7 1986

圖 13-47

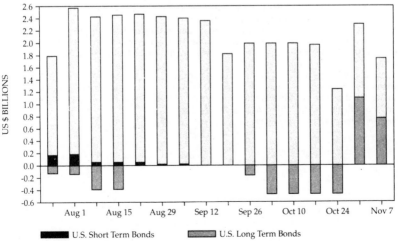

FIXED INCOME SECURITIES POSITION

圖 13-48

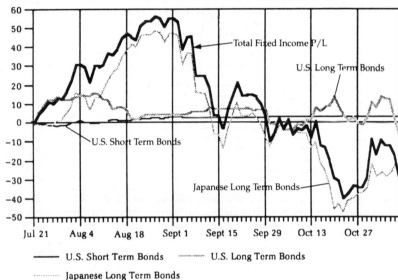

FIXED INCOME SECURITIES P&L

Notes:
(1) U.S. Short Term Bond positions and P&L include Treasury Bills, Treasury Bill and Eurodollar Futures, and Treasury Notes up to two years to maturity.
(2) All U.S. Government Bonds are reduced to a common denominator of 30-year Government Bonds. The basis of the conversion is the effect on price of a given change in yield. For instance, $100 million in face value of 4-year Treasury Notes are equivalent to $28.5 million in market value of 30-year Government Bonds.
(3) Japanese Government Bond Futures have considerably less volatility than U.S. Government Bonds. For instance, as of June 30, 1986, $100 million in face value of Japanese Government Bonds had the same volatility as roughly $66.2 million in 30-year U.S. Government Bonds. We have *not* adjusted for this difference.
(4) Positions shown as of end of week.

第十四章
結論：1986年11月

「千載難逢的多頭行情」早夭了。我並沒有排除另一波多頭行情的可能，但那是截然不同的發展（註，1987年1月：我言之過早。如果行情瀰漫著陶醉，則本章所討論的「邊緣」（brink）模型將會更有效）。

「千載難逢多頭行情」失敗的事實，使我們對整體情況有了可貴的瞭解。它並非唯一未轟轟烈烈崩解而提早收場的事件序列。大循環是另一個案例。一旦我們開始找尋它們，則四處都充斥類似的案例。石油輸出國家組織幾乎瀕臨瓦解，但當裂縫擴大，各會員國都會從深淵的邊緣退縮。國際放款問題也有類似現象：我認為集體放款是緊急狀況下所產生的制度，它需要緊急條件才能存活，而其結構會產生維持其存活所需要的緊急條件。就自由浮動匯率制度來說，我認為它們將愈來愈不穩定，但五大工業國家在這種不穩定效果到達令人無法忍受的程度之前便加以干預了，於是我們轉向了「干預浮動」的制度。

以此角度觀察，美國預算赤字則是另一個案例。我曾經以為赤字融通將於1985年到達極點，不論葛拉姆－魯特曼修正案是否通過，預算赤字會逐漸獲得改善。我現在必須修正這個觀點。預算赤字在1985年其實是達到了頂點，但轉折點卻不是朝相反方向發展的起點。危機平息後，處理危機的決心也消退

了。預算赤字幾乎沒有降低，它可以輕易地發展到危機的程度。

我們可以從這些案例中歸納出通則，並擬定假說：我們所生存的金融制度，傾向於邁向深淵的邊緣，然後退縮。這項假說非常符合我們的經濟體系，每當瀕臨經濟衰退，然後在未蓄積實質力量的情況下反彈。在這兩種傾向之間存在著邏輯上的關連：經濟衰退的危險促成了救援行動。每一次瀕臨深淵，雖然我們能預期制度會做出退縮，但我們無法確信如此；而我們愈有信心，則該制度不能及時退縮的危險愈高。我們可以稱此制度為自我破壞的預言（self-defeating prophecies）。

我所描述的制度與古典經濟學理論中所述的調整過程其間存在某種類似性：畢竟，自我破壞的預言是屬於自我修正的機能。但是，兩者之間也存在著重要差異。首先，古典經濟學的調整過程有通往均衡點的傾向；而我們所考慮的制度則無此。第二，此處所描述的安排會將實質經濟置於金融體系各種變化的控制之下。資金會從固定資產逃往金融資產。特定產業的興衰命運取決於匯率之變化，但是平心而論，為了維持金融經濟的運作卻犧牲了實質經濟，這種說法並無不公平。基本面的不穩定所造成的緊張也會反應在政治上。就國內來說，主要危險是保護主義；就債權國而言，則在於拒絕履行清償義務。這便是造成該制度搖搖欲墜的理由。

它並非始終如此。雖然在1973年固定匯率制度瓦解之後——瓦解的本身具有不穩定的跡象——情況愈來愈不穩定，但是我們首度瀕臨深淵則發生在1982年。在1982年的前後，似乎出

現了質的差異。1982年之前，情況雖然持續惡化，但制度實質上尚可運作；這便是它會解體的理由。1982年以來，制度基本上便不健全，它只倚賴怕瓦解而得以存續。它是否能重新建構在比較完善的基礎？我將在第十八章討論。在此，我必須將我所描述的制度與信用和管制循環加以融合。

常態的循環型態已經遭到破壞，一開始我就明白這項事實：我強調我們正通過一片處女地。但是，我卻無法理解這項事實的涵意；我嘗試利用原來的循環地圖通過這一片處女地。難怪我會不斷迷路！首先，大循環的出現令我訝異；接著，在實驗過程中，資本主義黃金時代的早夭又出乎我的意料。在實驗的第二階段，我終於被迫而瞭解到一件事實：繁榮／崩解型態並不適用於目前的情況。我們需要不同的模型。我心中所浮現的影像是通道被針卡住了。我們需要以更解析的態度對待它。

信用循環的常態進展被有關當局的干預破壞了。所以，我們必須觀察他們的行為，尋找線索。每當災難威脅，他們便湊在一起；危險消失之後，他們便各行其是。這便是「瀕臨深淵」現象的核心。集體放款制度便是典型的範例，但我所提出的其它情況——匯率制度、預算赤字、石油輸出國家組織、甚至1929年式的多頭行情——都符合此模式。這種機能唯有在崩解出現災難式的後果才會發揮功能；這便是它在1982年之後開始運作的理由。它有時候會在頂點發生之前便發揮效用，例如在外匯制度與在「千載難逢大多頭行情」的情況；有時候則會發生在頂點之後，例如國際債務危機與石油輸出國家組織。

　　爲什麼有關當局的干預無法產生持續的趨勢反轉？其中有兩項理由。首先，以往的過度並未解決，只是暫時受到壓制，因此它們會繼續潰爛。壞帳的累積尤其如此。其次，有秩序的修正或壓抑可能不足以使既存偏頗產生決定性的反轉。舉例來說，1982年之後，銀行仍繼續從事擴張行徑；多頭行情也能輕易地重新點燃，美國的情況尤其如此，因爲其信心所遭到的打擊並不嚴重；以石油輸出國家組織的案例來說，1986年的經驗是否足以產生避免重蹈覆轍所需的內聚力，仍有待觀察。

　　這兩項因素的衝擊隨著案例之不同而有差異，因此，我們無法歸納出明確的循環型態，而只能取得更不確定且變化多端者：若干趨勢真正反轉了、其它則暫時停頓，另有趨勢則以不同的形式出現。比方說，在1984年銀行管制趨緊時，許多風險移轉到了金融市場。

　　所有這些的結果究竟會如何？理論上，我們可以繼續不停地朝向深淵的邊緣，但既然沒有任何事物永遠不變，我們終究會脫困。這能以下列兩種方式之一呈現：意外事件導致制度的瓦解，或者我們能夠逐漸修正一切過度而且不再走向深淵的邊緣。我們跌跌撞撞地通過一連串的危機時，許多過度都被修正了。銀行的風險水準已經不如1982年；債務國出現許多結構上的改變；美國的預算與貿易赤字似乎也盛極而衰；而1929年式的榮景似乎也早夭了。另一方面，金融資產的累積速度超越「實質」財富的創造，這種分歧是需要修正的過度行爲。

　　積極的解決方法需要更穩定的匯率，不斷下降的實質利率，以及股票價格上漲到使「實質」資產的報酬率大於投資於

有價證券者。以聯邦政府目前的借款速度來看，我們很難見到達成上述條件的方法。消極的解決方法會導致金融不穩定、保護主義、全球經濟衰退、以及資金不斷從金融資產逃向流動資產。我無法預測那一種結果更可能發生。

我們可以發現，相對於繁榮／崩解模型而言，我目前所推衍的模型比較不具有預測能力。繁榮／崩解模型至少能夠顯示事件的發展的方向和序列；「邊緣」模型則否，因為頂點未必會先行於趨勢的反轉。雖然如此，模型仍具有解釋的能力。

實驗之初所提出的問題──最終的結果是什麼──必然無法獲得解答。就此來說，第二階段實驗得到的乃是低泣而非高亢的結果。但是，另一個相關問題則有更明確的答案：下一個深淵是什麼？正確的答案可以將投機行為從隨機漫步轉變成為獲利的運作。

顯然，下一個深淵是保護主義。就目前民主黨主導的國會而言，有些行動是無可避免的。其嚴重性會受到經濟活動步調的強烈影響。如果過去五年的經驗具有任何指導作用，則保護主義壓力會得到調和而不致於使制度瓦解。行政當局已經表明願意就此目標與國會合作。在1986年很可能出現保護主義的若干措施，並配合一些減輕債務的措施。

對於現存制度的最大挑戰是全球性經濟衰退，而且在1987年上半年將出現嚴厲的測試。由於1986年賦稅改革法案的緣故，若干屬於1987年的經濟活動已經提早出現於1986年第四季。無疑地，賦稅改革可以消除經濟體系中的許多扭曲，但每當以往的過度遭到修正，其負面影響的嚴重程度也總是最為凸

顯。期待已久的消費者支出萎縮最後會臨到我們。另外，日本經濟十分疲弱，德國經濟也在轉弱。全球的經濟衰退配合著保護主義的立法，可以把我們推到深淵。

經濟衰退的機會有多大？如果只是因為我們距前一次經濟衰退有四次之久，便認為我們即將陷入經濟衰退，我認為這種見解不具有說服力。在擴張階段，貨幣當局為了冷卻過熱的經濟才引發經濟衰退。但是我們並不處於擴張階段，也沒有經濟過熱的現象。比較具有說服力的說法是，我們處在信用緊縮的階段，除非積極地刺激經濟，否則經濟自然會陷入衰退。我們很難看出刺激源於何處。但是，貨幣當局至少還有能力調降一次利率；美元貶值終會開始促使貿易赤字下降，油價走高的展望可能會鼓勵囤積存貨。我們可能不會陷入經濟衰退，但或許會渡過幾年的低經濟成長。

我的分析並非結論。1987年的金融市場會如何發展？這將是未來臨場實驗的主題。

附註：1986年12月29日

臨場實驗結束之後，曾經發生了兩件大事：波艾斯基事件與石油輸出國家組織的協議。兩者都屬於利多因素。波艾斯基事件使合併狂潮的過度出現了戲劇性的轉折。與其它轉折點相比，它並未危及該體系，因此有關當局讓它充分上演而不加干涉。它不會導致企業重整的停頓，只會使速度減緩。流向垃圾債券的資金會轉往它處，而大幅增加其風險溢價。這種效果會減緩信用的需求，並使聯邦準備理事會採取寬鬆的貨幣政策。

所有這些影響皆有利於公債，而且間接地有利於績優股。債券市場已經擺脫石油輸出國家組織達成協議的新聞影響，這是值得注意的。油價上揚可能會鼓勵存貨的囤積，減緩經濟向下的壓力，尤其是對1987年的第一季更是如此。

在年底，我的資金大抵全數投入債券與股票，而在重貼現率調降之前，我不打算減碼。主要的潛在威脅在於美元再度貶值。

附註：1987年2月

「千載難逢的多頭行情」已經早夭，這種說法顯然言之過早。年關之後，股票市場立即突破沉悶的走勢，之後很快地邁向新高點。我所認為的多頭行情結束卻是短暫的停頓，它是源於取消長期資本利得稅負優惠所引發的賣壓。一旦賣壓消失，行情便大幅翻升。

以1982年8月開始的多頭行情而言，目前的漲勢可以視為第三波。它與1985年10月份開始的第二波行情有許多雷同之處，卻更快速、更狂野，適合更大幅的上漲。舉例來說，第一批買盤湧入較前一波的第一批快，其價格波動更大（Ｓ＆Ｐ期貨上漲了6％，1986年僅上漲4.8％）。本波走勢與導致1929年崩盤的多頭行情間的類比已經廣受認同。將這兩段時期的道瓊指數加以重疊，即可看出其間巧妙的類似（參閱圖14-1）。波克特（Robert Prechter）是一位依據艾略特波浪理論從事預測的技術分析師，他已經成為當代的預言家，其預測能夠撼動行情——事實上，1928年型態與1987年1月23日的型態，之間所

以有差異，他必須擔起大部份的責任。

圖 14-1

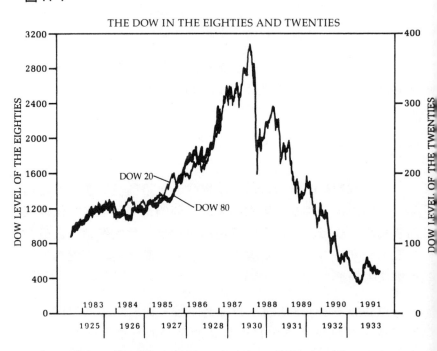

Courtesy Tudor Investment Corp.

　　另一個同等重要的現象是日本股票市場也從1986年10月份的暴跌中恢復，並於最近創高點。這些發展如何影響我結論的有效性與相關性？

　　多頭行情的復甦非常符合我在實驗結束時所發展的「邊緣」模型。我們會不斷地邁向相同的深淵邊緣，而不致於經歷

決定性的趨勢反轉，這便是該模型的特徵。

該模型能輕易地配合多頭行情的復甦，確認了我的主張：它幾乎沒有預測的價值。它只是瞭解事件進展的概念性架構。特定的預測必須由模型的使用者擬定；而模型只提供當前市場預期的一般假說——亦即，它們可能會證實爲自我破壞者。

使用者本身的預測可能是錯誤的，情況若是如此，則他必須修正其預測。當他身爲金融市場的參與者，他有強烈的財務誘因這麼做。如果他是財務顧問、學術專家、或政治家，則他或許不應該認錯，反而應該把事情弄模糊會更有利。就這方面來說，該模型也是很有用的。事實上，讀者有充分的理由提出質疑：我創造「邊緣」模型是否是要掩蓋我無法預測事件進展的事實。如果是，我將因此而付出慘重的代價，因爲我打算利用該模型來處理新的多頭行情。這意味我將依據假定來操作：我們處在類似於1929年的多頭行情，但它在遠未到達1929年的類似頂點之前便會解體。

顯然，在市場內部的動力——或者，更正確地說，市場內部的辯證性——到達成熟而呈現反轉之前，還有一段漫長的時間。如果1986年下半年的回檔，配合美元進一步貶值，可能延伸繁景的自然生命期。如果該走勢再度中斷，則這必然源於外部因素。這些外部因素究竟是什麼，我們做了廣泛的討論：經濟衰退伴隨著保護主義，其危險程度遠甚於經濟過熱。貨幣當局最後不太可能容忍奔騰的經濟繁榮——但情況發展到這種程度還有一段漫長的時間，至少就美國股票市場而言是如此。

日本的情況則不同。長久以來，日本股票的價值與基本面

脫了節。即使以日本目前不斷走低的利率而言,股票的本益比也是過度了。另外,許多企業的盈餘報告包含了股票交易的利潤,因此而受到人為的膨脹。產業的獲利展望很差,而且許多企業將多餘的現金投入股票市場從事投機。市場出現特殊的基金吸引機構投資人,它們還非法地承諾最低的保證報酬率。1986年10月份的股票市場暴跌時,政府對所謂「投資基金」(tokkin-funds)的調查曾經引起廣泛的注意。雖然如此,市場仍恢復漲勢,並於1987年初創新高。繁榮還能持續多久?義大利是1986年危機四伏的市場,1987年則為日本。

日本股市是由資金面所引爆的行情,而其資金則源於疲弱經濟與強勢日圓的結合。日本或非日本的市場參與者將美元兌換成日圓時,部份日圓流入了日本股票市場。當日本央行為了避免日圓升值而不斷釋出日圓,資金流入股市的趨勢更形強勁。如果央行不涉入,則日圓的賣方至少還有機會賣出或不買進日本股票,如此才能取得以美元計值的資產。

日本政府鼓勵海外投資,整體而言,這項措施十分成功:資本流出始終超過貿易盈餘。但因為國外資本流入與日本投資者海外投資的避險,使得日圓仍維持強勢。一旦市場參與者認定趨勢出現變化,他們便會減少避險,日圓自然就會貶值。去年十月份的情況便是如此,雖然股市挫跌先行於日圓貶值。這種情況很可能再度出現。自從年底,日圓又蘊釀升值壓力,股票市場的榮景也展露新的生命。壓力減退之後,日圓持有者自願性的賣盤將取代日本銀行的非自願賣盤。這便是流動性資金貯存槽出現漏洞的時候。以目前高估的股票價格來說,股價挫跌可以輕易地演變成股票崩盤。

　　相對於1920年代的美國，目前的日本有非常值得注意的相似性：它逐漸成爲經濟強權，其股票市場比其它成熟的經濟體系更缺乏經驗。但是，兩者之間的相似性只止於此。日本主管當局擁有干預的傳統，並能夠嚴格掌控金融市場參與者的行爲。1965年，股票市場崩盤而投資人大量拋售持股時，日本政府成立了公司來收購絕望投資人所拋售的股票。但即使是日本，1929年的事件也不會重演。

　　日本股票市場下跌，最初對其它股票市場有正面的激勵，因爲資金將因此而大批地從日本流向其它股市。但是，如果股價下跌演變成崩盤，則全球股市必然爲之震撼。

第 IV 篇
評　估

第十五章
金融煉金術的領域：
實驗之評估

（撰寫於1986年1月；修正於1986年12月份）

　　臨場實驗的結果與我當初的預期相差很大；另外，第二階段與第一階段的結果也截然不同：我於1986年6月份所撰寫的評估也必須根據隨後的發展而做修正。在第一階段，我的方法表現得相當成功；第二階段則否。這使得評估工作變得複雜，但也使得判斷更完整。

　　評估我的方法時，我們必須區分它在金融市場上的獲利能力與它對未來事件進展的預測能力。這項區分有必要的事實具有影響深遠的涵意，我們將在本章與下一章討論。

　　首先就投資績效來討論。第一階段恰好是我基金表現最傑出的時期。從實驗開始到控制期結束之間的十一個月內，量子基金的股份增值了126％，而S＆P指數上漲27％、公債期貨揚升30％、德國馬克升值23％、日圓則升值34％。不可否認地，對大多數投資人而言，這都是繁榮期，即使是處於外匯趨勢錯誤一方的人而言也如此；但是極少投資人的績效能夠與我的基金相提並論。融資只是一部份原因，因為它有正、反兩面的功能：人們必須處於正確的行情，才能藉融資來獲利。

即使我們將巧合的因素列入考慮，我們也不懷疑假設的擬定與測試過程對績效具有正面的貢獻。

相反地，第二階段為虧損。在1986年7月21日到年底，量子基金下跌了2％，而S＆P指數上漲2％、公債期貨下挫2％、日本公債期貨揚升1％、日本股價指數上揚5％。德國馬克升值10％、日圓貶值2％、金價漲14％、油價則劇升40％。就兩個階段的綜合績效而言，表現尚令人滿意。

即使在第一階段，紀錄顯示我的操作距離完美仍十分遙遠。買進債券的時機過遲、賣出的時機太早——雖然我有勇氣在更高的價位重新建立部位。我對股票市場中「千載難逢多頭行情」的認知也相當遲。我的外匯操作表現最佳：五大工業國家的廣場會議降低了外匯市場的風險，這項見解使我受益良多。

第二階段則被重大的錯誤所主導：我在「千載難逢多頭行情」結束之前，一直不願意接受這項事實。日本的情況使我受傷慘重：我參與了典型的繁榮╱崩解事件序列，未能及時出場。錯誤一旦觸犯，便難以彌補，但分析架構至少讓我瞭解我所面對的逆境究竟為何。在順境中產生傑出的績效，而在逆境中能夠控制虧損的方法，應可稱之為成功的方法。

我在金融市場上的成功和我對事件進展的預測能力兩者對照，表現截然不同。就這方面來說，我們必須區分金融市場的事件與實際世界的事件。金融市場的事件決定金融交易的成功；實際世界的事件則只能用來評估我所使用方法的科學價

值。

　　即使是預測金融市場，我的紀錄也不誘人：最好的說法
是，事件發生時，我的理論架構能讓我瞭解其重要性──雖然
這也不是擁有完美的紀錄。人們認爲成功的方法可以產生明確
的預測；但是我的所有預測都是極端試探性的，而且必須根據
市場的發展做修正。偶爾我也會發展出某些信念，這時候，我
便能搏得重大的收穫；但即使這時候，事件的發展也隨時有不
符合我預期的危險。「千載難逢的多頭行情」便是一個案例：
這個概念讓我在第一階段受益不少，但在第二階段則成了障
礙，而非幫助。我的方法能夠發生作用並不是因爲它能有效的
預測，而是能讓我修正錯誤。

圖 15-1

Quantum Fund N.V. Class A Shares			
Year Ended	Net Asset Value Per Share	% Change from Preceding Year	Size of Fund
Dec. 31, 1984	$3,057.79		$488,998,187
Dec. 31, 1985	$6,760.59	+121.1%	$1,003,502,000
Dec. 31, 1986	$9,699.41	+43.5%	$1,567,109,000*
Mar. 31, 1987	$12,554.16	+29.4%	$2,075,679,000*
	Compounded annual appreciation:		
	1969–1986: +35.4%		
* Unaudited.	1984–1986: +78.1%		

就實際世界中的事件來說，我的紀錄令人非常沮喪。我預測的突出特徵是：我不斷預測事件的發展，卻不曾實現。在臨場實驗，我經常認爲經濟已經瀕臨衰退，它卻不曾出現；在實驗之初，我認爲大循環將會反轉，但五大工業國家緊急達成的廣場協議卻解除了這項危機。就更早的事件，自從1981年，銀行體系的崩潰就不曾離開過我的腦海。同樣地，我預期油價的崩跌會導致政府課徵石油進口稅，其實卻無此跡象。平心而論，我也正確地預測了某些發展──油價的崩跌倒是其中之一，而日本人願意融通我們的預算赤字則是另一個例子。我雖然未曾預料五大工業國家會在廣場飯店召開會議，但它完全符合我的理論架構，而且我的反應也十分正確。

金融投資的成功與預測的失敗，兩者之間如何調和？這是本章所要討論的問題。但是在做之前，我必須提醒讀者，問題爲何最初會產生。如果這是科學實驗，則金融投資的成功可以視爲我決策所根據假說是否有效的證據。但這項實驗並不足以稱爲科學的實驗。關於這一點，我只需要提出兩項考量：一是個人的而另一是有關主題的。

我的決策過程受到個人因素極大的影響，例如我是否停留在辦公室，而臨場實驗本身也是重要的個人因素。基金的績效可以做爲我觀念是否有效的判斷標準，這項事實使我更努力爭取好表現。這可以從下列事實獲得驗證，相對於實驗的高峰期，在控制期，我的概念比較模糊，在市場中所採取的行動也有比較強烈的試探性質。這種模糊的概念相當尋常；在實驗過程中掌握明確的焦點反而相當罕見。將我的想法紀錄下來，這項紀律對我幫助很大。讀者可能不認爲我的論證特別有組織，

但如果我不願耐煩地將它們紀錄下來，則它們將更缺乏一致性。我能夠將我生命中最有興趣的兩件事結合，這項事實也啓發我不少：哲學的思考與金融市場的投機。兩者都會從結合中受益：結合使我付諸的心力更多於對單一的關注。

另一項考量因素則與外部事件有關。第一階段恰巧發生在主管當局試圖展現其主導性的歷史時刻：它們最初合作壓低美元，隨後則壓低利率。我所採用的理論架構特別適合處理這些發展。畢竟，市場與管制者之間的互動是管制信用循環概念中的主題之一。在其它的歷史時刻中，我的理論架構似乎比較沒有用。

舉例來說，我記得1981年到1982年的情況，當時聯邦準備理事會試圖控制貨幣數量，而讓市場力量決定利率。公債市場變成了賭場，股票與外匯的情況只是稍好，我所擬定的假說，以及在市場上的測試變得一無是處：每當我認清市場趨勢而擬定假說來解釋時，趨勢又出現了變化，而我必須再建立新的假說。結果是我總是落後市場、一直兩面捱耳光，直到我放棄徒勞無益的掙扎，而把公債期貨的賭博授權給更適合的人。我找到一位用電腦從事投機的交易員尼德霍夫（Victor Niederhofer），他將市場視爲賭場而發展出一套交易系統。在1982年國際債務危機改變遊戲性質之前，他的操作始終相當成功。他有罕見的毅力，能在把先前爲我賺的錢虧光之前便結束了我的帳戶。我或許可以辯解：凡是能夠讓我察覺其無法發揮功能的方法，它本身便是有效的方法；雖然如此，如果能在發揮功能的時機展現其能力，則該方法會更具有說服性。

這兩項考量花費了長時間才解釋了我在實驗期間所獲致的財務成功。它們同時說明了我的實驗並非科學實驗。第一，實驗其實不應該影響結果；但我的實驗並非如此。第二，科學理論應該普遍地有效，而我的理論似乎只能間歇地有效用。而且，在我的實驗與科學實驗之間，尚存有更深的分歧。我從未宣稱我的理論架構有科學上的地位。相反地，我論證反射過程無法用科學方法來預測，而臨場實驗是有計劃探索出來的代替方法。言歸正傳，我將這種代替方法稱爲煉金術。科學方法是要瞭解事物的真面目，而煉金術則希望達成事情所希求的狀態。用另外一種方式來說，科學的主要目的是真理——而煉金術則求操作上的成功。

在自然現象的領域內，這兩項目的實無二致。自然遵守法則而行，法則不會因爲是否被理解而改變。人類能夠以意願改變自然，則唯有透過於法則的理解與運用。這便是煉金術失敗而自然科學享有崇高地位的理由。

但是，社會現象有所不同：它們包含具有思考能力的參與者。事件不會依據獨立於人的思考之外的法則而行。事實上，參與者的思想是主題中的一個構成部份。這使得煉金術立足在自然科學領域內所不存在者。操作上的成功可以在不具備科學知識的條件下完成。同樣地，用科學方法處理社會事件是無效的，猶如用煉金術改變自然物質的特性。我將在下一章再討論社會科學的困境；我希望在此探索煉金術的適用領域。

根據臨場實驗判斷，我的方法比較適合處理金融市場，但在實際世界則比較不能成功。理由非常明顯：金融市場本身便

有預測實際世界之事件的功能，但並不完美。既存的預期與事件的實際進展，兩者之間總是存在著分歧。金融交易的成功取決於預測既存預期的能力，而非預測實際世界發展的能力。但是，如同我們所見的，我的方法甚少對金融市場的未來發展提出確切的預測；它只是在事件發生時做為理解的架構。如果它有效，這只是因為理論架構對應了金融市場的運作。這表示市場本身可以視為對未來所擬定的假說，然後將這些假說交由實際事件的進展來測試。禁得起測試的假說則會被增強；否則便被捨棄。我與市場之間最主要的差異在於市場似乎從事嘗試錯誤的過程，而其中的參與者不全然理解其意義，而我卻是在有意識的情況下這麼做。這大概就是我的表現優於市場的理由。

　　如果這個觀點是正確的，則金融市場會和科學方法十分類似：兩者均涉及假說的測試。但兩者之間也存在著基本的差異：在科學中，測試是用來建立真理；在金融市場，其準則乃運作上的成功。與自然科學完全不同，這兩項準則無法合而為一。它們怎麼能夠合一？市場價格始終代表既存的偏頗，自然科學則以客觀的準則在運作。科學理論是用事實來判斷，金融決策則是用參與者扭曲了的觀點來判斷。金融市場所用的方法是煉金術，而非科學方法。

　　將金融市場解釋為是用煉金術來測試假說的機能，這種說法是嶄新的，且具有挑戰性。這種說法沒被普遍接受，更增添了挑戰性。參與者不知道自己在做什麼事的時候，則金融市場如何能測試某件事？答案可以在其結果中發現。設法提出未擬妥的假說，則你會得到中或不中的結果。相對地，當你刻意擬定假說，則你可以表現一貫地優於市場——只要你的特定預測

不太離譜。將市場視爲測試假說的機能，似乎是有效的假設。
它所產生的結果會優於隨機漫步。

這項結論確使我所採用的方法優於嚴格的科學方法。如果
我們遵守自然科學方法，則會到達隨機漫步的理論。被測試的
假說必須加以揚棄，因爲它們並不構成事實，而且使我們落入
隨機而混亂的價格波動。另一方面，如果我們從內部觀察、從
參與者的角度觀察，則我們會發現錯誤嘗試的過程。瞭解這個
過程並不容易：許多參與者對市場所發生的一切只有模糊的概
念，而且我必須承認隨機漫步的感覺對我並不陌生。我對未來
所擬定的預測只能間歇地發揮功能；而我通常所得到的只是雜
音。但是，如果我能夠擬定有意義的預測，則我會得到值得的
報酬，猶如第一階段實驗所顯示的；即使我的認知有瑕疵，如
同第二階段所經常發生的，我也能擁有用來辨別錯誤的準則：
市場行爲。

臨場實驗顯現我的決策過程受到市場行爲的影響有多大。
乍看之下，這似乎與我最初的主張相互矛盾，即市場永遠是錯
誤的。這種矛盾只是表面的現象。市場提供了準備，藉它判斷
投資決策。另外，市場扮演著塑造事件進展的因果角色。相對
於實際世界的事件，市場資訊比較容易取得，因此市場行爲提
供了最方便的回饋機能，而參與者的預期能夠用它加以評估。
爲了利用市場本身的行爲，我們沒有必要將市場視爲永遠正
確。事實上，如果人們認爲市場是永遠正確的，則回饋機能便
幾乎沒有功效，因爲表現優於市場的可能將純屬巧合。

如同我將在第十七章中所討論的，古典經濟學理論主張，

市場機能確保了最佳的資源分配，這是錯誤的；市場真正的功能在於提供準則，使參與者能夠認識其本身的錯誤觀念。但我們必須瞭解市場所提供的是那一種準則：它不僅不會是永遠正確的，且是經常蘊涵著既存的偏頗。如果參與者誤認市場永遠是正確的，則其所獲得的回饋將具有誤導作用。但如果參與者認為市場永遠是偏頗的，則透過修正的過程，效率市場（efficient markets）的信念將使市場變得更不穩定，因為修正的過程將因此而出現短路。人們愈相信效率市場理論，則市場將變得愈沒有效率。

　　金融市場對實際世界發展的預測能力有多強？根據紀錄，我所預期的許多災難其實並沒有發生，這的確令人訝異。金融市場必定反應了相同的關切，否則我的錯誤預期便無法帶來利益。這引發了有趣的可能。或許我所預期的發展並未占到先機，因為市場早已預期了這些發展，並已採取行動防止其實現。下述發展似乎都如此：如銀行體系的瓦解和美元崩盤以及「千載難逢多頭行情」應該以1929年的崩盤形式收尾。貨幣當局非常關切金融市場過熱的現象，因此它們拒絕提供超額的流動性以避免投機泡沫的發生。它們的行為並非有計劃的，也不是一致性的。就美國來說，伏克反對提供超額流動性，卻未能得到「公開市場操作委員會」（Open Market Committee）的支持，使他必須轉而要求德國配合調降利率。當財政部長貝克要求另一波的調降利率，卻遭到德國的拒絕，所造成的不快幾乎破壞了五大工業國家的合作。日本擬定其本身的救濟方案，但生效時，投機泡沫已經得到了充分發展，造成了日本股票市場的大規模崩盤。難怪，我很難察覺「千載難逢多頭行情」的早夭（註：撰寫於多頭行情在1987年元月復甦之前）。美國可能

繼續創造超額流動性，但我認為它不可能導致投機泡沫，因為信心已經受到大撼動。投資人很可能將資金移往流動資產與黃金。當我最後發現市場機能防止其本身所預測的災難，我結論我們生活在自我破壞預言的時代。

油價崩跌似乎並不符合這項論證，因為它實際上發生了；但這可以歸因於我或主管當局對其悲慘結果所做的錯誤判斷。我預期它會對銀行體系與整體經濟造成嚴重打擊，因此課徵石油進口稅將無法避免，但實際上未課稅似乎沒有造成任何困擾。最後，它仍然靠石油輸出國家組織自謀解決。類似五大工業國家的合作情況，這項安排並非永久的；兩齣戲都還必須繼續上演。

這項推論開啓了非常迷惑人的前景。我所發現的可能不只是在金融市場上合理而有效的操作方法，而且是金融市場在實質世界中運作的實際模型。目前所使用的模型奠基於錯誤的概念，亦即市場僅能夠預示事件，卻不能加以塑造。我的方法認為，市場也可以催促或遏止未來的事件。依此推論，我們其實可能曾經處在通貨緊縮螺旋與美元直線墜落的邊緣——更別提其它各種金融災難——而我們所以能夠倖免於難只是因為金融市場散播了危險訊號。不論正面或負面，金融市場都會不斷地預期未曾實現的事件，正因為事件會一直被預期。金融市場熱衷於預期事後看起來相當無害的事件，這也就不足為奇了！有一句老笑話說，在過去的兩次經濟衰退中，股票市場預測了七次。我們現在能夠瞭解為何會如此。同樣的道理，金融崩盤只會發生在它們未被預期時。

　　最後一個論點不應該過度強調。許多廣泛預期的事件，實際上仍然發生。油價崩盤便是一個案例；第二次世界大戰的爆發又是另一個案例。目前，反向思考頗為風行，但是與既存預期對賭也絕不安全。我們記得在繁榮／崩解模型中，事件通常會增強既存的預期，而且唯有在轉折點才會出現矛盾；但轉折點非常難辨識。目前，反向思考已經成為既存的偏頗，所以我也成為明確的反向思考者。

第十六章
社會科學的困境

　　我們現在已經準備好評估社會科學的困境了。科學方法奠基於一項前題：成功的實驗能確認設計用來測試之假說的有效性。但是在有思考能力參與者的情況下，**實驗**成功並不能確保接受測試之陳述真實或有效。臨場實驗便是案例：成功的金融交易卻戴上沒有結論，甚至偶爾全然錯誤預測的冠冕。不可否認地，該實驗並非科學實驗；我不斷強調其具有煉金術的性質。但是，煉金術能夠成功的事實卻引起對科學方法的質疑；而科學理論似乎不能產生更優異的結果，又使難題更形複雜。我認為社會科學是錯誤的譬喻，如果我們認為如此，反而會比較有利。

　　唯有當科學家具有客觀準備，而其陳述之真實與有效能夠據此加以評估，科學方法才能有效運作。科學家的理解永遠不完整；但客觀準則卻能夠修正誤解。科學方法是人際間的互動過程，每一位參與者的貢獻必須接受所有其他人的批判評估。唯有當所有參與者都接受相同準則的引導，批判的過程才能產生足以稱為知識的結果。這就是為什麼客觀準則的存在是科學方法成功所不可或缺的。

　　客觀準則的角色為事實所充滿。陳述如果對應事實則為真，否則便是假。不幸地，事實總是不如簡單陳述所顯示的足

以信賴。唯有事實完全獨立於與其所相關之陳述，它們才能視爲客觀準則。自然科學的情況便是如此，不論人的想法如何，事實會跟隨另一個事實而出現。但是，社會科學則非如此，事件都包含著參與者的偏頗。我們必須強調，干擾並非只來自於科學家，且來自於參與者。事實上，如果參與者的思考不扮演塑造事件進展的因果角色，那麼觀察者所提出的相關陳述便不會影響事件的進展，如此社會科學家與自然科學家便沒有相異之處。但是參與者思考乃造成問題的原因。

事件若不包含有思考能力的參與者，其結構便非常單純：一個事實跟著一個事實，形成一個永無止盡的因果鏈。有思考能力的參與者使事件結構嚴重地複雜化：參與者的思考會影響事件的進展，事件的進展又會影響參與者的思考。更糟的是，參與者也會相互影響。如果參與者的思考和事實之間存在著固定關係，則不會產生任何問題：科學觀察者便可以忽略參與者的思考而專注於事實。但是，這種關係無法精確地決定，只是因爲參與者的思考和事實無關；它與它所參與的事件有關，而且這些事件唯有在參與者的思考對其產生衝擊之後才會成爲事實。因此，因果鏈不會從事實直接引導到另一件事實，而是從事實到認知、再從認知到事實，其中還伴隨著參與者之間的種種額外關連，它們都沒有充分地反應事實。

複雜的結構會如何影響觀察者就事件進展而提出有效陳述的能力？他的陳述也必然更複雜。明確地說，過去與未來之間必須允許存有基本差異：過去的事件僅是紀錄，未來在本質上是無法預測的。事後的解釋比起事前的預測要來得簡單——如同臨場實驗所顯示的情況。相對於過去，通則比較不適用於未

來，而演繹方法（deductive-nomological；D-N）模型中的美麗
對稱性也被破壞了。這違反了科學通則的脈絡，因為通則的有
效性應該不受到時間限制。

我們仍然可以建立普遍有效的通則——我對於自由浮動匯
率制度所提出者便是——但它們不能用來預測事件的進展。更
糟地，事實不能夠做為充分的準則用來判斷通則的有效性，因
為事實之外尚有主題。預測正確並不必然能使其所根據的理論
成為有效；反之，有效的理論所產生的預測未必能夠用事實加
以核對。

實際上，如果我們只侷限於事實，則社會事件序列便無法
被適當地理解。參與者思考是其所參與情況的構成部份；將情
況視為完全由事實所構成者則會扭曲主題。科學方法的D-N模
型，即我們在第一章曾經稍作檢討者，乃奠基於事實和陳述之
間的嚴厲區隔。因此，我們被迫提出結論，D-N模型並不適用
於社會事件的研究。

D-N模型即科學方法的看法是錯誤的。即便是科學理論也
要認同其它模型。比較著名者為統計或機率模型，以及經濟理
論中理想狀況下的有關法則。另外，科學在實務上與理論上存
在重要差異，差異的研究使得科學理論從D-N模型最初發展以
來，得到進一步的精鍊。雖然如此，D-N模型仍包含科學方法
亟力追求的理想：普遍有效的通則，而它在預測與解釋上具有
相同功能，且能接受測試。自然科學擁有許多成就，所以它能
夠捨棄理論模型，而隨心所欲地從事研究；正因為社會科學比
較沒有成就，所以它更需要來自於D-N模型所給予的聲譽。捨

棄D-N模型相當於放棄科學上最有價值、最具說服力、最有吸引力者。

　　但是，這只是故事的一半。當參與者的偏頗影響到事件的進展，觀察者便能夠利用自然科學所不可能的方法以操縱未來的事件。當我提及煉金術，所以不可能的方法以操縱未來的事件。當我提及煉金術，這便是我嘗試說明的要點。既然煉金術不能影響自然現象，社會科學便面臨了自然科學所不會面臨的問題。唯有當參與者分享相同的目標，批判過程才能平順地成為科學有效運作的基礎。科學的公認目標是追求真理，但一旦主題受操縱，則參與者對改變事件進展的興趣便可能大於對它們的理解。參與者藉宣稱其見解所具有的科學地位來提昇其影響力，這會更進一步破壞批判的過程。

　　科學方法如何自保以免遭受到破壞？第一步驟便是認識危險。這必須放棄「科學統一的教條」。人們因各種不同的動機參與科學活動。目前，我們可以將目的區分為兩種主要類型：追求真理以及追求我們所謂的「操件成功」。在自然科學中，兩者是合而為一的：真實的陳述優於錯誤的陳述。社會科學則非如此：錯誤的觀念可能十分有效，因為它們對人的行為能產生影響，反之，理論或預測發揮作用並不足以做為其有效的絕對證據。馬克斯主義便是第一種背離的傑出例子；而我對「千載難逢多頭行情」的預測便是第二個類型例子。

　　真理與運作上或實驗上的成功，其間的背離會從許多角度破壞科學方法。一方面，它會使科學理論的效用減損；另一方面，它會使非科學的理論在運作上成功。更糟的是，鍊金術理

論能夠假藉科學之名而獲利。

我們無法除去前兩項限制，因爲它們蘊涵在主題之中；但我們可以防止第三者。我們所要做的是認識科學方法應用在社會情況時的限制。我提出社會科學是錯誤的譬喻，目的即在於此。這意味自然科學方法並不適用於社會事件的研究。我必須強調，這並不意味在研究社會事件時應該放棄追求真理。

就動機提出論辯是完全沒有建設性的。任何貢獻都必須就其價值加以考量，而非根據其意圖，否則居科學方法核心的批判過程便會瓦解。有兩個學派的思想非常值得注意，它們根據貢獻的源頭而非其價值做判斷，那便是馬克斯主義與心理分析，兩者對科學方法的破壞均最成功。

免於破壞的唯一方法是爲社會現象的研究建立一套特殊規範。任何貢獻並不需要套入D-N模型者才能被視爲科學的，而是D-N形態的理論可以視爲社會煉金術。對所有自稱具有科學地位的理論、預測或解釋，規範不應自動地加以否認，而應該要求它們提出足以證明其合理性的宣稱。如此便能防止科學方法因煉金術的目的遭到濫用，並且防止無條件式的預測被視爲有效的貢獻——如同我所提出者。規範是有必要的，否則我在此處所提出的論證，都必須在各種情況下重覆，至少這是不切實際的做法。不妨說服馬克斯主義者，告訴他，馬克斯主義是不科學的！

我恰巧熱衷於追求真理，也充分瞭解有必要在操作上成功，才能讓人聽取我的觀點。如同我先前所承認的，這項考量是臨場實驗背後的主要驅動力量。我在股票市場所獲得的成

功，使我能夠暢所欲言，一吐心中的話。我非常幸運，無需以科學家的身分追求操作上的成功，而能夠以參與者的身份達成。

但是，在學術領域內的人便沒有這麼幸運：他們必須直接與自然科學家競爭地位和經費。自然科學一直能提出普遍有效的通則和無條件的預測。在沒有相反的規範下，社會科學家為了得到類似結果而承擔沉重的壓力。這便是為什麼他們會提出如此多看似科學的公式了。宣稱社會科學是錯誤的譬喻，將使他們擺脫對自然科學的模倣。

撇開學術，在其它領域內，參與者也能透過宣稱其見解具有科學地位而獲得操作上的成功。金融預測便是一例；政治是另一個例子。思想史中充斥著各種範例。馬克斯主義是政治教條，但它非常有意地運用科學的偽裝，自由放任政策的智識力量也是來自於科學理論──即完全競爭理論──而佛洛伊德也如同馬克斯一樣，堅決地宣稱其科學的地位。

我沒有立場責難其他人的動機。畢竟，我也像其它所有的人，非常熱切地希望我的觀點為人所接受，而且我也會糾集各種論證支持我的觀點。更有甚者，在以往身為證券分析師時，為了操作效果，我也經常擁護我明知遭到扭曲的見解，所以我並不比任何人聖潔。

這並非動機的問題，而是操作效果的問題。考量社會事件的結構便會顯示，所有的預測都繫於參與者的決策。操作成功的追求經常會驅使人們與自然科學競爭，嘗試提出更無條件的預測。這具有操作上的效果，而危及社會現象研究時對真理的

追求。只要科學統一的教條常存，則在真理的追求與操作成功的追求之間便會產生直接衝突。唯有放棄教條才能解決衝突。

　　我捨棄了科學統一的教條，所以我得以宣稱免於D-N模型的嚴格要求。我甚至進一步主張：真理的追求會阻止無條件的預測。這是否意味我所提出的推論形式是我們所能擁有的最佳者呢？當然不是。臨場實驗最好被視爲玩票性質的嘗試，適宜的專業技巧發展出來之後，應可加以改善。

第 V 篇
處　方

第十七章
自由市場與管制

　　進一步批判均衡的概念似乎是多餘的。在第一章，我認為這個概念是假說式的，其與實際世界的相關尚待質疑。在隨後的各章，我檢視各個金融市場與總體經濟的發展，顯示它們並沒有通往均衡點的傾向。事實上，我們有更充分的理由相信市場通常是趨向過度，這種過度現象遲早會變得無法維繫，它們終究會被修正。

　　均衡應該能夠確保資源的最佳分配。如果市場沒有通往均衡的傾向，則用來支持市場機能的主要論證便喪失其有效性：我們沒有理由相信市場能將任何事加以最佳化。

　　這似乎是令人訝異的結論，但情況不只如此。在參與者沒有完全知識和均衡概念之利的世界中，最佳狀態的概念都只是異物，其理由也完全相同：兩個概念都以完全的知識為前題。因此，如果兩者都與實質世界毫無關連也就不足為奇了。

　　尚有其它論證可以提出來支持市場機能。事實上，經過第十五章的討論，似乎生出了一個有趣的論證。我將金融市場解釋成類似科學方法的過程——亦即，嘗試錯誤的過程，實驗結束時的市場價格做為判斷該實驗的準則。這項準則並不符合科學方法的要求，因為市場價格不獨立於參與者決策之外，而自

然科學家所研究的事件卻不受科學家所做陳述之影響。儘管如此，它仍是有用的準則，因爲它如同任何自然現象，是真實的且可以接受科學觀察。另外，它對市場參與者具有重大利益。因此，市場機能具有提供客觀準則的價值，儘管它是偏頗的準則。

我們唯有在沒有市場機能運作的情況下，才能感受到該機能的價值究竟有多少。就此目的，我們必須觀察閃躲使用價格機能的中央計劃經濟，其對市場經濟缺失所產生的激烈反應。產出是以實質數量衡量，而其扭曲的程度遠甚於市場經濟的過度。

邱吉爾（Winston Churchill）曾經說，除了其它優點，民主是最差的政府形式。這種說法也適用於市場機能：除了其它優點，它是資源分配最差的制度。事實上，在選舉機能與市場機能之間存在著顯著的類似性。我們很難主張，選舉能夠使國家的政治領導權呈現最佳化：吸引選票所需要的技巧和擔任公職時所需要的能力，兩者之間並無大關連。雖然如此，他仍須參加選舉的事實設了紀律，可以防止更過度的現象。

客觀準則的價值或許最好以主觀來評價。我們都生存在奇妙的世界。由於偏好抽象概念，我可以比其他人更容易陷入自我創造的世界。市場始終幫助我保存現實的感覺。這似乎有點矛盾，我的現實感竟然必須根植在市場，而市場行爲經常十分詭異使許多旁觀者指爲非現實者；但以市場參與者的身分，我不僅知道我與現實有關連：我實際上對此有第六感。我在市場上對事件的反應就如同野獸在叢林中對事件的反應。舉例來

說，我常能預期迫切的災難，因為它使我感到背痛。我當然無法知道災難會是如何：我能加以辨別時，背痛便不藥而癒。曾經有一段時間，我完全沉迷於市場——這破壞了我與人之間的關係。我現在已經能保持距離，但我對市場的感覺也因此遲鈍了。許多事件對我只是雜音：我無法瞭解它們。比方說，在臨場實驗，市場的發展有跡可循；但在控制期，輪廓變得十分模糊。

觀察我涉入市場的程度與我組織抽象觀念的能力，兩者間的關連，是很有趣的事。有人會認為，積極介入市場會干擾寫作，實際情況卻恰好相反：必須擬定投資決策的紀律使我得免於太脫離現實。在撰寫《意識重擔》（The Burden of Consciousness）的三年裡，我失去了在股票市場中賺錢的能力，最後也迷失在自我的抽象概念中。再者，在我嘗試釐清國際債務問題的三年內，我發現我在市場中的操作能力降低了，而且更糟的是，我發覺到我對債務問題的分析愈來愈脫離現實。相對地，臨場實驗帶領我的投資活動與自我表現的能力到達更高的層次。

我提及這些內容是因為它們可能不只具有主觀的意義。如果我是學術界人士，則我會堅持我對債務問題的分析，如果事實不能符合我的預期，則我始終能為我的分析辯護，責怪外來的干擾。最後，我的若干預期會實現，雖然在時間上可能落後數年。對以市場為導向者來說，我認為這樣的落後是不可以容忍的，我覺得有義務去探討並釐清我論證中的缺失。身為學者，我大可以辯白。但我試圖提出的論點是：市場比學術辯論更像嚴格的導師。

　　然而，我們很容易會誇大我們所擁有客觀準則的價值。我們會拘泥於客觀的準則，賦予它們在本質上所沒有的價值。利潤——基本上來說——效率——本身成爲目的，而非達成目的的手段。我們傾向於以行爲所能帶來的金錢數量來衡量每一個行爲。藝術家根據其作品的售價評定其價值。更糟的是，我們經常希望從原本應該別有動機的行爲中獲利。政治家希望賺演講費，銷售回憶錄；白宮的助理變成國會的說客；負責採購的將軍釣取產業界的高薪職位；而律師也爲政府機構工作。利潤動機四處充斥，當有人基於利潤以外的動機來考量，我們反而會覺得難以接受。一位英國人不願意爲更好的工作搬遷時，美國的經理人會覺得不可理喻；一名南非黑人寧可摧毀文明，也不願意忍受種族隔離時，我們會斥之爲真正地野蠻——更別提回教基本教義派，完全超越了我們的理解範圍。驅動人類行爲的價值不能隨意地轉換成客觀的話；正因爲個人的價值觀如此混淆，我們已將利潤與物質財富——它們能輕易地用金錢衡量——提昇爲某種至高的價值。這當然是誇大。事實上，在不具有完全知識的世界，每一種價值都包含某種程度的誇大與偏頗。在我們的文明體系中，利潤的價值過度誇張，而客觀性的價值也是如此。

　　讓我們更進一步觀察市場價格所提供者爲何種準則。我們對科學方法與煉金術所做的區分可以提供幫助。我主張在社會現象的研究上，我們需要將有效性（validity）區分爲兩類：其一與真理有關，其二與效力有關（effectiveness）。在自然科學中，這種區分並不存在；理論唯有是真實的，才會有效力；這便是煉金術無法發揮效力的理由。依此推論，我們可以辨

稱，市場價格可以做為效力的準則，而非真理的準則。未來的
市場價格將決定個別參與者的成敗，但無法決定他們的理解是
否正確。唯有市場價格通往均衡時，兩項準則才會合而為一：
這時候，市場價格才是「正確的」價格。

　　我們現在可以瞭解均衡的概念何等重要。它是自然科學與
社會科學之間的一座橋樑，而且可以消除真理與效力的棘手二
分，而此二分法正是社會現象研究上的特色。不幸地，這座橋
樑無法架設，因為不完全的理解使得均衡成為不適當。沒有通
往均衡的內在傾向，事件的進展便無法以科學方法來決定；但
它能夠用煉金術的方法加以塑造。

　　企圖將自然科學的方法與準則移植到社會領域是無法維持
的。它會產生無法實現的膨脹預期。這些預期完全超乎科學知
識的議題並粉飾我們的思考方式。自從第十九世紀中葉，經濟
政策應以資源的最佳分配作為目標的信念主導了政治思想——
與政治行為。左派人士希望國家負責分配；右派人士則希望藉
市場機能來扮演分配角色。在馬克斯主義的影響下，追求最佳
化導致全球大部份地區全部捨棄市場機能。即使在以市場為導
向的經濟體系，國家也被賦與重大角色來修正市場機能的不完
全。逐漸地，國家干預的負面效果日趨明顯，既存偏頗又回過
頭來支持自由市場。

　　我們非常願意釐清馬克斯主義的謬誤，但我們比較不願意
承認完全競爭理論也沾染了類似的謬誤。兩者都建立在完全知
識的假定之上。在一方，前題導出了市場均衡；在另一方，它
表現在歷史進展的無條件預測上。我們必須指出，兩種理論都

起源於十九世紀，當時尚未認清知識的限度，科學則凌駕一切。

一旦認清最佳化無法維繫，我們便處於更有利的立場來評估市場機能的優缺點。我不希望捲入有關財富分配的問題——並不是因為我認為它們不重要，而是因為我的分析對此一主題沒有太多的貢獻；我希望專注在市場機能的特定缺失：其內在的不穩定。它的原因已經確定：它源於思考與現實之間的雙向連結，我稱其為反射。它並非隨時運作於所有的市場；但一旦發生，則認知與事件會脫離任何可以稱為均衡者，且其遠離的程度不受限制。

不穩定未必有害；事實上，如果可以稱為動態的調整，聽起來會比較具有正面的善意。但一旦發展到極端，它會引發突然的反轉，形成災難的後果。當牽連到信用，則更是如此，因為抵押品清算會導致市場價格的突然壓縮。因此，防止過度的不穩定便成為市場機能平順運作的必要條件。這項條件並不是市場機能本身所能確保的條件。相反地，我提出的證據顯示，不受管制的金融市場會趨於愈來愈不穩定。外匯市場的證據最為明確，但是信用的擴張與緊縮也頗有說服力。由於股票市場的榮景始終與信用的擴張有關，因此在不涉及信用的情況下，它是否本質上仍然不穩定，問題仍有待探索。過度不穩定唯有透過某種管制才能夠制止。

什麼樣的不穩定才稱得上過度，這是判斷的問題。標準會隨著時代的不同而變動。我們今天所願容忍的失衡，若以失業率衡量，是幾十年之前所無法想像的，當時對經濟大蕭條的記

憶猶新，而且充分就業政策的缺失尚未明朗。同樣地，在1960年代的企業聯合熱與1980年代的購併狂潮之間，有關企業重整的管制也大幅放寬了。

　　管制的問題在於管制者也是人，他們也會犯錯。爲了避免恣意的行爲與權力的濫用，法規與規定必需預先制定，但法規的設計很難保持足夠的彈性以符合一切可能的情況。法規會傾向僵硬，而且會阻礙創新。它們所導致的僵硬與扭曲與不受管制之市場的不穩定一樣，都是可以累積的。所得稅便是例子。稅率愈高而且實施得愈久，則避稅現象愈普遍，稅法也會愈複雜。

　　我不想繼續在普遍的高層面上討論，因爲這種討論流於空洞。在下一章，我將嘗試提出若干政策的建議；我在此僅希望提出一般原則。管制與自由競爭一旦發展到極端，兩者都是有害的，但某個極端的失敗並不能視之爲轉向另一個極端的理由。兩個極端不可以視爲是相互替代者，而應該視爲極限，在其間尋求平衡點。我們有偏向某個極端的內在傾向，所以這項工作十分複雜。

　　在二十五年前所撰寫的《意識之重擔》中，我就此思考方向發展出一套相當精密的計畫。我將變動率視爲我的關鍵變數，我主張人們因其不完全的理解而一定會誇大某一個極端。一個極端會產生傳統的或教條式的思考方式，在此思考方式下，現存的安排都將視爲理所當然，而其它的一切都是無法想像的。另一個極端會產生批判的思考方式，在此方式下，任何事物都視爲可能，除非它被否認。每一種思考方式都連結著某

種社會組織，社會組織會依據其參與者的不完全理解適當而不完全地對應於思考方式。準此，傳統的思考方式結合部落社會，教條式的思考方式結合專制社會，批判的思考方式則結合開放的社會（Open Society）。不用說，我深受卡爾・波普的影響（譯按：乃指其所著之《開放的社會及其敵人》〔Open Society and It's Enemies〕）。我偏愛開放的社會，但這並不是沒有條件的選擇。每一種形式的社會組織都欠缺某些事物，而這些事物卻存在於對立的社會組織：專制社會沒有自由；開放的社會則缺乏穩定。但是，由於我們內在的偏頗，兩者之間不可能達成如同自由市場所稱的穩定均衡。情緒很可能擺向某個方向或另一個方向。

經過幾乎半個世紀所謂的過度管制之後，我們又朝過度的自由邁進。我們愈早認清為了維持穩定而需要某種管制，則我們愈有機會維繫近乎自由市場制度的優點。

第十八章
邁向國際中央銀行

　　我們已經下結論：金融市場在本質上是不穩定的。我們需要採用什麼實務手段防止它們的瓦解？我認爲我本人沒有資格提供解答。我的長處在於辨認制度的缺失，而不在於設計制度。我長久以來一直存著夢想，希望如同凱恩斯，成爲經濟學的改革者，但每當有機會表達意見，我便敏銳地感覺到我自己所受的限制。我的特殊專長來自於洞察所有制度的缺失；但我對任何特定制度的瞭解卻不如專家。這種現象不僅在證券分析方面，在金融與經濟學也如此。參加證券管理分析師考試時，我在所有科目上的測試都失敗了；在分析信用與管制循環時，我自覺在貨幣理論方面欠缺週詳的基礎知識；猶如讀者所見的，在臨場實驗中，我最大的弱點便在於預測經濟。在我的投資活動與本書撰寫所涉及的任何特定主題，我都只利用既有的知識，而未實際地掌握它們；但論及設計新的金融制度，我在知識上的不足便成爲嚴重的缺失。

　　儘管如此，我仍覺得自己能夠有所貢獻，尤其是既存的智慧似乎已束手無策。凱恩斯主義（有別於凱恩斯本人的見解）因1970年代的通貨膨脹而受人質疑；貨幣主義在變動匯率與大規模的國際資本移動過程中也沒有關連；而且供給面經濟學與凱恩斯學派所強調的需求面無異雙關。經濟學上的通病就是沒

有明確的觀念。在這種情況下，即使是我模糊試探性的概念也能證實為有用。

首先，我認為我們應該區分經濟政策與制度改革。兩者都是必要的，但任何其中之一皆非充分。我們很難想像任何制度能自動地充分發揮功能。經驗顯示，沒有適當經濟政策的支持，每一種制度——不論是金本位、布列敦森林或是自由浮動匯率——都會瓦解。同樣地，在沒有某種制度改革的情況下，經濟政策也很難修正既存的不平衡。各種不平衡是相互關連的，而且在處理其中之一時必然會影響其它。

我們面臨種種不平衡而且不穩定的不協調排列。在此僅提出少數幾種：不穩定的匯率，國際債務問題，美國預算與貿易赤字的沈疴，日本的惡性貿易盈餘，農產品與礦產品上長期的全球生產過剩，商品價格（特別是石油價格）的不穩定，國際資本移動的不順暢，和國際金融市場的不穩定。在這些不穩定中，有些是經濟政策所造成的，唯有透過不同的經濟政策才能加以修正：其它現象則存在於既定的制度，也唯有透過制度的改革才能修正。

我們可以考慮第一種的不平衡，即日本的生產大於其消費的慾望，以及美國消費大於其生產的明顯慾望。如果不加以遏止，這種傾向，將逐步地導致日本躋身成為全球主要的經濟強權和美國的衰退。這樣的變化會造成許多混亂與失調，而唯有透過經濟與金融政策的改革，而非金融制度的改革，才能阻止它發生。如同截至目前所發生的情況，制度本身必須順應變化，否則所有的參與者均會身受其瓦解之害。

第二種不平衡的例子是既存的匯率制度。如同我們所瞭解的，自由浮動匯率的不穩定是累積的。主管當局目前已能夠認清事實，廣場協定使它們承諾要管理匯率。但是要怎麼做，則無任何協議，管理匯率等於協調的經濟政策。如果協調能夠自動達成，一切就都沒有問題。情況若非如此，則必須設計另一套制度。

在本章，我將探討制度改革的可能；適當的經濟政策則僅稍做討論。

根據我的觀點，有三個主要問題的領域需要做制度上的改革：匯率，商品價格尤其是油價，與國際債務問題。在每一個問題領域中，問題都不能個別處理，而必須將它們視為是整體制度的一部份。還有未被認清的第四個主要問題領域：國際資本市場。它們反應、調節並協助產生各種其它的不平衡。它們的快速發展被普遍指稱為受歡迎的創新，而且被視為市場同時順應需求變化的另一個例子。我認為，事後回顧國際資本市場的快速成長將被視為是另一種過度，類似於1970年代國際銀行放款的快速成長。我們都知道，國際放款業務的榮景立基於錯誤的基礎；我相信認清國際資本市場的缺失只是時間的問題。

目前，主管當局存在強烈傾向以各別案例的方式處理問題。比方說，目前已普遍認為匯率不能任其浮動而不加干預；但也認為干預必須是漸進而試探性的。有關匯價目標區域的種種爭辯：它們應該是明顯的或是暗示的？回歸固定匯率的可能大致上已經排除在外。同樣地，普遍有人認為，國際債務問題需要某些創舉；但是貝克計劃強調與堅持採個案方法。我們很

容易瞭解何以如此。對一個國家的讓步可以輕易地蔓延到其它國家，所以制度改革的任何談論均可能加速制度的瓦解。就油價來說，問題都留給石油輸出國家組織解決；而消費國應該攜手合作帶給石油產業穩定，這個觀念甚至尚未被倡導。

貝克所倡導的逐步方法，相對於黎根主掌財政部所採取的放手方法，是一項重大進步。這代表一種認知，即市場不能任其自由發展，如果要避免全面瓦解，主管當局必須提供方向。五大工業國家在廣場會議中的創舉引發了全球股票與債券的主要多頭行情。但是，廣場會議所生的動能已逐漸消散，我們再度危險地隨波逐流。如果動能可以透過任意的措施重新驅動，則一切都很好。但是，如果沒有有效的國際合作，則保護主義，外匯失調，和償債能力瓦解的危險會增高，制度改革的需求也相對更為迫切。

一旦我們訴諸於制度改革，所採行的方法也必須完全不同。我們不可以單獨處理各別問題，而必須同時處理所有問題。在更廣泛的解決方案下，看似無法各別處理的問題可能應刃而解。計劃的涵蓋面愈廣，成功的機會愈大。我所提及三或四個主要問題的領域或許可以分開處理，但同時處理的效果可能更好。我瞭解在既存的制度中從事任何激烈的改革並不可行，尤其是在國際合作上，在其中共同目標必然會因為要順應個別國家的利益而受損。但在某些時刻，改革不僅可能，也是必需。通常，這便是危機時刻。

在下文中，我將分別討論各個主要問題的領域，但我所提議的解決方案會將它們串連起來。它涉及國際中央銀行的創

設。在歷史上，中央銀行業務會隨著危機而演變。雖然一個金融中心的發展會影響另一個金融中心，但每一個中央銀行都有自己的歷史。目前的問題是國際性的；因此，解決之道也必須是國際性的。我們已經有了國際中央銀行的雛型：在1930年為了因應德國債務問題而設立的國際清算銀行（Bank for International Settlement）；以及1944年在布列敦森林所設立的國際貨幣基金（IMF）與世界銀行（World Bank）。下一個步驟應該是擴大它們的功能或設立嶄新的機構。

匯率

匯率失調已經成為破壞世界經濟的主要來源。它們使長期投資充滿了不確定，危害既定投資的價值，而且是美國保護主義情緒的根源。市場機能未能夠使幣值趨於穩定。相反地，投機行為卻使得外匯走勢更形誇張。如同我們所瞭解的，自由浮動匯率制度的不穩定是累積的。

問題是：我們能如何做呢？可能措施有許多。匯價目標區——明示的或暗示的——是最不激進的方法，因此也是人們最常提到的方法。我們也可以回歸到固定匯率制度，不論它是否依賴黃金做為價值的標準。或者，最大膽的做法是創造一種國際貨幣。

不論選擇那一種方法，許多問題都需要解決。第一，也是最重要者，便是國際資本移動的問題。資本越過國界的移轉是有價值的，也應該得到鼓勵；但是，如同我們所瞭解的，投機性的資本移動的不穩定是累積的。我們所需要的制度是會使投

機行為無法獲利者。理想狀況下，幣值的波動應該只侷限在利率差的範圍之內；但這會引導出大致上屬於固定匯率的制度。

匯價目標區不可能阻止投機行為。相反地，它們將鼓勵以有限的風險對主管當局從事投機。在訂下一組目標匯價時，主管當局將自己暴露在風險之中，聽任投機客來選擇攻擊的時機和地點。根據歷史顯示，投機客在這種情況下通常都能獲勝。或許有人認定明示的目標區域是最拙劣的制度，因為它會獎賞制度內的投機行為，並鼓勵對該制度發動投機性的攻擊。

未經宣布的匯價目標區有較高的成功機會。它們能使主管當局對投機客發動一場躲迷藏的遊戲，只要主管當局能協同一致並動員比投機客多的資源，則仍有獲勝的機會，既然它們控制殺手鐧──印製鈔票──它們就不是在從事一項不可能的任務。如果中央銀行願意無限量供應鈔票，便可阻止任何強勢貨幣進一步升值。但是，中央銀行罕有勇氣這麼做，是令人奇怪的一件事。

如果主管當局能成功地穩定匯率，熱錢最後會冷卻，並被引到長期投資管道──這是世界經濟趨於穩健的根本前題。但是，穩定主要貨幣間的相對價值並不夠：如果我們要避免全球通貨膨脹與通貨緊縮的過度現象，則所有貨幣的整體價值必須保持穩定。黃金在歷史上一直扮演穩定因子的角色，它很可能再度以某種形式扮演這項功能，但在目前卻有一項大缺陷：大量的黃金新供給仍控制在兩個封閉的政府手中──即南非與蘇聯。無論如何，問題並不只在於尋找適當的貨幣基礎；在信用具有反射性的條件下，建立於該基礎之上的信用結構也需要加

以管制。我們所需要的是能協調全球信用成長的機構：國際中央銀行。

論證發展至此，其它主要問題領域──國際債務與以油價為參考的商品價格──也需要考慮。

國際債務

累積的債務持續對放款者與借款者構成同樣沉重的負擔。我們希望問題會逐步解決，種種計算卻未考慮到債務清算時所導致抵押品價值的侵蝕。以國際收支平衡帳的放款而言，抵押品包括出口。低度開發國家的主要出口商品面對著缺乏彈性的需求：它們試圖增加出口時，商品價格即出現下跌壓力。

若干主要債務國進入了我所謂第三階段的調整過程，但是其它國家似乎永久陷於負債狀態。增加傳統出口商品的生產量成了死胡同。其它成長的管道需要探索。出口更精密的產品是可行方法之一，但會受到保護主義的阻力。這使得低度開發國家只能以國內成長做為經濟復甦的大道。就政治面來說，這是比較合理的方法，因為美國的出口業若能趨於繁榮，則它或許更願意接納進口；另外，債務國的民意也愈來愈強調國內成長。

貝克計劃打算利用新的放款紓解債台高築國家的困境。一部份資金來自於國際機構，其中以世界銀行與美洲開發銀行（Inter-American Development Bank）較為著名，一部份資金來自於商業銀行。商業銀行將於三年內投入200億美元的資金。這些貸款有交叉違約求償權，因此要比純粹的商業放款更

有保障。世界銀行的資金耗盡時，政府會要求國會撥款。

這項計劃是朝正確方向邁出的一步，卻有兩個問題未解決：其一是在債務國未能清償其既有債務時，增加其額外的債務；其二是商業銀行的帳面已經充斥許多的壞帳放款時，更進一步累積其壞帳放款。該計劃可以緩和第二個問題，因為新放款的大部份資金來自於政府機構，但這並未完全解決第二個問題。另一方面，這將引發挽救商業銀行的指控。這很難使國會同意對世界銀行增資。

顯然地，該計劃未足深謀遠慮。它未能處理過去所遺留的過度。如果沒有政府干預，累積的債務將以災難的方式清算。如果政府干預要成功，它必須井然有序地減輕累積債務。

根據過去幾年的經驗，一旦累積債務的壓力跨越某個關鍵水準，便無法再以正常的調整過程予以降溫。就大多數拉丁美洲國家而言，調整已經瀕臨忍受的極限，負的資源移轉已經呈現並越過其最高水準。雖然如此，外債仍持續累積，負債比率只些許的改善——如果有的話。另外，國內的債務正以驚人的速度成長。

在每一個先進的經濟體系，對負債過度的處理都擬定了特殊的法律程序。破產法便是為了確保壞帳有秩序地清算，而不致引發經濟活動的中斷。我們非常迫切需要某種國際債務的破產程序。

破產重組的原理非常單純。時間停頓在某一點。所有既存的資產與債務都集中，依據冗長的法律程序分別解決。同時，

該實體得以釋出過去的重擔，繼續發揮其功能，只要它能存活。繼續經營之實體，其債務優先於其前身之債務。這項原則使宣布破產的實體得以繼續發揮功能。

國際放款並未有類似的壞帳清算程序。債務未獲全額清償有許多先例可循。通常，無力償債會導致全部的不履約，情況唯有在幾十年之後才能正常化，放款者才樂意接受部份的償還。債務之重組而未導致全部不履約最著名的嘗試，應屬Dawes 與 Young 於 1924 年與 1929 年個別對德國所提出的計劃，但結局都不甚圓滿。

國內的破產程序並不能直接運用到目前的情況，因為其所涉及的金額過份龐大，即使是暫時的不清償，放款者也將因此而破產；但是在過去與未來之間畫一條界限則是正確的。

目前，所有的市場參與者都暸解一項未決的難題。國外放款者希望將其承諾降至最低水準，而國內資本則希望在海外尋求避難所。高負債國家的經濟繼續凋萎，政府壓力不斷增強。這些趨勢需要反轉。我們所處理的是反射過程。趨勢反轉需要重大事件來觸發，而其衝擊足以變更既存的偏頗。唯有更廣泛的重組計劃才能構成這種事件。

我沒有資格提出明確的行動計劃。這項計劃需要很多的準備與協商。我在此所能做的只是提供大致的輪廓。它至少必須解決五項主題：(1)先前債務的處理；(2)新信用的提供；(3)銀行體系的維護；(4)債務國的經濟政策；和(5)逃離資本的回流與對國外投資人的吸引。布雷迪參議員於 1986 年 6 月所提出的計劃，涉及了所有這些要點（註 1 ）。亨利‧考夫曼（Henry

kaufman）於1986年12月4日所提出的計劃十分類似我的看法
（註2）。這些貢獻驅使討論朝正確的方向推進。

先前的債務能合併成低利的可轉讓長期債券。這些債券以
低於面額的價格出售，而持有這些債券的銀行將蒙受巨額虧
損。為了保障它們，銀行將被准許分年逐期提列債券與市價之
間的虧損。在這段期間，這些債券能夠以其逐步攤提的官方價
值充當抵押品，向中央銀行重貼現窗口融資。這可以防止財務
結構受債務重組之害的銀行遭到擠兌：這可以使它們從黑洞中
爬出來。

重組先前債務並不夠；必須保證不斷取得新信用才能使高
負債的國家復甦。這不能光倚賴商業銀行。首先，它們不應該
提供以國際收支平衡帳為目的的信用；它們已經得了教訓，而
且即使它們不曾因為既有的承諾而蒙受虧損，也不願意再放
款。國際收支平衡帳的放款是屬於國際放款機構的業務範圍，
因為這些放款必須有能力堅持：借款國必須遵循適當的經濟政
策。

目前，債台高築國家的主要內部問題是通貨膨脹。如果清
償國外負債導致巨額的預算赤字，則壓抑通貨膨脹便告無望。
但是，一旦債務重擔減輕，則國內改革便更有成功的機會。通
貨膨脹減緩，實質利率即可上升，可以鼓勵逃離的資本回流國
內，或許還可以再吸引外資。

為了提供充裕的新信用，世界銀行（或為此目的而設計的
新機構）將需要龐大的資本。目前，籌措所需資本的政治意願
尚不存在：任何國際金融機構的擴張會被視為拯救銀行或／和

債務國的行爲。結合債權國與債務國全力貢獻的廣泛計劃應該可以克服這些難題。新的放款不可以用來清償既有的債務；它們必須用來刺激世界經濟，當壞帳的清算出現了壓抑的效果，而全球經濟又迫切需要刺激措施。

石油

世界銀行所需要的資本可以透過無痛的方式來籌措。這涉及龐大的設計，將石油穩定方案與國際債務問題之解決結合。我最初在1982年有此構思。我將輪廓描述在一篇文章中，卻遭到苛刻的批評，也因此未被刊載。它當時被認爲過於牽強附會，目前可能仍然如此。這篇文章的有趣點是，促使我撰寫該篇文章的問題仍未消失。如同當初撰寫該文的時機，目前這仍是一篇適時的文章。我將該文章逐字轉載於此，希望讀者能自行批判。

石油的國際緩衝存量計劃*

附註：撰寫於1982年

如果合作的意願存在，則本文將勾勒出其所能達成者。雖然有許多可能；我將專注於所能達到的最佳狀況。其目的在於顯示有效的解決方案是可能。這或許有助於將其付諸實現的意願。

最佳的解決方案需要主要的石油進口國與石油出口國簽署一項協定。它將取代石油輸出國家組織，而將卡特爾

（cartel）的根本特色——設價與產量配額——與國際緩衝存量計劃的特色相結合。

它並不需要或不希望所有的消費國與生產國都參與。工業化國家與石油輸出國家組織中「溫和」成員國之間的合作則是不可或缺的，但此項計劃不包含如伊朗、利比亞或阿爾及利亞等產油國，也可以運作。

計劃的運作方式如下。生產與消費的配額需要建立。配額的總量要超過目前的消費水準。超額的部份則納入緩衝存量。既然石油的儲存費用十分昂貴，緩衝存量因此主要是登錄在帳上：該部份的石油仍保留在地下。

油款不直接付給生產國，而是存入開立在國際貨幣基金之特殊設計下的凍結帳戶。這筆基金將以產油國的名義持有，而這些產油國的生產配額，未被其實際銷售所滿足。油款由消費國支付，而這些消費國的實際採購量也無法滿足其消費配額。緩衝存量以付款國之名義登錄在緩衝存量主管當局的帳面上。直到付款國需要石油，緩衝存量主管當局會保管該批儲存在生產國地下的石油。顯然地，緩衝存量主管當局必須保障該批在地下石油的安全。

消費國會課徵石油進口稅。它們會把所課徵稅金的一部份退還給參與本計劃的生產國。未參與本計劃的生產國則沒有資格接受退款，以懲戒其不加入計劃。所退之稅款也存入國際貨幣基金特殊設計下的凍結帳戶。凍結帳戶的利率很低，比如1％。

外債金額龐大的國家如墨西哥、委內瑞拉、奈及利亞與印尼，可利用其凍結帳戶清償債務；有盈餘的國家如：沙烏地阿拉伯與科威特，則可累積其信用餘額。

低度開發國家有權不參與緩衝存量的計劃。它們因此而能夠用比工業國家低的價格購買石油。它們的不參與並不會危害本計劃。

為了說明，我們假定指標油價維持在34美元；石油進口稅非常高，比如17美元，其中的一半8.50美元則退還生產國。配額訂得相當高，使得緩衝存量能以每日300萬桶的速度累積。如果工業國家的石油進口速度為每天150萬桶，而其中的80％來自於參與本計劃的生產國，則它們每年可以在進口稅上實現558億美元，但必須用280億美元購買緩衝存量。其餘部份可以用降低預算赤字，使工業國家處於有利的地位以提供擴張世界銀行時所需的資本。國際貨幣基金之特殊設計每年可以收取650億美元，全數屬於生產國之信用：生產國所收取的石油進口稅退款為372億美元，石油緩衝存量的價款為280億美元。比較來說，國際放款的淨增加值於1981年與1982年為約600億美元的高峰值（譯按：工業國家的進口稅＝〔（$8.5×1,200萬桶）＋（$17×300萬桶）〕×365天＝$558億。生產國所收取的緩衝存量價款＝（$34-$8.5）×300萬桶×365天＝$280億。生產國所收取的進口稅退款＝$8.5×1,200萬桶×365天＝$372億。）

石油的市場價格會受到什麼影響？由於凍結帳戶僅支

付1％的利息，所以生產國有誘因從事實際銷售而不願出售給緩衝存量。因此，緩衝存量所支付的價格會成為價格上限：指標價格扣除進口稅未退還部份（即$34-$8.5＝$25.5）將大致上成為自由市場價格。對工業國家中的消費國與生產國而言，油價當然包含進口稅。如果價格超越指標價格，則顯示石油的需求強勁，應該調高生產配額。

如何調整配額與價格是棘手問題。市場管制之所以失敗是缺乏適當的調整機能。即使是國際貨幣制度，其情況也是如此：布列敦森林制度便因為黃金價格缺乏彈性而瓦解。計劃的調整機能愈倚賴價格，其得以存活的機會愈大。瞭解了這項原則，緩衝存量便應該只被用來讓價格機能有充分的時間運作。這意味在緩衝存量開始累積之後，一旦被提取，則會產生向上的調整，先是生產配額，其次是價格。緩衝存量又開始累積時，則產量配額會下降到最初所設定的最低水準。

產量額度的分配是最令人困擾的問題之一。最初的配額係根據相關國家最低的財務需求來設定；全球總產量增加時，增量的分配必須更根據未使用的產能、蘊藏量的規模與蘊藏量之增減速度來考量。比方說，沙烏地阿拉伯配額的增加必須大於阿爾及利亞與委內瑞拉。即使能設定某種計算公式，額度的分配仍會涉及許多判斷上的自由心證。

最後，當產能近乎充分利用，則各別生產國不願意增加其配額會被視為觸動價格上揚的機能。再一次地，這也

涉及判斷問題。

　　相對而言，消費額度的分配比較單純：以實際消費數據做為估計的基礎。

　　為了裁量權的執行，則需要權力機構。如何建立權力機構、分配投票權，則是最困難的問題。這唯有靠激烈的談判手段來解決，其結果將反應出各相關參與者的談判力量與談判技巧。

　　無疑地，權力會因此而從產油國家大幅地轉移到工業國家。但是，為了挽救石油輸出國家組織免於瓦解，這是唯一適切的做法。我認為石油輸出國家組織的瓦解將導致災難式的後果，因此勢必採用某種方法避免之。支持著手從事此處所規劃的廣泛性方案，最主要的論證之一是：工業國家很可能藉此發展攫取最大的利益，惟其無論如何都必須勉強同意。它們能夠得到多少好處則取決於其技巧、勇氣與內聚力。此處所提出的計劃會比修補石油輸出國家組織更有利。

　　這項計劃的終極價值將取決於國際貨幣基金特殊設計中所累積的資金會如何運用。其所涉及的金額十分龐大：大於國際債務在高峰期的累積金額；即使緩衝存量不續增，其金額仍然十分龐大。這筆基金應該足以融通全球主權國家債務的重整。

　　存於國際貨幣基金的凍結資金可以借給世界銀行，用以提供信用給債台高築的國家；資金也可以折價購買高負

債國家的債務。放款的現金收益則可以用來解凍國際貨幣基金的凍結帳戶。

本計劃的參與者將會如何？這大部份得取決於透過協商所達成的條件。儘管如此，整體輪廓非常明確。

工業國家會在短期內放棄低油價的利益，以換取長期的價格穩定、緩衝存量的累積、國際債務問題的解決以及對政府收益的重大貢獻。如果可能，它們也可以得到保護本國能源與石油產業的利益。

參與計劃的產油國可以確保其產品市場，產量將遠高於目前的水準。它們所收受的價格會低於目前的水準，但高於石油輸出國家組織瓦解後的價格水準。它們有兩項強烈的誘因參與本計劃：石油進口稅的退款以及能將產品出售到緩衝存量。雖然這兩筆款項都將存入國際貨幣基金的凍結帳戶，但是背負外債的產油國則可以透過此帳戶清償債務；對有盈餘的國家而言，其資金在相當長久的時日之後才能解凍。

對低度開發的非石油生產國而言，其石油的取得成本會低於工業國家，而享有相當的紓解。生產國與消費國均可透過全球債務重整計劃而受益。

本文並未討論將此廣泛計劃付諸實現的問題——即如何由此到彼。或許這需要比目前所能預見更大的危機，才能使各相關國家攜手並進。

　　由於情況的變化，上述計劃必須加以修正。指標價格與進口稅額都必須大幅調降到遠低於上述值，以反應石油輸出國家組織之獨佔利益，在本計劃提出之後所受到的侵蝕。

　　我不願意再花費任何時間修改上述計劃，因為我瞭解在目前的既存偏頗下，這樣做是完全不切實際的。任何形式的緩衝存貨計劃都會立即遭人嘲笑，而過去所發生的歷史也足以說明駁斥的合理性。但是，論證方向可能反轉。有關市場機能的經驗是否更好？我們不妨觀察石油的歷史。唯有在石油供給過剩以及卡特爾運作良好時，油價才能趨於穩定。這樣的時期曾經出現過三次：第一次是標準石油公司（Standard Oil）所建立的獨佔；第二次是德州鐵路委員會（Texas Railroad Commission）所運作的產量配額制度；第三次則為國際石油輸出國家組織。每一個時期的前、後均出現亂局。如果穩定計劃有其必要，則這項工作是否應該由生產國來承擔？難道生存利益受到嚴重影響的消費國，不應該插手這些計劃嗎？當論證的力量得到認同時，便是將這項計劃從抽屜中取出的時機。

國際貨幣

　　一旦石油緩衝存量計劃的觀念被接受，則創設穩定的國際貨幣便只有一步之遙了。記帳的單位能訂為石油。石油價格因緩衝存量計劃而趨於穩定，儘管在需求超過供給時，其價值——以其它物品與勞務衡量者——會逐漸上升。換言之，相對於國際貨幣，各國的貨幣會逐漸貶值。

　　新創設的國際放款機構將使用石油作為記帳的單位。既然

其放款不受通貨膨脹的威脅，它便可以採用較低的貸款利率，如3％。其所賺取的利息（3％）與其所支付凍結帳戶的利息（1％），兩者的差值則可用來解凍其帳戶。凍結帳戶減少之後，放款機構便能夠增加本身的資本。

放款機構能賦與相當於中央銀行的權力。它能夠透過發行其本身的短期或長期債券以管制全球的貨幣供給，且可以透過其本身的記帳單位來管制各國貨幣的數量。它可以執行各種屬於中央銀行的監督功能。其記帳單位將成為一種國際性貨幣。

商業放款也能夠以國際貨幣來計值。最後，在所有的國際金融交易之中，以石油為基礎的貨幣將取代美元與其它國家的貨幣。過渡時期必須詳細地推進，制度性的架構也必須謹慎發展。此處並非設計一套周詳的計劃的場所，而我也非適當的人選。顯然地，以石油為基礎的貨幣將可以消除國際資本移動所帶來的投機影響。

所有當事國是否願意接受這樣的貨幣，這是關鍵性的問題。如果美元不再是主要的國際貨幣，美國的損失尤其嚴重。首先，準備貨幣的屬國在提供金融服務給其它國家時，是居於明顯的有利地位。更重要者，美國目前是唯一能夠無限量借取其本身貨幣的國家。如果美元被某一種國際貨幣所取代，美國雖然能夠繼續借款，但它將被迫清償全部的債務。目前，美國政府有權力影響其本身債務的價值，而且我們幾乎可以斷言，債務在其清償時的價值必然低於其在發生之時。

世界其它國家融通美國預算赤字的意願是有極限的，我們目前或許已經瀕臨極限。但是，日本的例子卻是，即使它知道

自己永遠不可能得到全額清償，它似乎仍然願意融通美國，因為這是日本成為「世界第一」的方法。日本已經取代美國的地位，而成為世界其它各國的主要資金供應者，而日圓取代美元成為主要準備貨幣也只是時間上的問題。過渡期間很可能伴著許多混亂與失調，如同在大戰期間，從英鎊過渡到美元的情形。

引進國際貨幣可以避免混亂。此外，它可以防止美國經濟目前所展現的敗象。我們不再能以優越的條件借取外債；所以我們將被迫整頓內部。問題是我們的政府是否有此眼光，而且我們的人民是否有意願接納國際貨幣所訂的紀律。唯有我們決定減少借款，放棄優越的信用條件才有意義。這意味我們必須降低預算赤字與貿易赤字。唯有如此，制度的改革與經濟政策的問題才會融合。

就貿易而言，有兩個替代方案。一是透過保護主義措施限制進口，另一是增加我們的出口。保護主義是自尋災難的途徑。它將促使債台高築的國家全面違約，並導致國際金融制度的解體。即使它沒有發生金融災難，比較利益（comparative advantages）的喪失將造成全球生活水準的劇降。另一方面，如果制度未予改革，則很難見到出口大增。債務重整可以提昇債務國的購買力，貨幣改革可以提供穩定，而後者是美國成功的調整過程所不可或缺的。

我們可以這麼主張：金融過度不穩定嚴重破壞了美國經濟的網絡。實質資產無法和金融資產一樣地隨著總體經濟的變化而做調整；因此存在著極大的誘因將實質資產移轉到金融的形

式。移轉的本身便是削弱「實質」經濟的主要因素。在檢討金融資產的運用時，我們才能夠正確地明瞭其破壞力。龐大的資產被鎖定在聯邦預算赤字，對高負債國家的放款，以及融資購併中。「實質的」資本形成實際上卻在衰退。如果我們能夠倚賴國外穩定流入的所得，則上述情況尚不致於過度嚴重。但是，我們貿易赤字的融通有一部份來自於低度開發國家，一部份則來自於資本流入，前者是十分不穩定的，而後者仍須清償。我們犧牲了「實質」經濟以勉強維繫「金融」經濟，這並不是誇張的說法。

為了降低我們對資本流入的倚賴度，預算赤字就必須加以處理。就我個人觀點，最誘人的展望是以有利的條件與蘇聯達成限武協定。雷根總統時期的龐大國防支出可以視為一項大賭局而加以合理化，但目前是清償的時機：「大循環」能夠以更穩定的結構加以取代，而我們的預算與貿易須趨於平衡。

當然，日本能夠繼續生產超過其所能消費者。只要日本願意儲蓄並輸出其資本，則沒有任何力量可以阻止它成為世界主要的經濟強權。但是，日本的興起並不必然意味美國的衰敗；在國際貨幣的協助下，兩個領導經濟強權可以共存。

第十九章
制度改革的矛盾

我已經提供了架構，它不僅使國際金融制度得以存活，而且使美國的經濟政策得以延續。雖然它只是一份草稿或一個觀點，但我們還是可以盡心推敲而涵蓋我在此處所未觸及的其它層面。

此處的基本問題；一是抽象的，另一是個人的。抽象的問題是有關一切對制度改革的嘗試。在我們不完全理解的情況下，制度改革是否存在著矛盾？我們如何能希望設計出一套內部一致的系統？個人的問題是我對官僚制度的逃避；國際中央銀行將無法逃避官僚氣息。

我相信制度改革的矛盾僅是表面的，但仍需要處理。唯有人能要求永恆的與完美的解決方法，它才能有效。但由於我們的不完全理解，永恆的與完美的解決方法超越了我們的能力範圍。生命是短暫的；死亡才是永恆的。我們如何經營我們的生活，會使得差異加大；暫時的解決方法遠優於沒有方法。

堅持永恆的解決方法具有強烈的誘惑力。為了瞭解其根源，我們必須考慮生死的意義。死亡的恐懼是人類感受最深的情緒之一。我們認為死亡的觀念完全無法接受，我們會用各種機會逃避它。追求永恆與完美只不過是逃避死亡的方法之一。

這只是假象。不僅無法遠離死亡的概念，我們擁抱它：永恆與完美便是死亡。

我長久以來便認真地探索過生死的意義，而得到了令自己相當滿意的結論。我在此處稍做總結，雖然我瞭解它對別人的意義可能不及它對我的意義。關鍵在於區分死亡的事實與死亡的觀念。死亡的事實關連著生命的事實，而死亡的觀念則對應著意識（conciousness）的觀念。意識與死亡是無法調和的；但生命與死亡則否。換言之，死亡的事實並不必然如其觀念那般令人畏懼。

死亡的觀念無所不摧：就死，生及其所關連之一切事物都將因此而喪失意義。但是，死亡的觀念只是一種觀念，觀念與事實之間的對應並不完美。將觀念與事實劃上等號是錯誤的。單就事實而言，我們活著是明確的事實。死亡是遙遠的事，當我們到達時，則它與我們目前所具有的觀念將不盡相同。換言之，我們對死亡的恐懼不可能被該事件證實。

在思索生命與死亡的過程中，我們有選擇：我們能夠用生命或死亡做為我們的起點。兩者並非相互排斥的：兩者——既為事實又是思想——均需要處理。但是，我們所採納的觀點會偏向於兩者之一。我們所發展出來的偏頗會滲透到我們的思想與存有的各個層面。有些文明，如古埃及文明，致力於死亡的崇拜；而其它文明，如古希臘文明，其神祗也過正常生活。在多數情況下，兩種觀點並不相互抵觸，而其交互作用卻形成了歷史。基督教義中精神與現世的衝突便是一個例子。劇本目前又在蘇聯上演：共產主義意識型態的要求與軍事力量及經濟效

率的要求，其間便難以協調。

偏頗之間的衝突會以許多複雜的形式自我顯現。因此，我
們對經濟管制可以採取不同的態度。有一種立場認爲管制是無
用的，因爲它會引入扭曲，任其發展，最後將使制度瓦解。這
個觀點又受到另一個市場機能論證的強化，若任其發展，整個
經濟將通往均衡。相反觀點則認爲，不論是採用市場經濟或管
制經濟制度，都不可能達到完美。市場經濟過於不穩定，管制
經濟則過於僵化。市場必需接受管制，但是管制也不可以任其
發展：它必須不斷地修正。沒有制度是完美的，這項事實並不
能作爲有效的論證，反駁使制度趨向完美的嘗試。以布列敦森
林制度爲例：它最後瓦解的事實並不能改變它曾經爲四分之一
世紀的經濟繁榮奠定基礎的事實。

如果要在這兩種立場上做選擇，我的選擇顯然偏向於生命
與短暫，並在其中建立不完美的結構。雖然我提倡廣泛的金融
制度改革，但我不幻想新制度能比先前的制度更完美、更永
久。相反地，我認爲追求永恆與完美是一種幻想。功能良好的
制度會誘使我們陷入自得意滿。這便是布列敦森林的情況，而
如果我們設計了一套過度良好的制度，接下來相同的情況還是
會發生。

這使我面對制度改革上的個人問題。制度由官僚運作，而
我對官僚心態具有本能上的逃避。提倡更受管制的國際金融制
度，我似乎是在希求我所憎惡的事。

這是實際的問題。任何官僚體系都有其明確的特色，極力
爭求自我永存（self-perpetuation）。每一種由官僚所管理的制

度都會僵化。基督教與共產主義都是如此。官僚主義的死亡之手是難以避免的。毛澤東挑起文化大革命向它挑戰，結果令人慘不忍睹。

但這並非不可克服的問題。當官僚負責掌管市場時，市場行爲將可使官僚保持機警。經驗顯示，中央銀行是最富有彈性、最具有創意、且最有效率的機構。理由是：市場提供了準則，中央銀行行爲的結果可以藉此準則加以判斷。它們可能受到錯誤意識型態的影響，如同任何人，但是政策一旦無法有效運作，則它們也只能面對問題。比方說，聯邦準備理事會於1979年採納貨幣學派的觀點，卻於1982年8月份捨棄了該觀點。同樣地，國際貨幣基金以極僵硬的方法處理高負債國家的問題，但被迫逐漸地放棄無法發揮功能的方法。人們經常批評中央銀行遵循了的錯誤政策；但是其失敗能夠顯現的事實卻提供了有力的紀律。此外，中央銀行對處理危機也有令人訝異的創意。英格蘭銀行在1974年發明「救生艇」（lifeboat）方案，而在1982年的債務危機中，聯邦準備理事會則將方案運用到全球。伏克真是擅長應付危機的人；但是像伏克這樣的人能夠主掌中央銀行絕非純屬巧合（與其它官僚相比，中央銀行還稱不上罪大惡極）。

總之，創設國際中央銀行並非永恆的解決方法。事實上，永恆解決方式的概念，其本身便孕育了下一波危機的種子。

第二十章
1987年大崩盤

　　1987年股票市場大崩盤是一件具有歷史意義的事件。我們必須回溯到1929年、1907年、或1893年的崩盤，才能找到可供比較者。就許多方面來說，最有關連者為1929年，而且是最廣為人知者。但在比較時，我們必須留意而不可將崩盤本身與其後果相混淆。

　　在1929年的崩盤，紐約股票市場大約跌了36％；這項數字與1987年崩盤的跌幅大致相同。隨後，股價回升到其跌幅的一半，接下來的1930到1932年的漫長空頭市場中，股價下挫了80％。就是這一段空頭行情，配合著經濟大蕭條，使人們的想像為之恐懼。正因為是無法磨滅的噩夢，我們便可以確信歷史不會重演。政府對崩盤所做的立即反應支持了這項見解。1929年之後，貨幣當局犯了嚴重錯誤而沒有提供充分的流動性；就目前情況來說，它們犯了不同的錯誤。以它們的最初反應判斷，危險在於為了避免經濟陷入衰退，它們破壞了美元的穩定，至少在大選年會是如此。

　　就技術分析面來說，1987年的崩盤與1929年的崩盤，其間存在著明顯的類似。下跌的形式與幅度，甚至於每天的價格波動都非常接近。主要差別在於1929年的第一波賣壓高潮出現後，幾天之內又出現了第二波賣壓，將股價帶到新低點。在19

87年，第二波賣壓並未出現，即使行情在未來再創新低，其型態也不同了。這項分歧證實主管當局不重蹈1929年覆轍的決心。在崩盤之初，雷根總統和胡佛總統的說法十分類似，但在10月22日星期四舉行的記者招待會上，他已經審慎地言聽計從而避免了類似事件。

如同1929年的崩盤，1987年的崩盤也出乎意料之外。雖然普遍認知以為全球的榮景不穩健而且無法維繫，但鮮有人能夠掌握正確的時機。我如同一般人深陷其中。我相信股票市場崩盤會從日本開始；但這看法卻演變成代價昂貴的錯誤。

事後回顧，我們很容易重建導致崩盤的事件序列。股票榮景是流動性促成的；而流動性不足就是崩盤的先決條件。就這一方面來說，1987年與1929年的情況十分類似：可以回想，在1929年崩盤之前，短期貨幣市場利率曾經走高。

流動性不足究竟如何在1987年發生，這是棘手問題，要提出明確的答案，必須做深入的研究。但是，有一點非常明顯：支撐美元的協議扮演著關鍵角色。在1987年2月達成羅浮協定（Louvre Accord）後的最初幾個月，美元受到中性干預（sterilized intervention）；亦即，國內利率不許受影響。當各國中央銀行發現其所需吸納的美元數量超過其所能承受的程度，於是改變了戰術。在中曾根康弘於1987年4月29日到5月2日訪問華盛頓後，它們容許利率差距擴大到足以吸引民間部門願意持有美元的水準；事實上，它們把該項干預「私有化」了。

截至目前，我們仍不清楚究竟是中性或非中性的干預導致

了流動性不足。中性干預使大量美元流入各國中央銀行的國庫，而聯邦準備理事會可能沒有注入等量的資金到國內貨幣市場。如果情況如此，則其效果在幾個月之後便顯現出來。另外，情況也可能是因為日本與德國的貨幣主管當局對中性干預的通貨膨脹後果感到腳冷，為了控制國內的貨幣供給而致使全球利率上揚。

我偏向後者的解釋，雖然我不排除前者也是可能的影響因素。德國是以強烈的反通貨膨脹偏頗而馳名。日本則比較務實，在中曾根康弘返回東京之後，它實際上准許利率下跌。但是，當它發現寬鬆的貨幣政策只是更增強金融資產與土地交易不健全的投機行為，於是開始另做考量。日本嘗試減緩銀行放款與國內貨幣供給的成長；但是投機行為在當時已經失控。即使在日本央行緊縮貨幣供給之後，債券市場仍繼續上揚；債券市場於九月份崩跌前，指標債券#89之殖利率於五月份才下跌到2.6％。

在1987年崩盤的歷史年鑑中，日本債券市場崩盤可居諸事件序列之首。九月份債券期貨有相當大的投機多頭部位無法平倉。避險交易使十二月份期貨隨之崩跌，#89債券的殖利率在觸底之前，曾經上漲超越6％。我認為債券市場崩跌會蔓延到股票市場，因為股票市場的高估比債券市場更嚴重，但是我錯了。投機資金卻湧向股票市場而嘗試在此彌補其所蒙受的虧損。結果，日本股票市場在十月份又創新高。

對世界其它各國的影響則比較悲慘。美國的公債市場乃倚賴日本的買盤。當日本人轉成賣方，即使數量相當小，我們的

債券市場便應聲下跌，其跌幅無法用經濟基本面來解釋。無疑地，我們的經濟比預期更顯得強勁，但力道存在於工業生產而非消費需求。商品價格呈現漲勢，鼓勵了存貨的累積，招來了通貨膨脹的陰影。對通貨膨脹的恐懼只能做爲債券下跌的合理解釋，卻非根本原因；雖然如此，它仍增強了債券市場中的下跌趨勢。

債券疲弱擴大了債券與股票價格間的差距，這是1986年底以來的情況。這種差距可以無限地持續下去；比方說，1960年代的情況便是如此。但是，差距的擴大將創造出最終反轉的先決條件。反轉的實際時機取決於其它事件的湊合。以本案例來說，政治考量扮演了主要角色：雷根總統已經失去魅力，大選又逐漸迫近。決定因素則是美元新的貶值壓力；股票市場內部的不穩定則會將跌勢轉化爲崩盤。

崩盤的第一聲爆裂來自於著名且有廣大追隨者的「大師」波克特（Robert Prechter），他在10月6日開盤前發出空頭訊號，市場也應聲下跌了90點。這是根本弱勢的跡象；1986年也出現類似情況，卻未引發災難式的後果。美元開始走軟時，情況便逐漸惡化。在10月13日星期二，聯邦準備理事會主席葛林斯班（Alan Greenspan）宣布貿易平衡帳呈現「深遠的結構性改善」。但是，10月14日星期三所公布的數據卻令人大失所望。美元承受了嚴重賣壓。由於日本和德國已經調高利率，因此依據非中性干預的原則，美國利率需要有更大的調幅。美國當局不願意緊縮，而且在週四之前，當股市持續下跌，財政部長貝克據報向德國施壓，迫使其調降利率，以免美元進一步貶值。新聞報導眾議院歲計委員會（House Ways and Means Committee）將對融資購併交易所發行的垃圾債券設定抵稅的上限，於是股票市場持續加速下跌。雖然上述條款於星期五被廢除，但是由於「公司事件」之預期而被拉抬到高價位的股票出現了相當大的跌幅，致使用保證金從事交易的專業套利者被迫斷頭。

接著，星期天的《紐約時報》刊載了一篇煽動性的頭條文章，報導財政部官員公開倡導美元貶值，並責備德國先讓股票市場下跌，而這些評論導致股價挫跌。由於內部的不穩定，10月19日星期一，市場勢必出現賣壓；但《紐約時報》的文章呈現了戲劇效果，使原本所累積的不穩定更加惡化。結果是出現了有史以來的最大單日跌幅：道瓊指數下挫了508點，相當於股票總市值的22％。

在理論上來說，投資組合保險（Portfolio insurance）、選擇權出售和其它順勢操作的設計，原則上可以使個別參與者以增加系統不穩定為代價來限制個人的風險。在實務上，系統的瓦解並不容許個人全身而退。市場陷入混亂，恐慌瀰漫，抵押品被迫清算進一步地壓抑了市場價值。

紐約股市崩盤引起了海外的回響，其它市場的崩跌又回過頭來影響紐約股市。倫敦市場結果比紐約更脆弱，一向以穩定著稱的瑞士市場甚至受到更大的衝擊。最糟者為香港，一群期貨市場投機客想安排股市在一週的其餘時間停止交易，以迫使期貨契約能以人為價格結算。計劃失敗了，投機客也因此被一掃而空，政府被迫以干預的手段挽救期貨市場。在當週，香港市場停止交易，香港的賣壓擴散到澳洲與倫敦市場。賣壓在黑

色星期一之後又延續了近兩週的時間。其它股市不斷創新低時，紐約在起初的賣壓狂潮後未再創新低。

唯一能夠倖免於崩盤的股票市場是日本市場。在黑色星期一的翌日，日本出現單日恐慌性賣壓，股價鎖住跌停板，成交量薄弱（在日本，每天的價格漲跌幅度受到管制）。翌日早盤，日本股票在倫敦市場出現了很高的折價；但是在日本市場次日再度開盤時，大藏省撥了幾通電話，賣單便奇蹟般式地消失了，大型機構進場積極護盤。因此，市場收復了前一天大部份的跌幅。在恐慌性賣壓湧出之後，適逢巨型股日本電話電報公司（Nippon Telephone & Telegroph）公開籌措370億美元的資金，於是股市再度下挫，市場似乎又陷入崩盤的絕境。但主管當局再次干預，它們准許日本四大券商以自己的帳戶進場操作——事實上，無異准許四大券商操控股市。

1987年大崩盤具有兩項凸顯的特色：紐約未出現第二波賣壓，東京市場相當穩定。這兩項特色值得進一步探索，因為它們可以為崩盤的後果提供線索。

1929年崩盤的歷史性意義源於它觸發了經濟大蕭條。它發生的時間在經濟與金融權力從歐洲移轉到美國的期間。權力移轉導致匯率的極度不穩定，最後結果是美元取代英鎊而成為國際準備貨幣；但是，1929年崩盤本身在此過程中所扮演的角色並不明確。

相對地，1987年大崩盤的歷史意義在於它使經濟與金融權力從美國轉移到日本。在過去，日本的生產一直大於消費，美國的消費則高於生產。日本不斷累積海外資產，美國則不斷累

積債務。在雷根執政期間所採取的減稅和增加軍事支出（就此而言，軍備也是一種消費型態）計劃，使上述過程得到進一步的助力且從此之後便不斷地增強。雙方都不願意承認這一點：雷根總統希望美國人以身為美國人為榮，並追求軍事強權的幻想，其代價卻是喪失了美國在全球經濟中占主導地位的夢；日本則希望儘可能在美國的庇護下成長。

　　1987年大崩盤顯示了日本的力量，並使得經濟與金融權力的移轉清晰可見。日本債券市場的崩跌促使美國的債券市場下挫，並導致美國股票市場的崩盤。然而，日本卻能免於其本身股票市場的崩跌。最重要者，美國的主管當局只要放棄美元就能避免第二波賣壓。這便是我要求各位特別留意崩盤兩項特色的意義所在。事實上，日本已經成為世界銀行家──接受世界其它國家的存款，並投資與放款給世界其它國家。美元不再享有國際準備貨幣的資格。是否可以建立新的國際貨幣制度而不致於引發經濟大蕭條，是仍有待觀察的問題。

　　事件的預測遠比事件的解釋更困難。人如何能預測尚未做成的決定？雖然如此，對於已經做成的決定，我們卻能評估其內涵。

　　1987年大崩盤使我們的政府面臨一項問題：避免經濟衰退與維護美元幣值，兩者之間何者比較重要？每個人的見解並不一致。在黑色星期一之後的第二個星期，便出現放手聽任美元下跌的事，而財政部長貝克更在該週末做了正式的宣布。美元應聲下挫，股市的第二波賣壓則未出現。1929年的錯誤雖然能夠避免，但我們卻犯下了另一種錯誤。放任美元貶值的決策使

我們痛苦地回憶起1930年代的競爭力貶值。暫時的紓解可能隨後又以付出更大的傷害爲代價。

美國免於嚴重經濟衰退的希望頗佳，至少在短期內是如此。在崩盤前，消費者支出已經減少，而崩盤勢必會使消費者更加謹慎。但是，美元貶值使工業生產受益菲淺，工業的就業情況也十分強勁。預算赤字的刪減幅度過小，也過於虛幻，因此不會有實際的作用。如果美國企業減少資本支出，外國企業在美國的擴張將填補空缺。所以，消費支出的下降頂多使1988年第一季或上半年的經濟走平。德國與日本很可能會刺激其本身的經濟。淨結果將使世界經濟延續自1983年以來所展現的低成長。股票市場對實質經濟的直接影響很可能小得令人訝異。

這種情節的麻煩之處是：導致1987年大崩盤的不平衡現象並未獲得解決。美國的預算赤字與貿易赤字都不可能消失。崩盤的餘波可能會帶來短暫的平靜，但美元最後仍會再度承受壓力——或許是因爲我們的經濟十分強勁而貿易持續出現赤字，或許是因爲我們的經濟十分疲弱而需要以低利率政策刺激它。

英國在發現北海油田之前也處於類似情況。結果是「停滯膨脹」（Stagflation）與一連串「走走停停」的政策。我們目前的情況也是如此。主要的差別在於，美國是全球最大的經濟體，其貨幣仍爲國際的交易媒介。只要其幣值繼續不穩定，則國際金融市場便隨時會發生意外。我們必須注意：雖然崩盤的先行條件是羅浮協定所創造的，但崩盤的導火線則是美元實際的下跌。

如果美元繼續貶值，則流動資產的所有人將被迫逃到它處

避難。一旦蓄積了相當的動能，即使調高利率也無法遏阻，因為美元的貶值速率將超過對其有利的利率差。最後，調高利率將導致政府當局所不欲見到嚴重的經濟衰退。

過去曾經發生這種現象。在卡特執政的最後兩年，投機資本不斷流向德國與瑞士，即使資金必須支付溢價才能被接受也是如此。自從卡特總統於1979年被迫銷售以強勢貨幣計值的債券以來，美元劇貶的壓力從來沒有像現在那樣地大。

崩盤以來，只要美元貶值，全球股市便趨軟，反之亦然。訊息十分清楚：美元進一步貶值將造成反效果。政府當局似乎已經瞭解此項訊息：所有美元貶值的討論一概停止，而既然預算達成了某種妥協，於是著手重建羅浮協定的準備工作。這大致上取決於努力會有多成功。不幸地，政府當局放到檯面上的籌碼不多：參議員派克伍德（Pack Wood）形容預算刪減「微不足道」。另外，1987年大崩盤斷然顯示，政府當局對避免經濟衰退的關切程度超過了對美元的穩定。支撐美元的重擔基本上落在我們的貿易伙伴身上。

日本保護其出口市場的最佳方法是將其生產設備移往美元區域；此一趨勢在崩盤前便展開了。許多日本企業，以汽車製造業為主，正在美國與墨西哥興建其附屬製造廠。由於股市崩盤和美元貶值，兩者都使得美國資產的取得成本降低，且從海外供應美國市場變得無利可圖，以致於上述過程加速進行。貿易赤字的最後解決之道將由日本製造業從事進口替代。第二次世界大戰後，歐洲所呈現無法矯治的「美元鴻溝」（dollar gap）也是如此解決。當時，許多美國企業成為「跨國的」

（multinational）企業，且美國鞏固了其世界經濟霸權的地位。同樣地，在日本躋身為世界銀行家與經濟領導國的同時，日本的跨國企業也誕生了。

大規模的日本投資也使日本在美國取得了相當的政治力量。美國的各州幾乎都在日本設立了貿易推展機構。如果代表各州的國會議員過度支持保護主義措施，則這些機構便難有作為。不論如何搔首弄姿，保護主義可能已經不再是可行的政策方案。幾年之後，當日本建好了工廠，它們將成為最熱切的保護主義份子——防止來自於韓國與台灣的競爭。

在歷史的發展過程中，曾經有許多經濟與金融，最後則為政治與軍事領導權，從一個國家移轉到另一個國家的例子。最近的一次發生在大戰期間，美國取代了英國。雖然如此，日本成為世界主要金融強權的前景仍令人忐忑不安，不僅從美國的觀點來看是如此，從整體西方文明的觀點來說也一樣。

從狹隘的美國人立場來說，傷害非常明顯而且值得盡心推敲。喪失主導地位勢必引發國家認同的危機。儘管才投入龐大的資金，雖然這些資金都是從國外借來的，取得了軍事優勢，但我們仍未準備好接受已經喪失經濟優勢的事實。相對於英國，我們根深蒂固的傳統國家認同感比較薄弱，因此危機勢必更嚴峻。不論就國內或國際層面來說，我們政治行為的後果將難以估量。

這對我們文明的影響也同樣深遠，只是不那麼明顯。國際貿易制度是開放式的制度；其成員國均為主權國家，彼此之間必須基於平等相互對待。如果日本取得領導權，也不會有所改

變。相反地，在必要的情況下，日本人會比美國人更爲謹慎。

這個問題十分複雜。美國與英國有相同的文化背景；美國與日本則不然。日本雖然展現了其學習與成長的可觀能力，但其所生存的社會與我們的社會存有基本的差異。日本人的思想充滿了主從。這與人生而平等的觀念形成對比，而兩種文化的差異將成爲問題的焦點。

美國與英國都屬於開放的社會：就內部來說，人民享有相當程度的自由；就外部來說，財貨、人民、資本與觀念可以在不同的程度上跨越國界。日本大致上仍是封閉式的社會。其開放社會的特色，如民主型式的政府，係戰敗而由佔領國所強制的。但是，日本社會所瀰漫的價值體系仍爲封閉式的：個人利益從屬於整體社會利益。

從屬並非透過強制而達成的：日本與專制國家毫無類似之處。它只是一個具有強烈國家使命感與社會凝聚力的國家。日本人希望成爲爭取第一之群體中的一份子，而這個群體可以是他們的企業或國家。在追求目標的過程中，他們願意付出可觀的犧牲。我們不應該責怪他們擁有這樣的價值觀；事實上，我們更應該批評美國人不願意爲了共同利益而承受任何的個人的不便。日本是茁壯中的國家；我們已垂垂老矣。

問題是：全球其它國家或尤其是美國，是否願意接受具有強烈國家認同感之異國社會的領導？問題不僅困擾著我們，也困擾著日本人。一股強有力的學派認爲，日本應該更開放，以使它更能夠被世界其它國家所接受。但是，它也存在著對傳統價值的強烈認同與幾乎是病態的恐懼，尤其是老一輩的人更是

如此，他們擔心日本在躍居世界第一之前便喪失了動力。日本是轉型中的社會，在它承擔領導角色時，更有理由要成爲非常開放的社會。有許多內部的緊張與衝突會破壞社會凝聚力與階級的價值觀。很多情況取決於社會轉型的速度。相對於近來的表現，如果美國能夠展現得更有生命力，則開放社會的價值體系對日本人也會變得更有魅力。

日本社會的封閉特性出現在許多方面。形式上雖然民主，但從引進目前的憲法之後，日本便由單一政黨所統治；首相的更替則由私下協商來決定。國內市場形式上雖然是開放的，但外國公司如果沒有國內的結盟便無法打入市場。但是，西方制度的開放與日本的封閉特色之間的最大差異莫過在金融市場所展現的。

西方世界准許金融市場在沒有政府管制的情況下運作已經自食惡果了。這是悲慘的錯誤，如同1987年大崩盤所顯示的。金融市場根本上就不穩定，穩定唯有在成爲公開政策的目標時才能維持。不穩定是累積的。如同我在本書其它章節所顯示的，市場在沒有管制的情況下發展地愈久，就變得愈不穩定，最後將導致崩盤。

日本人對金融市場的態度則完全不同。日本人將金融市場視爲達成目標的工具，並依此操縱它們。主管當局與機構玩家以微妙的共同責任制度連接起來。

最近的事件提供了制度運作方式的深入見解。第一次是市場在黑色星期一之後瀕臨了崩盤邊緣，但是大藏省的幾通電話便足以促使金融機構進場拉抬行情。第二次，當日本電話電報

公司公開發行股票時，金融機構的反應比較冷淡，或許是因為大藏省在第一次電話溝通時已經用盡籌碼。現在它必須倚賴生存直接受到威脅的券商。在准許券商操縱行情的情況下，主管當局得以避免一場災難。

股票市場崩盤是否能無限期的避免，這是當代金融情況中最吸引人的問題之一。我們仍在等待答案。主管當局已經准許東京房地產與股票市場發展成投機泡沫，其規模在歷史上鮮有類似的案例。比方說，日本電話電報公司的股票以270倍的本益比上市，而美國電話電報（AT&T）的本益比只有18倍。如果這是自由市場，它早就崩盤了。如此規模的泡沫能夠井然有序地逐漸萎縮，不會突然瀉氣，在歷史上尚無前例。主管當局未能防止日本債券市場的崩盤，卻能在股票市場上獲致成功。日圓所展現的持續強勁走勢對它們相當有利。如果它們能成功，則它在歷史上是創舉，代表新時代的來臨，即金融市場可以為公眾利益而加以操縱。

崩盤對日本股市的效果乃是將它推近封閉的系統。在危機之初，外國人持有日本股票的比率不足5％，但在危機發生時與之後，他們大量拋售持股。非常有趣地，拋出籌碼的大部份並非被日本法人機構吸收，而是被日本大眾所承接，他們受經紀商的鼓勵而融資買進。事實上，日本券商確實表示在危機時買進股票是愛國行為，其成就將使日本有別於世界其它國家。融資餘額創下歷史新高紀錄。如何降低融資餘額，而不致觸動融資帳戶的斷頭，問題正考驗著主管當局。

日本主管當局最初為什麼會准許投機泡沫發展？這是有趣

的問題，但我們只能推測。當時外部雖然存在壓力———美國不斷要求日本調降利率———但是這項政策若非適合當時的情況，日本絕不會屈服。

首先，金融資產價格膨脹使得主管當局能夠卸下它們對商業銀行的責任，因為實質經濟當時已深陷困境。如果沒有房地產與股票市場的榮景，商業銀行對產業界的放款將出現許多壞帳，盈餘也會受損。土地與股票市場的投機行情促使商業銀行能夠對看似良好的抵押品擴張其放款組合，而產業界也因此能利用「財技」（zaitech）———即金融操作———賺取營業外收益，彌補盈收之不足。土地價格飆漲尚有另一個目的：儘管日圓升值，它有助於維持國內的高儲蓄率與有利的貿易剩餘。由於房價上漲的速度超過薪資，日本的受薪階級有強烈誘因增加其所得中儲蓄的比率。由於國內經濟衰退，儲蓄則可供海外投資之用。這是累積全球財富與權力的理想處方，即使海外投資貶值也是如此。我懷疑至少有一部份的日本權力精英十分樂見投資人虧損：在日本成為強權之前，這可以防止日本人沈迷於逸樂。否則，我們如何解釋民主的政府竟然願意以明顯高估的價格出售股票給其選民？

但是土地與股票價格的上漲，很快地開始展現不利的後果。高儲蓄率帶來來自海外的額外壓力，要求日本刺激其國內經濟，政府當局終於妥協了。此外，擁有土地者和沒有土地者之間的財富差距不斷擴大，威脅到社會凝聚力。一旦國內經濟開始復甦，便無需允許銀行融通投機交易；相反地，應該將資源引導到實質經濟。對銀行放款與貨幣供給的控制觸發了我先前所描述的一連串事件。

非常諷刺地，日本人應該比西方世界更瞭解金融市場的反射特色；然而，非常遺憾地，他們竟利用它來確保封閉系統的成功。如果我們不滿意所發生的一切，則我們應該採取步驟發展可行的替代方案。

股票市場的繁榮分散了我們對美國金融處境基本上惡化的注意力。由於金融市場上的瘋狂行為，以及快速獲利的引誘，我們至少可以假裝雷根政府所追求的政策是有效的。1987年大崩盤成為粗魯的覺醒。許多利潤化成一場空，瘋狂行為很快地將被死寂取代。前景一片陰霾。無論如此，我們面臨生活水準降低。一切發展取決於我們所選擇的路。

最可能的途徑是我先前所描述者。我們將步英國的後塵；就美國而言，結果也可能十分類似。由於美元的重要性，它對全球經濟的影響可能極為負面。

追求保護主義政策也是一項誘惑，但根據我先前所提出的理由，它不再是可行的方案。雖然如此，它仍然能作祟。

最後，我們仍可能重掌我們過去所未施展的領導權。這不僅需要整頓我們的內部，同時要建立適合於新環境的國際金融新秩序。

缺乏穩定的國際貨幣，國際經濟便無法順利運行。在1985年10月的廣場協定中，貨幣主管當局便認識了這項事實，且在1987年2月的羅浮協定再度確認它。不幸地，它們所採取的步驟不夠徹底，而羅浮協定也在1987年大崩盤中瓦解。既然穩定美元的決定將為此次崩盤負責，無論如何，羅浮協定修補的可

能性便非常低。如果先前所達成的協定在危機時刻便被捨棄，則不論所達成的協定為何，其可信度都會大為減損。羅浮協定是否應該加以修補，是非常令人懷疑的──畢竟它導致1987年的大崩盤。

試圖支撐貨幣在無法維繫的水準上，將使其國家陷入漫長的經濟衰退中；1926年的英國便是如此，當時它企圖回歸戰前的金本位制。

我們可以主張美元的合理價位為一美元兌1.65德國馬克與132日圓。這種見解所以正確，是因為美元進一步貶值在近期內將無助於貿易剩餘的大幅改善。但是，美元在此價位10％以上時，情況已經如此了。理由是調整過程需要時間，而貨幣貶值會產生立即的負面衝擊（著名的J曲線效果）。此外，匯率愈不穩定，則人們愈不願意從事投資而做必要的調整。

這項論證只證明美元並沒有合理的匯率水準、使它能夠繼續扮演國際準備貨幣的角色：不論在任何價位，美元都是不穩健的。金融資產的持有者會尋求最佳的價值儲存媒介，美元已經不再具備這種條件。一個擁有龐大預算赤字與貿易赤字的國家，不能期待外國人接受其不斷增加的貨幣流量。但是，國際金融體系若缺乏穩定的貨幣為基礎，便無法發揮功能。這便是1987年大崩盤所浮現的中心課題。

我們亟需不是以美元為基礎的國際貨幣。但是，日圓目前尚無法充當國際準備貨幣──一方面是日本的金融市場尚未充分開放，另一方面則是世界其它國家還不能接受日本的霸主地位。最理想的解決之道是創造真正的國際貨幣，由真正的國際

銀行發行與控制。以國際收支平衡爲目的的國際放款將以該貨幣計值，該貨幣的價值將釘在黃金或一籃商品，以確保債務能全額清償。唯有美元喪失了特權地位，美國才會停止將美元充斥全世界。我們愈快從事轉型，則抑止美國經濟衰敗的機會便愈大。

不幸地，我們尚未準備好要接受大崩盤的重要教訓。目前普遍的看法仍然認爲，市場會自我修正而匯率應該任由市場決定其均衡的水準。1987年的大崩盤，如果提供了任何教訓，便是增強了這種看法。因此，我們預料金融市場將有一段陷於混亂的時期，雖然其焦點將由股票市場轉移到外匯市場和債券市場，最後則轉移到貴重金屬市場。

國際貨幣與國際中央銀行的概念鮮有支持者。非常諷刺地，它在日本所得到的熱烈回應遠超過美國。在日本，有許多人希望他們的國家能夠發展成更開放的社會。日本人對在第二次世界大戰中所表現的獨斷獨行記憶猶新。他們更希望在全球貿易與金融體系中滋長，而不願從事閉門造車的不可能任務。對一位新進者而言，他們願意接受未充分反應其目前實力的安排。

國際貨幣制度改革的最大受益者莫過於美國。它使我們得以鞏固我們在世界上的地位，否則我們將有喪失的危險。我們仍有足夠的優勢，尤其是以軍事力量而言，從事有利的交易。更重要者，我們能夠維持開放的制度，日本會在過程中逐步開放，成爲開放社會的領導成員。方案所提出的時間與1930年代有類似的情況：金融混亂，向鄰國乞討的政策導致全球經濟衰

退，甚至於可能發生戰爭。

結　語

　　本書的主題是用反射的概念來加以貫穿。我專注於它對一般社會科學的涵意，尤其以金融市場爲重。對其它領域，我大致上未曾探索。我希望在此略爲提及，雖然對它們的相關思想尚未獲得適當地發展。它們應該是將來另一本書的主題，但我恐怕沒有機會撰寫，尤其是我若繼續涉足於金融市場。

　　第一點是價值的問題。我們受到經濟學理論的薰陶而將價值視爲既定，證據卻顯示它們乃由反射過程所塑造者。許多價值近來都還原成經濟的條件——最近的諾貝爾經濟學獎得主其得獎的理論便是將政治解釋爲一種經濟過程，其中的參與者皆尋求其自身最大的利益——但實際上並非總是如此，而且即使在今天的世界，許多地區仍視其它動機的重要性甚於利益最大的行爲。相對於物質文明中的政治，宗教與傳統便不容易融入經濟分析。對回教基本教義，我們便很難理解。另一個極端是，我們所讚賞的波蘭團結工聯（Solidarity）運動也與我們的思考方式迥異。

　　在西方與西化社會中，經濟價值的主導地位本身便是經濟成功的功能。價值以反射的方式演進：經濟活動得到正面結果的事實，提昇了我們對經濟價值所賦與的價值。相同的情況也發生在科學方法：自然科學的勝利將科學方法提昇到無法維繫的崇高地位。相反地，在文化上扮演更重要角色的各種藝術，

正因為它們比在經濟活動中更容易到達正面的結果，我們便貶低了它。即使在今天，詩歌在東歐，包括蘇聯，仍具有其相當地位，西方社會卻難以鑑賞。我心裡一點也不懷疑我們對物質價值、利潤與效率的強調，已經到了極端。

反射過程勢必導致過度，但我們不可能界定何謂過度，因為從價值的觀點判斷，沒有所謂的正常。處理價值這一個主題的最佳方法或許是從它們根源於幻想而非現實的角度來探索。因此，任何一組價值都存有瑕疵。我們於是可以探討一組特定的價值包括了那些幻想的成份，而幻想與現實的成份是如何交互運作的。任何其它方法都將引進偏頗以支持我們所擁有一組有瑕疵的價值觀。

價值觀與自我的概念——如果有，自我便是反射的概念——兩者之間關係密切。我們所思考的對我們本身為何的意義要大於我們周圍世界對自我的意義。我們為何不可能對應我們所認為的我們，但這兩個概念之間存在著雙向的互動。我們生存在世界上，對自我的感受也會演變。我們自認為與實際的我們兩者之間的關係是快樂的關鍵——換言之，它提供了生命的主觀意義。

對於我自己的發展，我可以輕易地提出反射的闡釋，但我不願意這麼做，因為這太過於暴露，更別說自責了。如果我承認我對自己的重要性總是抱持著誇張的看法，讀者當不感覺訝異。更明白地說，我幻想自己是某種形式的神或類似凱恩斯一般的經濟改革者（兩者各有其一般理論），或更有甚者，類似愛因斯坦一般的科學家（反射聽起來像相對）。我有十分強烈

的現實感使我瞭解到這些期望是過度的，而我將它們隱藏起來而當做罪惡的秘密。這為我的成年生活帶來相當不快樂的感受。在我的生命過程中，現實接近我的幻想，要我承認我的秘密，至少對我自己。我因此而感覺快樂了一些。我非常幸運得以實現我部份的幻想——尤其是本書的出版，使我擁有了很大的成就感。現實不能滿足我的期望，如同讀者所能輕易觀察到的，但我不需要再藏匿罪惡感。撰寫本書，尤其是這幾行文字，暴露了我以往所不敢暴露的，但我覺得我承擔得起：事實上的成功會保護我。我自由地探索我能力的極限，正因為我不知道極限何在，所以我這麼做。批評可以在這方面幫助我。唯一能夠傷害我的事是如果我的成功使我回復到孩童時期對萬能的幻想——但是只要我一直置身於金融市場，這種情況便不太可能發生，因為它將不斷地提醒我有極限。以我的個性，我在事業的選擇一直很幸運，但它當然不是真正的選擇，而是一種反射過程，我的事業與我對自我的感受齊步共進。我可以就此主題發表許多看法，但只要我在此行業，我便必須請求第五次修憲案的保護。過度的自我暴露是有傷害性的，而且在我的個性中有我尚未完全瞭解的缺點，那便是自我暴露的衝動。在一分鐘前，我說我並不害怕暴露自己，或許有些誇張。

就生命的客觀意義而言，我也有些看法——如果在此處使用客觀這個字眼不會造成矛盾。我的起點是每個人的行為都有瑕疵：如果我們捨棄一切瑕疵，則我們將變得空無一物。因此，我們只能盡量利用我們所有的；另一個選擇則是擁抱死亡。這是真正的選擇，因為擁抱死亡的方法很多；追求完美與永恆在各方面而言都相當於選擇死亡的觀念而捨棄生命的觀念。如果我們將此論證推演到其邏輯的結論，則生命的意義包

含人的概念中的瑕疵，以及人們對瑕疵的態度。生命可以視爲豐碩的謬誤（fertile fallacy）。

截至目前，我主要是以個人的立場來談論。但是，個人並不獨立存在；他本質上的不完全理解使他更倚賴其所屬的社會。反射概念的分析對個人與社會之間的關係也有所啓示。如果我們認爲其中涉及兩個不同的個體，這種觀點是錯誤的：這是部份與整體之間的關係。我們已經瞭解這種關係會造成認知上的困難：個人與社會不能夠分別地界定，而必須以其中一個做爲基準來界定另一個。以我們的語言結構，我們非常難以認清兩個實體相互依賴的本質，而且就歷史事實而言，有關此主題的討論都是以整體或是以部份做爲起點。起點的選擇將使其餘的討論出現偏頗。亞格力巴（Agrippa）的著名演講中，他將社會與一個走向極點有機體相比較，這便是一個極端的範例，而盧梭的社會契約則是另一個極端。

爲了避免極端所具有的偏頗，我們需要建立新的語言範疇。適當的語言已經開始出現在電腦科學與系統分析，但仍需一段時間才能運用在一般性的討論。即使我們學習用反射的與遞迴的關係來思考，我們仍然面臨著實質的選擇：社會是否應該接受既定的形狀？或者，社會的成員是否有權利決定其所生存之社會的形式？前一類型的社會是卡爾・波普所謂的封閉式社會，後者則爲開放式社會。

我剛從中國回來，上述問題對中國具有重大意義。整個國家歷經了一段恐怖時期，個人承受了大規模的集體恐怖。國家目前正由一群歷經過恐怖迫害的人所掌管。這些人有充分的理

由熱心地致力於個人自由的因；但他們必須面對長久以來的封建傳統，全面的官僚體制，與馬克斯意識型態的限制。

我意外地發現中國人對反射概念非常感興趣。如同我在書中所說的，反射也可以描述為某種辯證法，但是我避免使用這一個字眼，因為它背負著沉重的智識包袱。正是這些內涵使得中國人著迷於此一概念，因為它能夠使他們修正馬克斯的意識型態，而無需放棄它。黑格爾提倡唯心辯證論；馬克斯藉此概念而倡導辯證唯物論；現在則出現新的辯證，它將參與者思考與其所參與之事件連結──亦即，它運作於觀念與物質條件之間。如果黑格爾的概念是正（thesis），馬克斯主義為反（antithesis），則反射為合（synthesis）。

但是，在馬克斯主義與新的辯證法之間存在著基本差異。馬克斯苦於受到誤解，為了理論要成為科學的，它就必須決定歷史的未來進展。新的辯證法則強調非決定性。因為社會型態無法以「科學方式」決定，所以必須讓參與者決定其本身的組織形式。既然沒有任何參與者能夠壟斷真理，因此最佳的安排是允許批判的過程，讓相互對立的觀點能夠自由辯論，最後用現實來檢驗。民主選舉是政治的裁判，市場機能則是經濟議題的裁判。市場與選舉都不構成客觀的準則，而只是既有偏頗的表達；但它卻是不完美世界中的唯一最佳方式。因此，反射的概念直接導向開放社會的概念──所以它是當代中國的最「愛」。就我個人而言，它完成了賀夫斯塔特（hofstadter）所謂「遞迴圈」與我的反射概念間的連結，我對金融市場的興趣，以及我對開放社會理想的獻身。

附註

引言

1. Karl R. Popper, *The Povetry of Historicism* (London: Routledge & Kegan Paul, 1957), p.130.

第一章

1. George Stigler, *Theory of Price* (New York: Macmillan, 1966).
2. Lionel C. Robbins, *An Essay on the Nature and Significance of Economic Science,* 3d. ed. (New York: New York University Press, 1984).
3. Karl R. Popper, *The Logic of Scientific Discovery* (New York: Basic Books, 1959), and *Conjectures and Refutations* (London: Routledge & Kegan Paul, 1963).
4. Karl R. Popper, *The Poverty of Historicism* (London: Routledge & Kegan Paul, 1957), p.130.

第三章

1. Ragnar Nurske, *International Currency Experience: Lessons of the Interwar Period* (Geneva: League of Nations, Secretariat; Economic, Financial, and Transit Department, 1944).

2. Henry Kaufman, "Comments on Credit," May 3, 1985 (New York: Salomon Brothers Inc.).

第五章

1. *The New York Times* (April 21, 1985).
2. Milton Friedman and Anna Schwartz, *A Monetary History of the United States, 1867-1960* (Princeton: Princeton University Press, 1963), and *Monetary Statistics of the United States* (New York: Columbia University Press, 1970).

第六章

1. George Soros, "The International Debt Problem, Diagnosis and Prognosis," July 1983; "The International Debt Problem Revisited," March 1984 (New York: Morgan Stanley).
2. Anatole Kaletsky, *The Costs of Default* (New York: Twentieth Century Fund, 1985).

第七章

1. Henry Kaufman, loc. cit., passim.
2. For example, Paul Volker's testimony before the Senate Banking Committee, February 20, 1986.

第八章

1. International Monetary Fund, *World Economic Outlook* (September 1, 1986).

2. Jonathan E. Gray, "Financial Corporation of America: Strategic Analysis ≠ Forecast," *Bernstein Research,* Dec. 28, 1983 (New York: Sanford C. Bernstein & Co.).

第十八章

1. The International Parliamentary Working Round Table on Exchange Rates and Coordination, Zurich, Switzerland; June 28, 29, and 30, 1986.

2. The U.S. Congressional Summit on Debt and Trade, New York, N.Y. ; Dec. 3, 4, and 5, 1986.

附錄
歐洲解體的展望

　　我非常感謝亞斯朋學院（Aspen Institute）提供機會讓我在德國演講，我所選擇的題目對德國人而言，應該有其特殊意義。我的題目是「歐洲解體的展望」。

　　我從三個不同層面與此主題產生關連。第一點，我十分熱衷於使歐洲成為開放社會的概念。第二點，我所完成的歷史理論，將有助於瞭解歐洲整合與解體的過程。第三點，我是該過程的參與者。

　　開放的社會乃指社會所奠立的理念，其中沒有人對真理具有獨占權；這個社會不受國家或任何特定的意識型態所主導，少數人的利益與意見會受到尊重。依據這項準則研判，歐體是令人滿意的組織形式。事實上，就某方面來說，它是理想的形式，因為它有一項極為有趣的特徵：所有參與該組織的國家均屬少數。尊重少數是其架構的基礎。但未解決的問題是：應該賦予多少權力給多數？歐洲應該整合到何種程度？

　　歐洲演化的過程對東歐的發展將產生深遠的影響，而東歐以往是處於共產主義意識型態的控制下。共產主義曾經建立起普遍的封閉社會，就意識型態而言，共產主義目前已經死亡。這個普遍的封閉體系經由抗力最小的途徑而分裂為特定的封閉

社會，分裂所根據的原則是民族或種族的認同。我們從過去的南斯拉夫即可瞭解該原則的運作情況。避免這種命運的唯一可能是從封閉的社會轉變為開放的社會。但是，這並不容易。它需要時間與努力建立法律規則、平民社會的制度、以及批判性的思考方式，而這些都是開放社會的特質。經過共產主義蹂躪的社會，無法依其本身的力量完成這項轉變。它們需要開放而包容的歐洲來支持它們的奮鬥。東德擁有太多的協助，但其餘東歐國家則擁有得太少了。我致力於協助其餘的東歐國家。各位或許知道，我設立了基金會的網路投入這項目標，這也正是我以歐洲為演講主題的原因。

我的第二項動機是，我發展了歷史的理論，它在金融市場與基金會的設立上都成為指導我行為的原則。我的理論重點在於事件的形成過程，錯誤與誤解所扮演的角色。參與者的思想與事件的實際狀態之間始終存在著背離，但這種背離有時相當小而能夠自我修正——我稱此為「近乎均衡」（near-equilibrium）；這種背離有時卻會大到無法自我修正的傾向——我稱此為「遠離均衡」（far-from-equilibrium）。在「近乎均衡」與「遠離均衡」的情況下，事件的發展具有相當不同的特質。這項區別並未受到人們普遍的瞭解。我的理論乃有關「遠離均衡」的情況。我曾經從事於特定的研究，我稱其為「繁榮／崩解的序列」，在金融市場中經常可以發現這種現象；我認為它也適用於歐洲經濟共同體的整合與解體。自從1989年的革命造成了兩德統一，歐洲便處於動態均衡失調的情況中。因此，它便成為我歷史理論中一項非常有趣的個案研究。

最後，我自己也是動態均衡失調過程的參與者，因為我是

國際投資者。我過去稱呼自己爲投機客，過去也常開玩笑，投資是出差錯的投機，但在人們對投機客的口誅筆伐下，我不再覺得有趣了。國際投資者對於歐洲外匯機制的瓦解確實扮演著重要角色，但共同市場不能沒有國際資本的流動。責怪投機客就如同射殺先知。

　　我將用我的歷史理論處理這個主題。我自己也是一位參與者，這項事實並不會妨礙我運用理論的能力。相反地，這使我能夠在實務上檢定它。而我對此主題存有偏頗，也不會有所妨礙，因爲我的理論認爲歷史過程的參與者，其行爲永遠奠基於偏頗。相同的法則當然適用於理論的擁護者。

　　但是，我必須承認我的特殊偏頗——換言之，我希望見到團結、繁榮與開放的歐洲——確實影響我身爲金融市場參與者的行爲。只要我是無名的參與者，則一切都沒有問題。不論我是否對英鎊從事投機，它都會脫離歐洲匯率機制。但是，在英鎊脫離歐洲匯率機制後，我遭到媒體的渲染，再也無法維持無名參與者的身份。我變成了大師。我實際上能夠影響市場的行爲，但如果我否認這一點，便有些虛僞了。這創造了機會，但也賦予了責任。根據我所有的偏頗，我不想承擔法國法郎被迫退出歐洲匯率機制的責任。我決定不要對法國法郎從事投機，希望因此能夠提供具有建設性的解決方法；但沒有人就此感激我。相對於我在金融市場上的行爲而言，我的公開談話似乎更容易激怒貨幣當局，因此我不能說我在大師的新角色上是成功的。雖然如此，基於我的偏頗，我仍然必須說出我要說的話，即使這會造成我身爲參與者的種種不便。

有關我的繁榮／崩解理論，重點在於沒有任何事物是不可避免的。就典型的繁榮／崩解事件序列來說，它最初具有自我強化的本質，最後則會呈現自我破壞的現象，但在任何時間上，它都可能會停止或轉向。我將利用此理論評估歐洲整合的繁榮／崩解過程。我將特別強調歐洲匯率機制，因為它在此過程中扮演非常重要的角色。在東、西德統一之前，它在近乎均衡的條件下運作得相當良好。但是，兩德統一造成了動態的不均衡。從這時候開始，事件的發展便受錯誤與誤解所塑造。最具體的結果是歐洲匯率機制的解體，而它對歐體的解體也可能是重要的影響因素。

讓我首先說明近乎均衡條件被動態不均衡所取代的情況。這一點在時間上十分精確：柏林圍牆倒塌。這使德國邁向統一。柯爾總理挺身而出面對此歷史轉機。他決定統一必須完整、即時，並且要在歐洲的背景環境下。事實上，他並沒有選擇的餘地，因為德國憲法賦與東德人民具有德國的公民權，而德國又是歐體的成員國之一。但是，你究竟是要主導事件的發展，或只是被動地應付，其中有很大的差異。柯爾總理展現了其實質的領導能力。他拜訪密特朗總統，實際上向他說：「我需要你的支持與歐洲的支持，以完成立即而徹底的統一」。法國總統實際上回答：「讓我們創造一個強大的歐洲，統一後的德國能夠完全嵌入」。這使整合出現旺盛的動力。它起動了繁榮／崩解過程中的「繁榮」階段。英國反對創造強大的中央權力核心；你們應該還記得柴契爾夫人在布魯吉斯（Bruges）所發表的演說。隨後發生一連串強硬的協商，其中卻有迫切感，自我設定期限。結果簽訂了馬斯翠條約（Traaty of Maastricht

），該條約的兩項主要目標是建立共同的貨幣與共同的外交政策。它尚有許多其它的條款，但比較不重要，當英國提出反對意見，這些條款也做了些調整。總之，該條約是邁向整合的重大突破，建立強大歐洲的勇敢嘗試，並促使歐洲有足夠的力量處理蘇聯解體後的革命性變化。或許，它進行的速度與規模超過一般大眾的預期；但這是領袖們在處理革命性情況所必須掌握的契機。依我個人判斷，這是正確的做法，因為此乃領袖的宿命。

問題出現在其它地方。我不準備討論德國得到歐體的同意，而在附帶協議中承認克羅埃西亞與斯洛伐尼亞為主權獨立國家。當時的人們並不重視此一問題，但它導致嚴重的後果。我將專注於德國統一之後所產生的內部不均衡，因為這項不均衡造成由繁榮轉變為崩解。

德國政府嚴重低估統一的成本，而且不願意透過增稅與減少公共支出的方式支付其成本。這造成德國中央銀行與政府在兩個層次上的緊張關係：一方面是政府拒絕接受德國央行的明確建議；另一方面則是十分鬆散的財政政策——換言之，龐大的預算赤字——需要相當緊縮的貨幣政策加以調和，如此才能重建貨幣均衡。由於允許東德貨幣以平價兌換所注入的購買力造成了通貨膨脹式的繁榮，預算赤字則更是火上加油。根據法律規定，德國央行有責任維護德國馬克的幣值，它也就乾脆俐落地這麼做。它將附買回利率調升到9.70％。但是，這項政策對歐洲貨幣體系（European Monetary System）其它成員國卻構成相當嚴重的傷害。換言之，這項設計用來重建國內均衡的貨幣政策，卻導致歐洲貨幣體系的不均衡。不均衡雖然需要時

間發展，但隨著時間的流逝，德國央行所採行的緊縮貨幣政策
卻迫使全歐洲陷入第二次大戰以來最嚴重經濟衰退。德國央行
背負著雙重角色：它是國內健全貨幣的護衛者，也是歐洲貨幣
體系的重心。它扮演著傳輸的機能，將德國國內的不均衡轉變
爲歐洲貨幣體系解體的力量。

　　德國央行與德國政府之間尚存在第三且更深層的衝突。柯
爾總理爲了取得法國對德國統一的支持，而簽署馬斯翠條約。
德國央行原本是歐洲貨幣政策的決定者，該條約卻對此機構的
主導權——事實上是機構的生存——構成嚴重威脅。在歐洲貨
幣體系中，德國馬克是最重要的幣別。但是，在馬斯翠條約
下，德國央行的角色將被歐洲中央銀行所取代，而德國央行只
擁有十二分之一的投票權。不可否認地，歐洲中央銀行是以德
國央行爲模型；但是，只扮演模型的角色，或能夠實際負責，
兩者之間區別太大。德國央行從來不曾公開反對這項制度的改
變，而我們也不清楚它將採取何種措施防止這項改變。我所能
夠告訴各位的只是我身爲市場參與者所採用的假設，這是德國
央行的根本動機。我無法向各位提出證明，展現我的假設是正
確的；我所能夠說的只是這項假設實際上有效。

　　舉例來說，當市場認爲歐洲貨幣單位（ECU）包含固定成
份的一籃貨幣，我聽從了史勒辛格（Helmut Schlesinger）所提
出的警告：市場是錯誤的。我請問他，以歐洲未來的共同貨幣
而言，他對ECU的看法如何。他說，如果它被稱爲馬克會更恰
當。我遵從他的看法。不久之後，義大利里拉也被迫退出歐洲
匯率機制。

　　我不希望逐項討論所發生的一切，因為我希望建立廣泛的歷史觀。就此觀點來說，凸顯的特徵是馬斯翠條約在丹麥遭到公民投票的否決；在法國則只以些微差距通過；英國國會則勉強通過該條約。歐洲匯率機制就其種種意圖與目的而言，都已經瓦解了，各種問題層出不窮，最近的問題則是八月份決定擴大各國匯率的波動範圍，這項決定影響深遠，因為它使歐體內最堅韌的連繫為之鬆馳。就長期的觀點而言則更重要，歐洲乃處於嚴厲的經濟衰退，短期內尚無復甦的徵兆。失業問題十分嚴重，貨幣政策將使此一問題繼續惡化，就目前的經濟循環階段而言，緊縮貨幣政策實在太過於嚴厲。由這些現象觀察，我認為歐洲邁向整合的趨勢已經穿越其高峰而開始反轉了。

　　丹麥公民投票的挫敗可以判定為反轉的明確時刻，支持馬斯翠條約的觀點原本可能逐漸滋長蔓延；在這種情況下，反轉便不會發生。但是，歐洲匯率機制瓦解了。歐洲目前已經處於解體的過程。由於我們所處理的是繁榮／崩解的過程，因此無法判定它會發展到何種地步。但是，它或許會發展到人們目前所願意或能夠想像的地步，因為繁榮／崩解過程在兩個方向上都有自我強化的本質。

　　我至少可以指出五個自我強化的因素。第一，也是最重要者，便是經濟衰退；失業率在法國為11.7％、在比利時為14.1％、西班牙則為22.5％，這完全是不可以接受的。它們造成了社會與政治的不安定，而且會輕易轉化為反對歐洲整合的力量。第二，歐洲匯率機制逐漸解體。這是非常危險的現象，因為就中、長期而言，缺乏穩定的匯率，共同市場將無法存活。

在這十多年來「近乎均衡」的條件下，歐洲匯率機制運作得相當理想。但是，德國的統一暴露了該機制的缺陷，亦即，德國央行扮演了雙重角色：國內貨幣穩定的護衛者與歐洲貨幣體系的重鎮。只要這兩種角色能夠相互協調，便不會產生問題。然而，兩者之間一旦發生衝突，則德國央行將擱置其國際責任，而優先考慮其國內問題。比方說，7月29日星期四，德國央行拒絕調降貼現率紓緩法國法郎的壓力。德國央行或許沒有選擇的餘地：在基本法（Grundgesetz）的規範下，維繫德國的幣值是德國央行的最優先考量。在這種情況下，歐洲匯率機制與基本法之間便存在著無法協調的衝突。

這事件也暴露了歐洲匯率機制中的另一項根本缺失，換言之，主要貨幣與弱勢貨幣之間的責任存在著不對稱性。所有責任都由弱勢貨幣承擔。我們記得在布列敦森林協定中，凱恩斯曾經強調，強勢與弱勢貨幣之間需要對稱性。他的主張是根據兩次大戰期間的經驗所形成的。目前的局面使我們想起當時的情況，而有時候也使我們認為凱恩斯似乎不曾存在。

第三個因素是錯誤的經濟與貨幣政策。德國央行並無明顯缺失，問題出在反對該銀行政策的機構或因為該銀行之政策而受害的機構，前者如德國政府，後者則如英國與法國。德國政府是造成內部不均衡的始作俑者，它當然必須為此負責。德國統一之後，英國犯下了嚴重的錯誤而於1990年10月8日加入歐洲匯率機制。該行為所依據的論證發展於1985年，當時卻遭到柴契爾夫人的極力反對。然而，柴契爾夫人的地位動搖時，最後她只有妥協，但是，在1985年有效的論證目前已經不適用。因此，英國犯下了兩項錯誤———一是在1985年，一是在1990

年。

英國受德國央行高利率政策的打擊尤其嚴重，因爲當它加入歐洲匯率機制時，英國已經處於經濟衰退。退出歐洲匯率機制，使它獲得其所亟需的救助。它應該感覺慶幸，卻因爲此打擊的眩惑而不知反應。它最後終於採取正確的措施而調降利率，卻未能掌握先機。這使它更難以建立信心，當經濟開始復甦，也使它更難控制薪資。

有人或許會認爲，法國可以從英國的經驗中獲取教訓。但是，它實際上更缺乏彈性。法國經歷了長期的辛苦奮鬥才建立起強勢法郎的政策，我們應該同情它對維繫法郎幣值所做的努力，其改善與德國之間的競爭力並因此而獲取的利益，卻因爲法郎再度遭到重擊而將錯失其唾手可得的利益。但是，當查覺無法繼續鞏固法郎幣值的政策時，它應該根據新的情況調整其路徑。相反地，它卻自願地遵從歐洲匯率機制的規定，並因此而陷入嚴重的困境。我認爲我瞭解其動機：它關心其準備金的重建，並清償法國銀行爲維護法郎平價而向德國央行借取的款項。但是，它把優先秩序弄錯了。法國處於嚴重的經濟衰退，需要調降利率。這便是八月危機產生的原因。以高利率政策維護法國法郎與德國馬克的匯價，是自毀的做法。維繫法郎強勢的唯一方法是擁有強勁的經濟。

德國央行在其目標的追求上展現了傑出的一致性，結果也十分成功——如果將制度的自我保存包含在其目標內，則更是如此。德國在統一之後，發現自己處於嚴重的困境中：貨幣存量遽增、預算赤字龐大、以及制度的生存受到威脅。然而，它

卻勝利地脫離困境。是否值得爲此而付出代價──歐洲全面的經濟衰退與歐洲匯率機制的瓦解──則是另一問題。

幾個月之前，我確信德國央行採行了錯誤的貨幣政策，即使就德國國內的情況而言也是如此，因爲德國正處於經濟衰退，而貨幣政策應該是反循環的。德國央行堅持其中期貨幣目標，但我認爲M3所設定的水準──在近乎均衡的情況下，這項目標十分有效──已經不適用於目前遠離均衡的情況；而我認爲德國央行所採用的緊縮貨幣政策爲期過長。

但是，上述情況乃發生在歐洲匯率機制放寬其匯率波動範圍之前。此後，德國馬克開始攀升，德國長期債券開始轉強，更重要者，德國經濟也出現復甦的徵兆。我必須承認我的看法或許錯了，德國央行在追求國內的政策目標或許是成功的。但是，無論如何，這強化了我的論證：德國央行的國內責任與其身爲歐洲貨幣體系中流砥柱的角色，兩者之間存在著利益衝突。過去兩個月來所發生的事件明確顯示，德國的需求與歐洲其它國家的需求存有極大的差異。德國需要長期債券利率走低，因爲它要借長期資金，歐洲其它國家所重視的則是短期利率，因爲銀行體系的流動性需要重建，它們也需要調降短期利率刺激經濟活動。德國的需要獲得了滿足，其它歐洲國家則否。

我對德國馬克的看法發生了錯誤，這項事實使得我要討論第四項因素。不只是有關當局會犯錯，市場參與者也會犯錯。市場經常犯錯。明確地說，當市場假定邁向單一貨幣的途徑是直線時，他們便犯了錯。國際投資人──尤其是國際債券基金

的經理人——追求最高的報酬，卻忽略了匯兌的風險。史列辛格所提出的警告是正確的，他認為ECU並不是由固定的一籃貨幣所組成。有大量資本流向弱勢貨幣的國家，例如：義大利、西班牙與葡萄牙。這些資本流動最初具有自我強化的本質，最後則出現自我破壞的效果。它首先造成匯率的過度僵化，隨後又造成過度的不穩定。市場的錯誤伴隨著有關當局的錯誤而形成了動態不均衡。

最後，第五項因素強化了通往解體的趨勢。它可以稱為情緒擴大因子。事情出差錯時，尤其是犯錯時，人們總會把責任歸給別人。有誰會認為類似戴洛（Jacques Delors）、比利時財政部長和法國銀行的新任總裁，這些可敬的人會真正相信破壞德、法合作的盎格魯薩克遜陰謀？這種態度使隨後的討論出現種種偏見，關稅暨貿易總協定的談判便是一例。

此處尚需考慮第六項因素，即東歐的不穩定，尤其以過去的南斯拉夫最嚴重。我認為這項因素將促使歐洲朝另一個方向發展。不穩定的威脅與難民潮是團結而形成「歐洲壁壘」的良好理由。同時，歐體的不團結將強化東歐的政治不穩定與經濟衰退。結果將形成遠離開放社會的歐體，而這卻是我支持東歐人民的目標。

這一切令人非常憂慮與沮喪。我瞭解我聽起來像是預測毀滅的先知，而不像是大師。但是，讓我提醒各位，繁榮／崩解的序列並沒有必然性；過程的方向幾乎隨時可能發生變化。事實上，方向反轉乃繁榮／崩解序列的根本性質。我所嘗試說明的是，目前的事件正朝錯誤的方向發展，而且它將繼續朝這個

方向推進，除非我們瞭解其中的根本錯誤，並採取斷然措施予以修正。

就歐洲貨幣體系目前的情況而言，無疑地存在著某些基本瑕疵。第一點，德國央行對國內的責任與其身為歐洲基準貨幣的角色並不協調；我們甚至可以主張，德國正利用其基準貨幣的角色解決其國內問題。第二點，強勢貨幣與弱勢貨幣之間存在著不對稱性。更重要者，在國際投資人──投機客──的報酬與風險之間存在著不對稱性。這些結構上的缺失原本已經存在，但在過去一年來才趨於明顯。一旦缺失暴露後，再也不可能恢復到過去的情況。消除歐洲匯率機制瑕疵的最佳方法便是完全取消匯率機能。但是，自由浮動匯率將破壞共同市場。因此，單一貨幣有其必要。這意味馬斯翠條約的履行。在擬定條約時，通往單一貨幣的途徑被視為漸進、近乎均衡的途徑。但是，漸進的途徑遭到了意外阻礙。繼續採行漸進的途徑將邁向另一個方向，因為趨勢已經反轉，而我們目前正處於解體的過程。因此，我們必須另闢途徑。如果我們無法採取漸進方式到達目的地，則採取斷然方式到達該處將勝過無法到達。

在8月1日所舉行的緊急會議上，一位來自葡萄牙的官員據說提出了一項主張，單一貨幣的引進應該加快腳步。德國的與會者據說這麼回答：「當然，你一定是在開玩笑！」如果我的推論正確，目前已經是認真考慮該建議的時候了。這聽起來似乎有點輕鬆愉快，但實際上正是如此。除非我能提出一條通往單一貨幣的途徑，否則我的論證將不被認真考慮。既然我們處於不均衡的狀況。該途徑也將必定是不均衡的途徑。就目前來說，法國貨幣當局的第一優先目標是重建其準備金。為了達成

目標，它們試圖維持強勢的法國法郎。這是錯誤的做法。第一
優先的目標應該是刺激法國經濟，而法國向德國央行所舉的債
務，在到期之後應予展期——比如說——兩年，而使法國能夠
在目前調降利率。我所謂的調降利率是指3％而言。利率的調
降必須取得歐洲貨幣體系其他成員國的配合，但不包括德國與
荷蘭。德國馬克無疑會升值。德國馬克升值將對德國經濟造成
負面衝擊，並加速德國調降利率。當德國經濟轉弱，而其它歐
洲國家趨於復甦時，匯率走勢將出現反轉，大抵將可以恢復到
波動範圍擴大之前的水準。主要的差別只會在於經濟的活動。
最初犧牲德國以造就歐洲其它國家的復甦，但德國最終仍會加
入復甦的行列。一旦情況如此發展，動態不均衡將會被修正，
通往單一貨幣的途徑將恢復其近乎均衡的條件。整個過程所花
費的時間不會超過兩年。此後則可以直接採用單一貨幣，而不
需要再恢復過去的狹小匯率波動範圍。但是，我們無法依直線
方式完成此一目的。目前，我們陷於惡性循環；我們必須予以
修正，使其成為良性循環。就某種程度而言，義大利已經展現
這種趨勢。歐洲其它國家也能如此。

　　我並未討論外交政策、北約組織之未來以及東歐之命運等
問題，但我的演講已經涵蓋太多的領域。無論如何，這些問題
都與貨幣政策有著密切關連。歐洲貨幣政策是錯誤的，但它可
以修正。

寰宇出版網站
www.ipci.com.tw

邀請您加入會員，共襄盛舉！

新增功能

1. 討論園地：分享名家投資心得及最新書評
2. 名師推薦：名師好書推薦
3. 精采電子報回顧：寰宇最新訊息不漏接

寰宇圖書分類

技 術 分 析

投 資 策 略

書　名	書號	定價	分類號	書　名	書號	定價
經濟指標圖解	F025	300	22	華爾街財神	F181	370
贏家操作策略	F044	350	23	股票成交量操作戰術	F182	420
股票投資心理分析	F059	400	24	股票長短線致富術	F183	350
經濟指標精論	F069	420	25	交易，簡單最好！	F192	320
混沌操作法	F077	360	26	股價走勢圖精論	F198	250
股票作手傑西‧李佛摩操盤術	F080	180	27	價值投資五大關鍵	F200	360
投資幻象	F089	320	28	計量技術操盤策略（上）	F201	300
史瓦格期貨基本分析（上）	F103	480	29	計量技術操盤策略（下）	F202	270
史瓦格期貨基本分析（下）	F104	480	30	震盪盤操作策略	F205	490
你也可以成為股票操作高手	F138	420	31	透視避險基金	F209	440
操作心經：全球頂尖交易員提供的操作建議	F139	360	32	看準市場脈動投機術	F211	420
攻守四大戰技	F140	360	33	歐尼爾的股市賺錢術	F214	480
股票初步	F145	380	34	巨波投資法	F216	480
證券分析初步	F150	360	35	股海奇兵	F219	350
小型股煉金術	F159	480	36	混沌操作法 II	F220	450
反向操作實戰策略	F161	400	37	傑西‧李佛摩股市操盤術 (完整版)	F235	380
股票期貨操盤技巧指南	F167	250	38	股市獲利倍增術	F236	430
零合生存策略	F168	250	39	資產配置投資策略	F245	450
高科技‧新希望	F173	400	40	智慧型資產配置	F250	350
金融特殊投資策略	F177	500	41	SRI 社會責任投資	F251	450
回歸基本面	F180	450	42	混沌操作法新解	F270	400

程 式 交 易

書　名	書號	定價	分類號	書　名	書號	定價
高勝算操盤（上）	F196	320	5	計量技術操盤策略（下）	F202	270
高勝算操盤（下）	F197	270	6	《交易大師》操盤密碼	F208	380
狙擊手操作法	F199	380	7	TS程式交易全攻略	F275	430
計量技術操盤策略（上）	F201	300				

期　　　　貨

分類號	書　名	書號	定價	分類號	書　名	書號
1	期貨交易策略	F012	260	6	征服日經225期貨及選擇權	F230
2	期貨場內交易花招	F040	350	7	期貨賽局（上）	F231
3	成交量與未平倉量分析	F043	350	8	期貨賽局（下）	F232
4	股價指數期貨及選擇權	F050	350	9	雷達導航期股技術（期貨篇）	F267
5	高績效期貨操作	F141	580			

債　　券　　貨　　幣

分類號	書　名	書號	定價	分類號	書　名	書號
1	貨幣市場＆債券市場的運算	F101	520	3	賺遍全球：貨幣投資全攻略	F260
2	債券操作守則50	F153	350	4	外匯交易精論	F281

財　　務　　教　　育

分類號	書　名	書號	定價	分類號	書　名	書號
1	點時成金	F237	260	3	風暴‧醜聞‧華爾街	F258
2	跟著林區學投資	F253	400	4	蘇黎士投機定律	F280

財　　務　　工　　程

分類號	書　名	書號	定價	分類號	書　名	書號
1	金融風險管理（上）	F121	550	5	信用性衍生性＆結構性商品	F234
2	金融風險管理（下）	F122	550	6	可轉換套利交易策略	F238
3	可轉換債券：訂價與分析	F126	460	7	我如何成為華爾街計量金融家	F259
4	固定收益商品	F226	850			

選　擇　權

號	書　名	書號	定價	分類號	書　名	書號	定價
	股價指數期貨及選擇權	F050	350	10	選擇權交易講座：高報酬／低壓力的交易方法	F136	380
	股票選擇權入門	F063	250	11	選擇權訂價公式手冊	F142	400
	選擇權投資策略（上）	F092	480	12	股價指數選擇權	F158	480
	選擇權投資策略（中）	F093	480	13	交易，選擇權	F210	480
	選擇權投資策略（下）	F094	480	14	股票選擇權價值觀	F212	300
	選擇權：價格波動率與訂價理論（上）	F095	420	15	選擇權策略王	F217	330
	選擇權：價格波動率與訂價理論（下）	F096	380	16	選擇權賣方交易策略	F228	480
	技術分析＆選擇權策略	F097	380	17	征服日經225期貨及選擇權	F230	450
	認購權證操作實務	F102	360	18	活用數學・交易選擇權	F246	600

金　融　證　照

號	書　名	書號	定價	分類號	書　名	書號	定價
	FRM 金融風險管理（第四版）	F269	1500				

另　類　投　資

號	書　名	書號	定價	分類號	書　名	書號	定價
	葡萄酒投資	F277	420				

國家圖書館出版品預行編目資料

金融煉金術／George Soros 著；俞濟群・黃嘉斌
　　譯；-- 初版. -- 臺北市：寰宇出版；
　　臺北縣汐止鎮；民 84
　　面；　公分 . --（寰宇智慧投資；32）
　　譯自：The alchemy of finance: reading
the mind of the market
　　ISBN 957-99467-4-4（平裝）

　　1. 投資

　　563.5　　　　　　　　　　　　84011255

寰宇智慧投資 32

金融煉金術

作　　者：George Soros
譯　　者：俞濟群・黃嘉斌
發 行 者：陳志鏗
出 版 者：寰宇出版股份有限公司
　　　　　106 台北市仁愛路四段 109 號 13 樓
　　　　　(02)2721-8138
劃撥帳號：第 1146743-9 號
 E-mail ：service@ipci.com.tw
網　　址：www.ipci.com.tw
登 記 證：局版台業字第 3917 號
定　　價：600 元
西元一九九五年十一月初版
西元二〇一〇年四月初版十八刷
ISBN 957-99467-4-4

網路書店：博客來 www.books.com.tw
　　　　　華文網 www.book4u.com.tw
・本書如有缺頁、破損、裝訂錯誤，請寄回本公司更換。